感谢中国社会科学院 2021 年第四批创新工程学术出版资助项目的资助

中国社会科学院大学文库

国家治理体系中的顶层设计研究
—— 最优授权理论的视角

李石强　著

中国社会科学出版社

图书在版编目（CIP）数据

国家治理体系中的顶层设计研究：最优授权理论的视角／李石强著. —北京：中国社会科学出版社，2022.8
（中国社会科学院大学文库）
ISBN 978 - 7 - 5227 - 0916 - 1

Ⅰ.①国… Ⅱ.①李… Ⅲ.①国家—行政管理—研究—中国 Ⅳ.①D630.1

中国版本图书馆 CIP 数据核字（2022）第 185434 号

出 版 人　赵剑英
责任编辑　张　潜
责任校对　党旺旺
责任印制　王　超

出　　　版　中国社会科学出版社
社　　　址　北京鼓楼西大街甲 158 号
邮　　　编　100720
网　　　址　http://www.csspw.cn
发 行 部　010 - 84083685
门 市 部　010 - 84029450
经　　　销　新华书店及其他书店

印　　　刷　北京君升印刷有限公司
装　　　订　廊坊市广阳区广增装订厂
版　　　次　2022 年 8 月第 1 版
印　　　次　2022 年 8 月第 1 次印刷

开　　　本　710 × 1000　1/16
印　　　张　14.5
字　　　数　232 千字
定　　　价　78.00 元

总　序

张政文[*]

　　恩格斯说："一个民族要想站在科学的最高峰，就一刻也不能没有理论思维。"人类社会每一次重大跃进，人类文明每一次重大发展，都离不开哲学社会科学的知识变革和思想先导。中国特色社会主义进入新时代，党中央提出"加快构建中国特色哲学社会科学学科体系、学术体系、话语体系"的重大论断与战略任务。可以说，新时代对哲学社会科学知识和优秀人才的需要比以往任何时候都更为迫切，建设中国特色社会主义一流文科大学的愿望也比以往任何时候都更为强烈。身处这样一个伟大时代，因应这样一种战略机遇，2017 年 5 月，中国社会科学院大学以中国社会科学院研究生院为基础正式创建。学校依托中国社会科学院建设发展，基础雄厚、实力斐然。中国社会科学院是党中央直接领导、国务院直属的中国哲学社会科学研究的最高学术机构和综合研究中心，新时期党中央对其定位是马克思主义的坚强阵地、党中央国务院重要的思想库和智囊团、中国哲学社会科学研究的最高殿堂。使命召唤担当，方向引领未来。建校以来，中国社会科学院大学聚焦"为党育人、为国育才"这一党之大计、国之大计，坚持党对高校的全面领导，坚持社会主义办学方向，坚持扎根中国大地办大学，依托社科院强大的学科优势和学术队伍优势，以大院制改革为抓手，实施研究所全面支持大学建设发展的融合战略，优进优出、一池活

---

　　[*] 中国社会科学院大学党委常务副书记、校长、中国社会科学院研究生院副院长、教授、博士生导师。

水、优势互补、使命共担，形成中国社会科学院办学优势与特色。学校始终把立德树人作为立身之本，把思想政治工作摆在突出位置，坚持科教融合、强化内涵发展，在人才培养、科学研究、社会服务、文化传承创新、国际交流合作等方面不断开拓创新，为争创"双一流"大学打下坚实基础，积淀了先进的发展经验，呈现出蓬勃的发展态势，成就了今天享誉国内的"社科大"品牌。"中国社会科学院大学文库"就是学校倾力打造的学术品牌，如果将学校之前的学术研究、学术出版比作一道道清澈的溪流，"中国社会科学院大学文库"的推出可谓厚积薄发、百川归海，恰逢其时、意义深远。为其作序，我深感荣幸和骄傲。

高校处于科技第一生产力、人才第一资源、创新第一动力的结合点，是新时代繁荣发展哲学社会科学，建设中国特色哲学社会科学创新体系的重要组成部分。我校建校基础中国社会科学院研究生院是我国第一所人文社会科学研究生院，是我国最高层次的哲学社会科学人才培养基地。周扬、温济泽、胡绳、江流、浦山、方克立、李铁映等一大批曾经在研究生院任职任教的名家大师，坚持运用马克思主义开展哲学社会科学的教学与研究，产出了一大批对文化积累和学科建设具有重大意义、在国内外产生重大影响、能够代表国家水准的重大研究成果，培养了一大批政治可靠、作风过硬、理论深厚、学术精湛的哲学社会科学高端人才，为我国哲学社会科学发展进行了开拓性努力。秉承这一传统，依托中国社会科学院哲学社会科学人才资源丰富、学科门类齐全、基础研究优势明显、国际学术交流活跃的优势，我校把积极推进哲学社会科学基础理论研究和创新，努力建设既体现时代精神又具有鲜明中国特色的哲学社会科学学科体系、学术体系、话语体系作为矢志不渝的追求和义不容辞的责任。以"双一流"和"新文科"建设为抓手，启动实施重大学术创新平台支持计划、创新研究项目支持计划、教育管理科学研究支持计划、科研奖励支持计划等一系列教学科研战略支持计划，全力抓好"大平台、大团队、大项目、大成果"等"四大"建设，坚持正确的政治方向、学术导向和价值取向，把政治要求、意识形态纪律作为首要标准，贯穿选题设计、科研立项、项目研究、成果运用全过程，以高度的文化自觉和坚定的文化自信，围绕重大理论和实践问题展开深入研究，不断推进知识创新、理论创新、方法创新，不断推出有思想含量、理论分量和话语质量的学术、教材和思政研究成果。"中国社会科学院大学文库"正是对这种历史底蕴和学术精神的传承与发展，更是新时代我校"双一流"建设、科学研究、教育教学改革和思政工作创新发展的集中展示与推介，是学校打造学术精品，彰显中国气派的生动实践。

"中国社会科学院大学文库"按照成果性质分为"学术研究系列""教材系列"和"思政研究系列"三大系列，并在此分类下根据学科建设和人才培养的需求建立相应的引导主题。"学术研究系列"旨在以理论研究创新为基础，在学术命题、学术思想、学术观点、学术话语上聚焦聚力，注重高原上起高峰，推出集大成的引领性、时代性和原创性的高层次成果。"教材系列"旨在服务国家教材建设重大战略，推出适应中国特色社会主义发展要求，立足学术和教学前沿，体现社科院和社科大优势与特色，辐射本硕博各个层次，涵盖纸质和数字化等多种载体的系列课程教材。"思政研究系列"旨在聚焦重大理论问题、工作探索、实践经验等领域，推出一批思想政治教育领域具有影响力的理论和实践研究成果。文库将借助与中国社会科学出版社的战略合作，加大高层次成果的产出与传播。既突出学术研究的理论性、学术性和创新性，推出新时代哲学社会科学研究、教材编写和思政研究的最新理论成果；又注重引导围绕国家重大战略需求开展前瞻性、针对性、储备性政策研究，推出既通"天线"、又接"地气"，能有效发挥思想库、智囊团作用的智库研究成果。文库坚持"方向性、开放式、高水平"的建设理念，以马克思主义为领航，严把学术出版的政治方向关、价值取向关与学术安全关、学术质量关。入选文库的作者，既有德高望重的学部委员、著名学者，又有成果丰硕、担当中坚的学术带头人，更有崭露头角的"青椒"新秀；既以我校专职教师为主体，也包括受聘学校特聘教授、岗位教师的社科院研究人员。我们力争通过文库的分批、分类持续推出，打通全方位、全领域、全要素的高水平哲学社会科学创新成果的转化与输出渠道，集中展示、持续推广、广泛传播学校科学研究、教材建设和思政工作创新发展的最新成果与精品力作，力争高原之上起高峰，以高水平的科研成果支撑高质量人才培养，服务新时代中国特色哲学社会科学"三大体系"建设。

　　历史表明，社会大变革的时代，一定是哲学社会科学大发展的时代。当代中国正经历着我国历史上最为广泛而深刻的社会变革，也正在进行着人类历史上最为宏大而独特的实践创新。这种前无古人的伟大实践，必将给理论创造、学术繁荣提供强大动力和广阔空间。我们深知，科学研究是永无止境的事业，学科建设与发展、理论探索和创新、人才培养及教育绝非朝夕之事，需要在接续奋斗中担当新作为、创造新辉煌。未来已来，将至已至。我校将以"中国社会科学院大学文库"建设为契机，充分发挥中国特色社会主义教育的育人优势，实施以育人育才为中心的哲学社会科学教学与研究整体发展战略，传承中国社会科学院深厚的哲学社会科学研究底蕴和40多年的研究生高端人才培养经验，秉承"笃学慎思明辨尚行"的校训精神，积极推动社科大教育与社科院科研深度融合，坚持以马克思主义为指导，坚持把论文写在大地上，坚持不忘本来、吸收外来、面向未来，深入研究和回答新时代面临的重大理论问题、重大现实问题和重大实践问题，立志做大学问、做真学问，以清醒的理论自觉、坚定的学术自信、科学的思维方法，积极为党和人民述学立论、育人育才，致力于产出高显示度、集大成的引领性、标志性原创成果，倾心于培养又红又专、德才兼备、全面发展的哲学社会科学高精尖人才，自觉担负起历史赋予的光荣使命，为推进新时代哲学社会科学教学与研究，创新中国特色、中国风骨、中国气派的哲学社会科学学科体系、学术体系、话语体系贡献社科大的一份力量。

前　　言

中国自 1978 年开启改革开放，至今已逾四十年。在这个史无前例的经济和社会转型过程中，自下而上的地方性试验和探索起着非常重要的作用，这也被形象地比喻为"摸着石头过河"。不过，改革同时也是一个系统性工程。中国的改革开放进程在许多方面都体现出中央自上而下的总体构想和设计，邓小平同志则被誉为中国改革的"总设计师"。

尽管如此，"顶层设计"一词首次进入我国的官方文件，则是在 2010 年 10 月通过的《中共中央关于制定国民经济和社会发展第十二个五年规划的建议》中。随后，2010 年 12 月召开的中央经济工作会议也提出要"加强改革设计"。2011 年 3 月，第十一届全国人大四次会议审议通过的《中华人民共和国国民经济和社会发展第十二个五年规划纲要》中写道，"要注重顶层设计和总体规划，把握好改革的顺序和重点"。

在"顶层设计"下，中央需要自上而下地思考中国国家治理体系的建设。国家治理体系是在党领导下管理国家的制度体系，是一系列国家制度的集成与总和，包括经济、政治、文化、社会、生态文明和党的建设等各领域的体制机制和法律法规安排，是一整套紧密相连、相互协调的国家制度。国家治理体系的建设涉及组织层级、部门分工、权力配置、信息传递、行政能力等方方面面，顶层设计的思路和印记处处可见。

在对中国的国家治理体系进行总体构想和顶层设计时，中央需要在与地方的互动关系框架中进行思考。中国是一个幅员辽阔、人口众多、资源紧张、区域间发展差异巨大的大国。中央与地方关系的架构自古就是个难题，也有一些在历史上行之有效的治理方式以不同形式延续了下来。当代中国作为中国共产党领导下的单一制国家，中央政府具有不容置疑的政治权威，地方政府可被视为中央政府的派出机构，执行中央制定的政策规章制度。一方面，中央要维护党中央权威和集中统一领导的体制机制，以确保全国一盘棋，上下贯通，令行禁止。另一方面，中央又要通过扩大地方自主权和政治引导等方式，引导地方的积极性与中央的政策目标相一致。这两方面的权衡贯穿改革开放至今，大致可以分为两个阶段。

第一阶段是在 1978—2013 年。在 1978 年以来的分权式改革进程中，中国逐渐成为一个高度行政分权的国家，各级地方政府获得了相当大的自主权力，表现出高度的灵活应变能力和主动精神，以至于被冠以"动员型""能动型""进取型"乃至"生产型"政府的称号。地方政府在中央政策上自主性的基本形式是，中央可以在制定的政策中留下一些空白或模糊之处，允许地方政府在具体执行中进行因地制宜或因时制宜，自行取舍。这种在政策中为地方政府刻意准备的"留白"——裁量权（discretion）或者说地方政策制定权——实际上是中央事先制定的政策框架中的一部分，是一种正式权力。一旦明确划定其范围，中央就正式将这部分权力让渡给了地方政府，直到下一轮政策调整为止。

第二阶段是 2013 年新一届政府成立后至今。党的十八大以来，中央特别重视政策的执行环节，一些权力开始由地方向中央集中，"摸着石头过河"的改革模式逐渐弱化。早在 2011 年春，习近平在中央党校开学典礼上发表的《关键在于落实》讲话中指出，确保中央政令畅通关乎"十二五"经济社会发展目标任务的实现，更关乎党的执政地位的巩固和国家的长治久安。2013 年 7 月，习近平总书记在西柏坡视察，面对当年毛泽东同志提议的"六条规矩"时指出，"治理一个国家、一个社会，关键是要立规矩、讲规矩、守规矩"。2013 年，党的十八届三中全会通过了《中共中央关于全面深化改革若干重大问题的决定》，提出全面深化改革的总目标是完善和发展中国特色社会主义制度，推进国家治理体系和治理能力现代化。在这次会议上，中央正式成立"中央全面深化改革领导小组"，提出了 60 条 336 项有关改革的规划，开始强化对中国未来发展的"顶层设计"。2019 年，党的十九届四中全会通过《中共中央关于坚持和完善中国特色社会主义制度，推进国家治理体系和治理能力现代化若干重大问题的决定》，进一步强调"健全权威高效的制度执行机制，加强对制度执行的监督，坚决杜绝做选择、搞变通、打折扣的现象"。党的十八大以来，中央已逐步推出了 1600 多项改革方案。

对于中央从顶层设计角度考虑对地方政府的权力安排及其变迁，非常适合运用最优授权（optimal delegation）理论框架来进行研究。在授权框架下，委托人（上级、中央政府）拥有组织内各项事务的最终决定权，代理人（下级、地方政府）的权力是由委托人授予的，随时可以收回。上级将某事项的决策权授予下级，便意味着控制权在某种程度上的让渡或削弱。以此为代价，上级能够节约自身的时间和精力等资源，也能更有效地利用下级可能拥有的私人信息。但是，由于下级对事项结果的偏好往往与上级不同，如果获得授权，其实际选择就可能偏离上级的利益。委托人在授权的这种收益和成本之间进行权衡，决定了事项的决策权在组织中的纵向均衡配置。

政府组织的结构形式也在中央—地方的互动关系中发挥重要作用。组织形式会从"质"和"量"两个方面都对不可被第三方验证的"软"信息的收集和运用产生影响，最终影响组织决策。从"量"的方面，根据不完全合同（incomplete contract）理论，调查者在信息搜集上付出的努力或事前专用性投资会受到组织形式的影响，进而影响成功获取信息的概率，这反过来又会影响委托人在事前对组织形式的设计。然而，当我们开始考虑组织在制定决策时对信息的依赖或"适应"（adaptation）时，就要关注委托人所能接收到的信息的准确度或者说"质"的方面。为了收集相关信息，使得决策制定或调整与社会环境相适应，政府可以雇用专门的机构、委员会或个人进行相关的调查研究，也可以将此任务交给决策的执行者，亦即行政职能部门。

本书尝试站在中央政府的角度，以最优授权理论为基本研究框架，从组织协调和适应的角度切入，考虑组织结构、信息传递和决策权配置这三个方面因素在制度建设顶层设计中的作用，同时将其应用于中国当下致力于国家治理体系和治理能力现代化建设的实践，讨论地方政府在给定授权和不同组织结构下的行为模式，包括对行政人员能力的需求、在规则（法律）制定中的立法委托、对突发公共事件的治理、组织机构的设计、简政放权改革、依法行政及其与市场的互动关系等。

具体地，本书各章主要内容如下。

第一章，本章对最优授权理论的基本框架和发展脉络进行梳理。组织内事项的提议和许可权在上下级之间如何进行配置，是从组织顶端到末端以上的各层级负责人都会面临的问题，却尚无明确一致的答案。不完全合同下的授权理论讨论无转移支付条件下组织内各事项决策权的层层授予，对于理解企业和政府的组织结构、权威分配及治理绩效等问题具有重要意义，也已被广泛应用于行政和立法过程以及公司治理等多个领域。接着，分别讨论了对称信息和不对称信息下的授权决策以及授权的最优形式，并对新近的理论发展进行了梳理。

第二章，本章从协调和适应的角度，讨论中央在不同发展战略下对政府层级结构的调整。1949 年中华人民共和国成立以后，中国经历了数轮重要的调整政府层级级数的实践，伴以一些微调和局部试验。不论是在中央和省之间，省与县（市）之间还是县与村之间，增加层级能够减轻中央、省和县分别在省、县（市）或村之间进行横向直接协调的压力，但会削弱中央对省，省对县（市）或县对村的纵向控制，因而面临权衡选择。哪种考量占上风，则受到中央对国家建设和发展的战略选择的影响。

第三章，本章讨论政府是否应该将行政裁量权授予行政人员。从 1949 年到 20 世纪 90 年代中后期，中国社会始终处于急剧变化之中，中央的偏好也在不断变化。通过将行政裁量权授予高能力行政人员，允许其根据社会环境相机选择行动，中央的目标能够大致得以实现。然而，高能力行政人员对各方面待遇的要求与政府低能激励体系是冲突的，由此带来政府治理中的大量问题。随着市场经济体制的逐渐建立，社会环境和中央偏好逐渐稳定，应该逐渐收回行政裁量权而代之以按规则治理，亦即依法行政。相应地，可以更多地使用中等能力的行政人员，降低对高能力行政人员的需求。

第四章，本章讨论政府授权决策与其对行政人员能力需求之间的关系。为了在复杂多变的社会环境下更好地管理广泛的从可缔约到不可缔约的社会事务，中国政府从 20 世纪 50 年代开始就采用了向下授权和信息沟通这两种灵活的决策方式。模型表明，不论事项是否可缔约，授权和分离均衡下信息沟通的预期效用都会随代理人能力的提高而增大。因此，一旦得以采用，就会不断自我强化对高能力代理人的需求，使得政府精英化程度不断提高。随着新一届政府简政放权的实施，事权范围缩小以及决策灵活性下降，这一趋势可能会发生扭转。

第五章，本章讨论政府行政职能部门在获得授权后的内在扩权倾向。中国 2013 年以来开始的新一轮简政放权改革，要求中央各部委建立权力清单，下放审批事项，依法行政。然而与之相冲突的是，中国政府长期以来在信息获取上高度依赖行政职能部门，在事实上造成并容忍了从中央到地方各级职能部门在政策法规的制定与修改上的巨大影响力。简政放权改革要想长期有效，真正扼制行政职能部门的"扩权"冲动，政府应该更多地通过专门的调查机构获取决策所需信息。为此，需要在制度环境上维护和提高这些专门机构的独立性，并促进相关信息的公开透明。

第六章，本章讨论全国人民代表大会作为立法权力机关关于立法权的授予决策。全国人大及其常委会长期大量委托行政部门立法，是在行政部门与之偏好接近，行政部门具有信息优势，第三方机构或个人独立性不足，以及难以运用激励手段这四个条件下的理性选择。随着市场经济改革日渐深入以及国家治理体系的现代化建设，以上条件逐渐消失，中国会逐步进入以第三方立法为代表的"人大主导立法"与部门立法并重的时代。

第七章，本章对制度设计中是否要把执行和信息收集这两项任务分开设置这个问题进行讨论。当企业或政府需要搜集一项不可验证信息来为相关决策提供支持时，是委派专门的调查者，还是由执行者同时负责调查，甚至将决策权也授予执行者？本章认为答案取决于执行部门对调查部门施加影响的难易程度。当执行部门需要付出很高代价才能影响调查部门，亦即二者之间存在足够高的"防火墙"时，企业或政府就会委托专业调查者负责信息收集，不论该调查者位于组织内部还是外部。

第八章，本章从信息传递的角度，分析层级组织在面对突发性事件时可能出现的信息隐藏行为及相应的决策质量问题。我们以新冠肺炎疫情为例，在"中央政府—国家卫健委（专家组）—地方政府"的框架下说明，国家卫建委专家组能否及时正确判断疫情是中央政府疫情防控决策质量的关键，而这取决于专家组的专业能力水平和在调查过程中获得的地方卫健委及地方政府的支持力度。从这次新型冠状病毒肺炎疫情初期的调查和信息报送情况来看，地方卫健委的属地管理模式不利于突发性公共卫生事件防控工作的"早发现"和"早报告"，可以考虑在未来改为专业化垂直管理。

第九章，本章从规则治理的角度对"费改税"以及当下的地方债治理问题进行一个初步讨论。税收及收费是政府收入的两种来源，二者都是政府为其提供的产品或服务而索取的补偿。从市场的角度看，政府应该采用"谁使用、谁付费"的方式，向其产品或服务的使用者合理地收费。然而，为了避免地方政府获得授权后出现"乱收费"现象，用更为强调规则的"税"来替代"费"，可能是有效率的。进而，地方债治理的核心问题是，在单一制的中国，当地方政府需要财政融资的时候，中央为什么不以自己的名义借债，然后给地方政府转移支付，而是允许各地方政府自行借债？从最优授权理论的角度，这是因为中央通过放权给地方政府，能够节约中央在进行转移支付时的信息收集成本，同时让地方政府具有增加财政收入来源的动力。

第十章，本章尝试运用《中国法律年鉴》和中国工业企业调查数据库，就政府依法行政水平对工业企业规模的可能影响进行一个初步讨论。在控制相关变量的基础上，我们用行政复议案件数来度量地方政府的依法行政水平，发现地方依法行政水平对地方企业规模存在显著的正向影响。稳健性检验表明，行政复议案件数是地方依法行政水平的有效代理指标。本章的研究是探索性的，尝试在顶层设计的框架下讨论政府与市场在某些方面的互动关系，得出的一些初步结论也为后续的深入研究奠定了一定的基础。

第十一章：作为全书总结，本章旨在对全书的基本思路和观点进行提炼和回顾。首先，我们梳理了"择天下英才而用之"这一人才政策的国家治理逻辑。其次，我们讨论了简政放权改革在何种意义上能够促进社会创新。再次，我们对如何在制度设计上保障内部监督的有效性进行讨论。最后，我们简要展望了未来可能的研究方向。

本书是在笔者主持完成的国家社会科学基金青年项目"最优授权理论

及其在中国政府治理中的应用研究"（12CJL029）的基础上拓展完成的。主要采用了历史归纳和理论建模这两种研究方法。具体而言，从分工和专业化的角度讨论组织内授权决策，关注授权的甄别手段作用，既遵循了代理人具有信息优势的标准框架，也讨论了在委托人具有信息优势情况下的组织设计，这与已有文献有较大不同，在理论上丰富了对组织内部最优授权决策的研究。本书将最优授权理论应用于中国的国家治理体系建设，深入分析地方政府在授权下的行为，在一个统一框架下讨论政府治理问题的相关现象，对理解中国中央—地方政府之间的关系提供了一个新的视角，对于理解中国各级政府的行政权力，中央政府近年来日益强调依法行政的原因，行政体制改革的途径，以及内部监督体系的构建等问题具有重要意义，丰富了已有的中国分权式改革以及国家治理体系和治理能力现代化的研究文献。

李石强

2022 年 5 月于北京

目　　录

第一章　最优授权理论[*]

第一节　引言

一般而言，企业内一项事务或工作的决策权可以分解为提议、许可、执行和考核四个方面（Fama & Jensen，1983）[①]。给定围绕某项事务而形成的上下级关系，上级如何设计绩效考核和报酬支付方式以对下级在执行任务中的努力投入形成有效激励，经典的委托—代理理论已有较充分的研究。然而，关于事项的提议和许可权在上下级之间应该如何进行配置，尚无明确一致的答案。

名义上，所有权人拥有企业各项事务的最终决定权。不过，受限于时间、精力和专业知识，尤其是通常缺乏具体事项的相关信息，所有权人不可能由自己来决定所有相关事项，而势必将其绝大部分进行分门别类，交由不同的部门分别予以完成。各部门负责人在类似条件的限制下，又可能将部分事项的提议和许可权继续下放。此过程在企业组织内逐层进行直至末端，既包括各项事务的决策权在同层级各部门之间的分配，又包括给定事项的决策权在部门内的向下授予[②]。前者对应于平行各部门之间的分工，

---

[*]　本章部分内容以《最优授权理论综述》为题发表于《制度经济学研究》2015 年第 1 期。

①　类似地，Minzberg（1979）将组织内的决策过程划分为获取信息、提议、选择和执行四个阶段。

②　这分别被 Bolton & Dewatripont（2013）称为横向和纵向的权威配置。

由一个共同的上一层级负责人进行综合协调；后者则对应于上级对下级的授权（delegation），与其他部门的活动相对独立（Holmström，1984）。

上级将某事项的提议或决定权授予下级，便意味着控制权在某种程度上的让渡或削弱。尽管如此，上级却能节约自身的时间和精力等资源，也能更有效地利用下级可能拥有的私人信息。但是，由于下级对事项结果的偏好往往与上级不同，如果获得授权，其实际选择就可能偏离上级的利益。委托人在授权的这种收益和成本之间进行权衡，决定了事项的提议和许可权在组织中的纵向均衡配置。沿着这个思路，依据事项结果在事前和事后是否可缔约，可以将相关研究大致划分为完全合同框架下的机制设计和不完全合同框架下的最优授权这两大类。

机制设计研究领域关于组织内权力配置的文献通常假设事项结果在事前事后均可缔约①，于是委托人可以对代理人进行状态依存的激励性转移支付。根据显示原理（Revelation Principle），委托人可以激励代理人如实报告其私人信息所对应的事项结果。在此基础上，如果委托人选择代理人所希望的行动，就可以复制分权的结果，集中签约因而弱占优（weakly dominated）于分权（Melumad et al.，1995）。于是，委托人的任务是设计一份最优的激励相容合同。而若要解释在现实世界中大量存在的分权现象以及更为丰富的组织结构设计，必须从显示原理得以成立的前提条件入手，例如不允许再谈判、不允许合谋以及信息交流无障碍等（Mookherjee，2006，2013）。

现代最优授权文献则假设事项结果在事前和事后均不可缔约，委托人因而无法对代理人实行状态依存的转移支付。这样，讨论的焦点就从最优激励支付合同转移到如何在委托人和代理人之间合理配置事项的提议和许可权。给定其他条件不变，当信息在委托人和代理人之间对称分布时，委托人可以考虑将这两项权力都保留在手中，从而完全保留事项的控制权（集权），但只能依据自己的先验知识预先制定行动（status quo）。委托人也可以将事项的提议和许可权都交给代理人，亦即授权。当信息在双方之间的分布不对称，代理人拥有私人信息时，委托人除了集权和授权可供选择以外，还可以

---

① 两个例外是 Martimort & Semenov（2006）和 Mylovanov（2008）。

将提议权交给代理人，允许其根据收集得到的信息就事项处理提出建议，然后由自己行使许可权，这被称为信息交流（communication）。委托人在这三种方式之间的选择取决于分别从中能够获得的预期效用。其中，授权如果被证明有价值，则还须进一步探讨其具体的最优形式。

本章旨在对不完全合同框架下的现代最优授权文献进行综述。在理论上，该领域的文献有两方面的基础。一方面，授权在早期曾经被视为一种解决委托人决策动态不一致的方式，被应用于如企业的两权分离（Vickers，1985）、中央银行独立性（Rogoff，1985）乃至代议制民主（Persson & Tabellini，1994）等多个问题。另一方面，在研究方法上，现代最优授权理论则可被视为新产权理论的进一步发展。新产权理论文献假定事项结果事前不可缔约但事后可缔约，为企业内的正式权威或产权的事前最优分配建立了一个框架（Hart，1995）。然而，对于正式权威的拥有者为什么还会往下授予决策权，新产权理论没有进行分析。现代最优授权理论则假设事项结果在事前和事后均不可缔约，在排除转移支付的同时，也排除了正式权威的转让，从而将注意力集中在事项决策方式的选择上。

在实践中，由于多种原因，无转移支付的情况在企业中十分常见（Alonso & Matouschek，2008），更是政府组织的一项典型特征（Tirole，1994）。现代最优授权理论讨论无转移支付条件下组织内各事项的决策权从层级顶端往下的层层授予，对于理解企业和政府的组织结构、权威分配及治理绩效等问题具有重要意义，已被广泛应用于政府行政过程、立法程序以及公司治理等多个领域。与企业相比，此时政府组织唯一重要的不同之处在于，各项事务或政策的最终决定权由对选民负责的政治家或政府首脑拥有。

与本章主题最为接近的是 Gibbons et al.（2013），该文广泛综述了关于组织内决策权配置的讨论，授权也是其中的一个部分，但是其思路和框架与本章有较大差异。本章余下部分安排如下：第二节描述授权问题的基本分析框架；第三节讨论委托人和代理人之间信息对称的情况下授权的可能性；第四节则讨论委托人和代理人之间信息不对称情况下的授权；在此基础上，第五节进一步讨论不对称信息条件下授权的最优形式；第六节介绍了最优授权理论在几个方面的扩展；最后是本章小结。

第二节　授权问题：基本框架

给定围绕组织内某一事项而产生的上下级关系，上级在该事项上拥有正式权威。双方的效用水平由事项结果 $y \in Y \subset \mathbb{R}$ 和随机的外部环境状态 θ 决定，其中 $\theta \in \Theta = [\underline{\theta}, \bar{\theta}] \subset \mathbb{R}$，具有密度函数 $f(\theta)$ 和分布函数 $F(\theta)$。另外，给定外部环境状态，上级（委托人，P）和下级（代理人，A）之间对事项不同结果的偏好可能不同。这样，二者的效用函数可以分别写为 $U^P(y, \theta)$ 和 $U^A(y, \theta, b)$，其中 $b \geqslant 0$ 衡量代理人偏好相对于委托人的偏离程度[①]。假设代理人关于外部环境状态的实现值拥有私人信息，委托人只知道其概率分布[②]。此外，假设外部环境状态是不可验证性的"软"信息，导致委托人无法向代理人支付激励报酬，亦即没有状态依存的转移支付，也就无法设计"讲真话"（truth-telling）的机制。

假设委托人和代理人的偏好都是单峰（unimodal，single-peaked）的，亦即对于任意 $\theta \in \Theta$，都存在唯一的最理想结果（bliss point）$y^i(\theta)$，使得 $U_1^i(\cdot) = 0$ 并且 $U_{11}^i(\cdot) < 0$（脚标数字代表偏导数，$i = A, P$）。进一步，假设甄别（screening）条件 $U_{12}^i(\cdot) > 0$ 成立，使得双方的最理想结果都与外部环境状态正相关，亦即 $\partial y^i(\theta)/\partial \theta > 0$。这样，委托人和代理人对事项结果的选择不会超出区间 $Y^i \equiv [y^i(\underline{\theta}), y^i(\bar{\theta})] \subset Y$。只要 b 不为 0，Y^P 和 Y^A 就不同。

符合以上设定的最简单并且得到最广为使用的形式是，$U^P(y, \theta) = -(y-\theta)^2$ 和 $U^A(y, \theta, b) = -(y-(\theta+b))^2$，从而 $y^P(\theta) = \theta$ 和 $y^A(\theta) = \theta+b$。同时，θ 服从 $\Theta = [0, 1]$ 上的均匀分布。

假设以上设定在委托人和代理人之间是公开信息。关于外部环境 θ 的信息，如果在委托人和代理人之间对称分布，委托人可以在集权和授权之间选择。

[①]　也可以将参数 b 放在委托人的效用函数里。

[②]　事实上，即便外部环境状态是公开信息，委托人也可能基于时间、精力或专业知识等考虑而选择向代理人授权，参见第三节。

一　集权

在这种方式下，委托人将事项的提议和许可权都保留在自己手中。这时，委托人只能根据期望的或平均的环境状态选择事前最优的事项结果，不考虑外部环境的事后实现值。

$$y_P^* \equiv \arg \ \max E_\theta U^P(y, \ \theta) = E_\theta y^P(\theta) \tag{1-1}$$

给定外部环境的概率分布，这种方式导致了一个"僵化"的既定政策。这种决策形式简单，仅仅需要严格执行，委托人也能保持自己的控制权。后面会看到，不管在信息对称还是不对称的情况下，y_P^* 在模型中都可被作为委托人在选择决策方式时候的备选方案（default decision）或保留选择（status quo、outside option）。

二　授权

在这种方式下，委托人将事项的提议和许可权都交给代理人。这时，代理人将在授权范围内选择其最理想的事项结果。如果委托人无法对授权范围 D 进行限制，而是只能完全（full、pure 或 complete）授权，亦即 $D^* = Y$，代理人就可以完全按照 $y^A(\theta)$ 行事，委托人预期效用为 $E_\theta [U^P(y^A(\theta), \ \theta)]$。这时，如果委托人能够通过选择最优的受限（constrained）授权范围 $D^* \subset Y$ 对代理人行动加以限制，其最优化问题就为：

$$\max_{D \subset Y} E_\theta [U^P(y^A(\theta), \ \theta)]$$
$$s.t \quad y^A(\theta) \equiv \arg \max_{y \in D} U^A(y, \ \theta, \ b) \tag{1-2}$$
$$U^A(y^A(\theta), \ \theta, \ b) \geqslant \underline{U}$$

Holmström（1984，定理 1）证明，此授权问题至少有一个解。Alonso & Matouschek（2008，引理 3）证明，此授权问题的解就是信息交流的最优决策规则与 $y^A(\theta)$ 重合的部分，亦即 $D^* = \{y : y^*(\theta) = y^A(\theta), \ \theta \in \Theta\}$。值得强调的是，若要精确地将区间 D^* 内的决策授予代理人，需要增加其边界值可验证亦即可缔约的假设，这正是完全授权和第四节讨论的受限授权之间的本质区别。

如果代理人拥有外部环境的私人信息，对决策权配置的研究主要集中在委托人在保持控制权与私人信息利用之间的权衡。在集权下，委托人放弃了利用代理人私人信息来实现自身更高效用的可能。在授权下，委托人允许代理人自主决策，私人信息便得到了充分利用。除了这两种决策方式以外，委托人还可以考虑信息交流这种方式。

三 信息交流

在这种方式下，委托人保留事项的许可权，但将提议权交给代理人，要求后者就外部环境状态进行汇报或者就事项结果选择提出建议。假设代理人收集和汇报信息都没有成本[①]。

通过信息交流这种方式，委托人能够部分地利用代理人的私人信息。但是，代理人也可能借此通过操纵信息汇报而获得有利于自己的事项结果。一个重要问题是，委托人能否在事前对依据代理人汇报做出决策的规则 $y^*(r): \Theta \to Y$ 做出承诺（commitment），这对代理人的信息汇报行为有很大影响。

如果委托人事先无法承诺决策规则 $y^*(r)$，这种无承诺信息交流也被称为"空谈"（cheap-talk）。此时，贝叶斯纳什均衡要求代理人汇报外部环境的策略 $r^*(\theta): \Theta \to \Theta$ 以及委托人的决策规则 $y^*(r)$ 同时被决定，亦即 $r^* = \arg\max\limits_{r \in R} U^A(y^*(r), \theta, b)$ 和 $y^*(r) = \arg\max\limits_{y \in Y} \int_{\underline{\theta}}^{\bar{\theta}} U^P(y^*(r), \theta) p(\theta|r) d\theta$ 同时成立，其中 $p(\theta|r)$ 是委托人依据代理人汇报对外部环境状态做出的后验判断。

Crawford & Sobel（1982，定理 1）证明，此机制至少有一个贝叶斯纳什均衡 $(y^*(r^*), p(\theta|r^*))$。在这个均衡中，$\Theta = [\underline{\theta}, \bar{\theta}]$ 被划分（partition）为最多 $1 \leqslant N \leqslant N(b)$ 个子区间；代理人不汇报 θ 的具体实现值，而只是汇报其所位于的区间 (θ_j, θ_{j+1})，$j = 0, \cdots, N-1$；对于 $r \in [\theta_j, \theta_{j+1}]$，委托人依据该子区间上的条件均匀分布对外部环境进行后验判断，亦即 $p(\theta|r) = 1/(\theta_{j+1} - \theta_j)$。这意味着，最优决策规则 $y^*(r^*)$ 是不连续

---

① 这是信息交流与信号传递（signaling）文献的主要区别之一。

的，并且代理人会故意在其汇报的信息中引入噪声。委托人和代理人之间的偏好偏离 b 越大，$N(b)$ 越小，代理人汇报中的噪声越多，信息交流越不精确。反之，b 越小，信息交流越精确（引理6）。给定 b，委托人和代理人都偏好更精确的信息交流，亦即更大的 $N(b)$（定理3和定理5）。

如果委托人能够事先承诺一个依赖于代理人汇报的决策规则 $y^*(r)$，代理人就不用考虑委托人对自己所汇报信息的利用问题。根据显示原理（Revelation Principle），可以仅关注"说真话"机制，代理人如实汇报观察到的外部环境状态（$r^*(\theta)=\theta$），该问题可表述如下：

$$\max_{y(\theta)} E_\theta [U^P(y(\theta),\ \theta)]$$

$$s.t. \quad U^A(y(\theta),\ \theta,\ b) \geqslant U^A(y(\theta'),\ \theta,\ b),\ \forall\, \theta,\ \theta' \in \Theta \quad (1\text{-}3)$$

$$U^A(y(\theta),\ \theta,\ b) \geqslant \underline{U}$$

其中，$\underline{U}$ 是代理人的保留效用。

Melumad & Shipan（1991，定理1）在 $y^P(\theta)=a\theta+b$ 和 $y^A(\theta)=\theta$ 的设定下证明，问题（2）描述的有承诺信息交流机制也至少有一个划分均衡，并且 $y^*(\theta)$ 关于外部环境 θ 是弱递增的。Martimort & Semenov（2006，命题1）则在 $y^P(\theta)=\theta$ 和 $y^A(\theta)=\theta+b$ 的设定下刻画了该均衡，图1-1给出了其中最优决策规则 $y^*(\theta)$ 的一个一般形式（粗实线部分）。可以看出，有

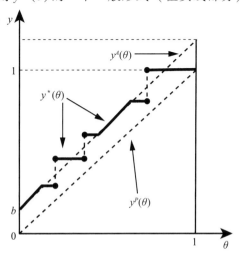

图1-1 线性设定下有承诺信息交流的一个一般解

承诺信息交流的决策规则既有无承诺信息交流决策规则的噪声（水平部分），也有授权情况下与代理人最理想结果 $y^A(\theta)$ 相重合的部分。

关于委托人对决策规则的承诺能力，Alonso & Matouschek（2007）尝试用委托人如果否决代理人提议所需承担成本 q^2 的大小来对其进行定量的描述。如果委托人直接接受代理人的提议，二者分别实现效用 $U^P(y^*(r)，\theta)$ 和 $U^A(y^*(r)，\theta，b)$；如果委托人否决代理人的建议并改为采用决策 y'，二者分别实现效用 $U^P(y'，\theta)-q^2$ 和 $U^A(y'，\theta，b)$。结果表明，当委托人会为否决代理人提议付出较高成本（$q>b$）时，对决策规则 $y^*(r)$ 的承诺就是可信的，对应于有承诺信息交流（命题3）；否则，当 $0 \leqslant q < b$ 时，对应于无承诺信息交流（命题5）。

在本节给出的基本框架下，委托人在集权、授权和信息交流这三种方式之间的选择取决于分别从中能够获得的预期效用。其中，授权如果被证明有价值，则还须进一步探讨其具体的最优形式。

第三节　对称信息下的授权

在对称信息下，不需要考虑信息交流，可以将授权的价值定义为在授权和集权这两种方式下委托人期望效用的差异（Alonso & Matouschek，2008）：

$$V \equiv E_\theta\left[U^P\left(y^A(\theta)，\theta\right)\right] - E_\theta\left[U^P\left(y_P^*，\theta\right)\right]，y \in D^* \qquad (1-4)$$

委托人将事项决策权授予代理人可以节约相应的时间和精力，从而将管理者注意力（managerial attention）这种稀缺资源集中在其他更为重要的事项上。

在 Geanakoplos & Milgrom（1991）的初步讨论的基础上，Athey et al.（1994）模型化了管理者注意力与授权范围之间的关系。任意外部环境状态 $\theta \in \Theta = [0，1]$ 都对应着一项待解决的事项，该事项既可由委托人完成也可由代理人完成，但效率不同。假设将范围 $D = [0，d]$ 对应的事项交由代理人完成，对组织的贡献为 $\pi^A(\theta，d)$；将余下范围 $\Theta \setminus D = [d，1]$ 对应的事项交由委托人完成，对组织的贡献为 $\pi^P(\theta，d)$（假设双方虽然不能验证外部环境状态的实现值，但能验证该值是否位于授权范围 D 内）。管理者注意力的稀缺性表现为：交由代理人处理的事项越多（d 越大），委托人的工作效率就越高，亦即 $\partial \pi^P(\theta, d)/\partial d > 0$。于是，委托人在决定最优授权范围 D^* 或 d^* 时的问题是：

$$\max_d E_\theta U^P(D) = \int_0^d \pi^A(\theta, d) f(\theta) d\theta + \int_d^1 \pi^P(\theta, d) f(\theta) d\theta$$

可以证明，在管理者注意力是稀缺资源时，最优授权范围 d^* 要大于该资源并不稀缺时（$\partial \pi^P(\theta, d)/\partial d = 0$）的情况，委托人于是会向代理人更多地授权（命题2）。进一步，如果外部环境分布函数满足单调似然率假设，$F(\theta)$ 越往右侧偏移，委托人越将注意力集中于那些 θ 取值较大同时概率较低的事项，代理人获得授权的范围 d^* 越大（命题3）。

Aghion & Tirole（1997）考虑了委托人和代理人在有关事项上具有事前对称信息，但双方事后进一步收集信息的激励会因授权决策而改变的场景，亦即讨论授权本身的激励作用。假设有 $n \geq 3$ 个可供选择的项目，项目 $y_k \in Y$ 能给委托人和代理人分别带来收益 $U^P(y_k) = U_k^P$ 和 $U^A(y_k) = U_k^A$，$k \in \{1, 2, \cdots, n\}$。其中，$y^P$ 和 y^A 分别是委托人和代理人的最理想项目，为其分别带来收益 U^P 和 U^A。同时，y^P 和 y^A 分别给代理人和委托人带来收益 $U^A(y^P) = b^A U^A$ 和 $U^P(y^A) = b^P U^P$，b^A，$b^P \in (0, 1]$。但是，委托人和代理人都不知道哪一个项目才是最理想项目，只能通过分别付出成本 $c_P(e^P)$ 和 $c_A(e^A)$ 以概率 e^P 和 e^A 获悉这一点。假设分别存在对各自而言足够差的项目，使得委托人或代理人随机选择项目的预期收益为负。拥有正式权威（许可权）的一方先选择，如果不了解项目收益，就会选择直接接受（rubberstamp）对方的提议，此时对方具有真实权威（real authority）。如果双方都不了解项目收益，则选择不实施任何项目（收益为0）。最后，假设项目选择本身不可验证，因而委托人无法采用激励报酬。

委托人在事前考虑是否将事项的许可权授予代理人。委托人在保留许可权的情况下，如果知晓项目收益，就选择 y^P，否则就听取代理人的提议。如果代理人知晓项目收益，就会提议 y^A 并为委托人所直接接受，否则双方不实施任何项目。这样，委托人和代理人的预期效用分别为

$$EU_C^P = e^P U^P + (1-e^P) e^A b^P U^P - c_P(e^P)$$

和 $$EU_C^A = e^P b^A U^A + (1-e^P) e^A U^A - c_A(e^A)$$

根据双方的一阶条件，可联立解得双方收集信息的最优努力水平 e_C^P 和 e_C^A。同理，在委托人将许可权授予代理人的情况下，双方预期效用分别为 $EU_D^P = e^A b^P U^P + (1-e^A) e^P U^P - c_P(e^P)$ 和 $EU_D^A = e^A U^A + (1-e^A) e^P b^A U^A - c_A(e^A)$，可类似解出双方收集信息的最优努力水平 e_D^P 和 e_D^A。可以证明，$e_C^P > e_D^P$ 以及 $e_C^A < e_D^A$，委托人在授权后会将管理注意力转向别处，代理人获得授权后则会更加努力地收集事项信息。

Aghion & Tirole（1995）进一步论证，随着企业规模的不断扩大，需要解决的事项数量增多，管理者越倾向于集中注意力于自己擅长和较易监督的事项，而将其他事项的决策权授予其他部门，企业组织形式也由 U 形（U-Form）结构向 M 形（M-Form）结构转变。

相较于 Aghion & Tirole（1995，1997），Bester & Krähmer（2008）则关注对称信息下授权对于代理人在执行（而非寻找）项目上的努力投入的影响[1]。不管项目选择由谁做出，都需要代理人来执行。假设代理人付出努力 $e \in \{e_L, e_H\}$，相应成本为 $c_A(e)$，任务成功概率为 $p(e)$，并且 $p(e_H) > p(e_L)$。同时，假设项目成功与否是可验证的信息，于是委托人能够据此对代理人进行奖励或惩罚（$w \in \{w_S, w_F\}$）。如果项目成功，委托人和代理人从中分别获得效用 $U^P(y) = 1 - k_P(y^P - y)^2$ 和 $U^A(y, b) = 1 - k_A(y^P + b - y)^2$，其中 $b > 0$。如果项目失败，均获得 0 效用。这样，委托人和代理人的预期效用函数分别为：

$$EU^P(y, e, w) = p(e)[U^P(y) - w_S] - [1-p(e)]w_F$$

$$EU^A(y, b, e, w) = p(e)[U^A(y, b) + w_S] + [1-p(e)]w_F - c_A(e)$$

在委托人决策与授权代理人决策两种方式下，各有一个最优的任务—努力组合 (y_C^*, e_C^*) 和 (y_D^*, e_D^*)，委托人应该选择能够带来更高预期效用的决策模式。结论表明，大多数情况下委托人都可以保留事项的提议和许可权（由自己来选择项目），然后通过合适的奖励或惩罚，激励代理人付

---

① Zábojnik（2002）构建了一个类似的模型，但没有假设关于事项本身的单峰偏好。

出高努力。只有当代理人付出高努力的成本 $c_A(e_H)$ 特别高，并且相对于委托人而言不那么关心项目自身（$k_A < k_P$）的情况下，才应该授权代理人选择项目（命题3）。当代理人只能对项目结果承担有限责任（$w \geq 0$）时，委托人永远都不应该授权（命题4）。

最后，Roider（2006）论证了委托人为了向代理人提供最优的事前投资激励而将（正式）权威授予代理人的可能性。

第四节　不对称信息下的授权

如果只有代理人能够观察外部环境变量 θ 的实现值，除了集权和授权两种方式以外，委托人还可以要求代理人就外部环境状态进行汇报或者就事项结果选择提出建议，然后由自己做出决策。在这种信息交流与授权和集权三种事项决策方式之间，是否应该选择授权？如果选择授权，其最优形式是什么？本节讨论前一个问题，第五节讨论后一个问题。

为了集中注意力，除了假设没有转移支付外，已有文献一般还排除了代理人的事项执行成本和信息获取成本。这样，代理人与委托人之间除了拥有信息不同，就是偏好的差异了。只要假设甄别条件 $\partial y^i(\theta)/\partial\theta > 0$ 成立，亦即委托人和代理人的最理想行动都与自然状态正相关，那么只要二者之间的偏好差异 b 足够小，合理限定范围的授权相对于集权就一定有价值（Holmström，1984，定理5；Alonso & Matouschek，2008，命题1；Dessein，2002，第4.1节）[①]。这样，余下的问题就是委托人在授权与信息交流这两种方式之间的选择了。

Crawford & Sobel（1982）给出了无承诺信息交流相对于集权下的既定政策有价值的条件（推论1）。Dessein（2002）则在 $y^P(\theta) = \theta$ 以及 $y^A(\theta) = \theta+b$ 的设定下，考察委托人在无承诺信息交流、完全授权与集权这三种方式之间的选择。一般地，假定 θ 服从 Θ（并且 $\underline{\theta} = -\bar{\theta} < 0$）上的对称分布，那么只要委托人和代理人偏好差异 b 没有大到使得交流没有信息含量的程度

[①] 一个自然的并且被称为"同盟原则"（Ally Principle）的内容法是，代理人的偏好与委托人偏离越接近，委托人越倾向于向其授权。不过根据已有的文献，该原则并不稳健（Huber & Shipan，2006）。

（亦即只要 $N(b) \geqslant 2$），只有当完全授权没有价值时才应该采用无承诺信息交流（命题4）。特别地，如果 θ 服从 Θ 上的均匀分布，只要 $N(b) \geqslant 2$，完全授权就是最优的（命题2）。

Melumad & Shipan（1991）则在 $y^P(\theta) = a\theta + b$，$y^A(\theta) = \theta$ 以及 $\theta \in \Theta = [0, 1]$ 的设定下，考察了委托人在有承诺信息交流机制、完全授权与集权之间的选择。其划分均衡表明，Θ 被最多划分为 $N(b)$ 个子区间，在其中某些子区间上有 $y^*(\theta) = y^A(\theta)$（见图1-1），代理人如实汇报其私人信息。这意味着，如果委托人能够验证这些子区间的边界，或是验证这些子区间所对应的事项结果区间 $D^* = \{y : y^*(\theta) = y^A(\theta), \theta \in \Theta\}$ 的边界，将这些子区间内的决策权授予代理人的效果将与有承诺信息交流相同。但是，如果委托人不能验证这些子区间的边界，授权就意味着必须是完全的或充分的。由于在那些 $y^*(\theta) \neq y^A(\theta)$ 的子区间上代理人会选择 $y^A(\theta)$ 而非 $y^*(\theta)$，完全授权就严格劣于有承诺信息交流机制（也见 Alonso & Matouschek，2007，命题11）。总的来说，有承诺的信息交流机制弱占优于授权。因此，相比较于 Dessein（2002），对于委托人而言，对决策规则 $y^*(\theta)$ 进行承诺的能力能够提高信息交流这种方式的价值。

Mylovanov（2008，命题2）则证明，如果委托人在授权之后还保留着对代理人选择的否决权，只要 $y^P(\theta)$ 和 $y^A(\theta)$ 满足甄别条件并且至多相交一次，通过适当地选择运用否决权之后的备选方案[①]，这种基于否决权（veto-based）的授权可以替代信息交流。这是因为，委托人通过许可那些处于信息交流机制（不管有无承诺）的贝叶斯纳什均衡上的提议，否决那些偏离均衡的提议并选择备选方案，就可以实施任何形式的信息交流机制。也就是说，委托人可以通过基于否决权的授权，使得代理人自动按照信息交流的最优决策规则 $y^*(\cdot)$ 行动。

最后，Alonso & Matouschek（2007，命题4）证明，给定 $y^P(\theta) = \theta$ 以及 $y^A(\theta) = \theta + b$，不管委托人是否具有承诺能力，如果外部环境分布满足条件 $G(\theta) \equiv F(\theta) + bf(\theta)$ 关于 θ 严格递减，信息交流机制（文中将其称为授权）就没有价值，应该采用信息独立的集中决策。

---

① Dessein（2002）和 Marino（2006）都比较了基于否决权的授权和完全授权之间的优劣，但得出了相反的结论，原因即在于他们各自设定的行使否决权后的备选方案不同。

第五节　不对称信息下授权的最优形式

对于授权问题（1-3），委托人的目标是寻找的最优授权范围 $D^* \subset Y$。如果委托人能够验证 D^* 的边界，或是验证与之对应的外部环境状态区间的边界，就能够证实代理人是否在此范围内行动。这样，通过否决乃至惩罚代理人超出授权范围的事项结果选择，委托人可以保证代理人在授权范围内行动。

在最一般的情况下，最优授权范围 D^* 不是连通的（connected），委托人会将决策空间 $Y \subset \mathbb{R}$ 中的某些子区间排除在对代理人的授权范围之外（见图 1-1 中的水平部分）。Alonso & Matouschek（2008，引理 6 和引理 7，命题 2）尝试讨论了委托人通过这种做法得以获益的条件。

Szalay（2005）延续 Aghion & Tirole（1995，1997）授权有利于激励代理人收集事项信息的讨论，为这种不连续性提供了一个较为直观的说明。假设代理人收集信息的努力有可能失败。为了抵消这种失败的可能对代理人收集信息激励的负面影响，委托人可以以 $E\theta$ 为中心将区间 Θ 的中间部分去掉（命题 1 和命题 3）。这种迫使代理人选择较极端政策的授权会降低代理人在信息收集失败情况下的期望收益，从而为其提供更强的信息收集激励。Θ 的中间部分去掉得越多，给代理人留下的选择越极端，代理人收集信息的激励越强（命题 2）。

授权问题（1-3）一般形式的求解涉及在集合上的最优化，数学上很难处理。因此，研究者更多讨论有承诺信息交流的最优决策规则 $y^*(\cdot)$ 在整个 Θ 上连续，或者说最优授权范围 D^* 连通的情况。根据 Melumad & Shipan（1991），只要委托人和代理人之间关于外部环境的敏感程度差别不大（$a \in (0, 2]$）[①]，委托人承诺的决策规则 $y^*(\theta)$ 关于 $\theta \in \Theta$ 就处处连续（命题 2）。这时，如果有承诺信息交流有价值，Θ 就被最多划分为 $N(b) = 3$ 个子区间，并且在其中某个子区间上有 $y^A(\theta) = y^*(\theta)$（命题 3）。于是，如果委托人能够验证该子区间的边界，或是验证该子区间所对应的决策结果区

---

① 事实上，大多数文献都设定 $a = 1$。

间 D^* 的边界，就可以将该区间内的决策授予代理人，此即区间（interval）授权。Holmström（1984，定理2）也给出了这种最优区间授权存在的条件。Martimort & Semenov（2006，命题2）则在 $y^P(\theta) = \theta$ 以及 $y^A(\theta) = \theta + b$ 的设定下，给出了为得到连续的有承诺信息交流决策规则，外部环境状态的概率分布以及委托人和代理人偏好差异所需满足的条件。

如图1-2所示，委托人可以把事项结果处于 $D^* = [y_1, y_2]$ 内的决策权授予代理人，但当代理人声称外部环境状态 $\theta < \theta_1$ 或者提议事项结果 $y < y_1$ 时，决策规则指定该区间左端点对应的事项结果 y_1；当代理人声称外部环境状态 $\theta > \theta_2$ 或者提议 $y > y_2$ 时，决策规则指定事项结果 y_2。或者，根据 Mylovanov（2008），委托人也可以将 $[0, 1]$ 内的决策权都授予代理人，但对区间 $[y_1, y_2]$ 以外的选择予以否决，并将备选方案分别设定为 y_1 和 y_2。

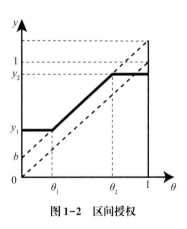

图 1-2　区间授权

如果 Θ 被划分为 $N(b) = 2$ 个子区间，并且在其中某个子区间上有 $y^A(\theta) = y^*(\theta)$，委托人就可以采取所谓的临界点（threshold）授权，这是一种特殊形式的区间授权，其形式如下：

$$y^*(\cdot) = \max\{y^A(\theta), y_0\} \qquad (1-5)$$

其中，y_0 的值与 b 相关。

在实践中，临界点 θ 既可能是授权范围的上限，也可能是授权范围的下限。对前者而言，具体形式如下（见图1-3）：

$$y^{*}(\cdot) = \begin{cases} y^{A}(\theta), & \text{如果 } \theta \leqslant \dot{\theta} \\ y_{0}, & \text{其他} \end{cases} \qquad (1-6)$$

其中，$\dot{\theta} = \arg[y^{A}(\theta) = y_{0}]$。类似地，委托人既可以将授权范围设定为 $D^{*} = [0, y_{0}]$，决策规则对 $y \geqslant y_{0}$ 的提议指定 y_{0}，也可以将授权范围设定为 $[0, 1]$，但保留对代理人选择 $y > y_{0}$ 的否决权并将 y_{0} 设为备选方案。

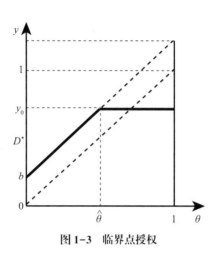

图1-3　临界点授权

Martimort & Semenov（2006，命题3）、Alonso & Matouschek（2007，命题3）以及 Alonso & Matouschek（2008，命题3）分别在各自的设定下，给出了委托人应该采用临界点授权的条件。这种授权形式已经被用于公司治理中，如投资预算等决策的研究（例如，Marino & Matouschek，2005）。

第六节　发展

在授权问题的基本分析框架之下，新近文献大致从以下五个方面对最优授权的研究进行了扩展。

一　事项多属性

Armstrong & Vickers（2010）考虑了待决策事项具有两个属性 u 和 v 时的授权决策。委托人同时关心两个属性，$U^{P}(u, v) = v + \alpha u$，其中 $\alpha \in$

[0，1]。但代理人只关心该事项的属性 u，$U^A(u)=u$。假设代理人只考虑 $u \geq 0$ 的事项，以此为条件的事项两个属性的联合概率分布和密度分别为 $G(u, v)$ 和 $g(u, v)$。于是，委托人的目标是选择最优的授权范围 $D^* \subset [0, u_{max}] \times [v_{min}, v_{max}]$。假设事项本身不可验证，但授权范围的边界可以验证。运用随机最优化的方法，可以得出最优授权范围所需满足的运动方程。

二 多事项、多代理人以及多部门

Koessler & Martimort（2012）考虑了双事项下的有承诺信息交流机制问题。将委托人和代理人的效用函数分别设定为关于两个事项加性可分（亦即相互独立）的形式：

$$U^P(y_1, y_2, b_1, b_2, \theta) = -\frac{1}{2} \sum_{i=1}^{2} (y_i(\theta) - \theta - b_i)^2$$

$$U^A(y_1, y_2, \theta) = -\frac{1}{2} \sum_{i=1}^{2} (y_i(\theta) - \theta)^2$$

相对于单事项的情况，委托人可以将两个事项之间的方差 $t(\theta) = \frac{1}{2} \sum_{i=1}^{2} (x_i(\theta) - x(\theta))^2$ 用作甄别手段，起到转移支付的作用，其中 $x(\theta) = \frac{1}{2} \sum_{i=1}^{2} x_i(\theta)$。另外，委托人和代理人双方分别在各事项上的偏好差异 b_1 和 b_2 变得相对次要，需要关注二者之间的差异 $\Delta \equiv b_2 - b_1$ 和平均值 $\delta \equiv (b_1 + b_2)/2$。

Koessler & Martimort（2012）证明以上问题的解存在（引理3），刻画了其最优形式（定理1），并指出这种多事项的设定也可以用于讨论一个委托人同时向多个代理人分别授予单事项决策权的情况。蔡洪滨和刘青（2008）也尝试在一个委托人多个代理人的框架下，区分"平行授权""优先授权"和"次第授权"这三种项目执行权在代理人之间的分配方式对其寻找项目激励的影响。

三 适应与协调

在存在多个事项或多个部门的情况下，上级除了希望组织的决策能够充分适应外部环境信息（adaption）之外，也可能希望组织内部各部门或任务之间能够实现有效的协调（coordination）。信息交流除了在下级和上级之间垂直进行以外，也可能在下级之间横向进行。委托人的效用函数可以写为：

$$U^P(y_1, y_2, \theta_1, \theta_2) = -(y_1-\theta_1)^2 - (y_2-\theta_2)^2 - 2\delta(y_1-y_2)^2$$

其中，等号右边前两项代表两个部门各自的行动与外部环境的适应，第三项代表部门间行动的协调。

Rantakari（2008）和 Alonso et al.（2008）证明，虽然集中决策能够较好地协调行动，只要下级的效用函数中能够充分考虑兄弟部门的利益，将决策权下放在大多数情况下都会提高水平交流的质量，足以抵消协调降低的影响，从而优于集中决策。这为研究企业组织结构以及企业边界等问题提供了新的思路（Dessein，2014）。强调组织对环境的适应以及组织内部各部门之间的协调也是本书后续各章节的基本研究思路。

四　授权本身的信息传递

Dessein（2005）指出，企业家和投资者在商议投资契约时，拥有信息更为充分的企业家可能会愿意将企业的控制权（正式权威）让渡一部分给投资者，以表明自己和对方在有关方面的偏好一致性。

对于已经拥有正式权威的委托人而言，Li & Suen（2004）认为如果委托人将是否执行某项任务这一"二元"（binary）选择的决定权授予代理人，本身就会传递其依据已有的信息认为该任务可行的信号。如果代理人的偏好与委托人足够接近，就可能会为了使政策得到实施而隐瞒自己拥有的不利于该政策的私人信息。最优的方法是委托人选择一个偏好位于自己和极端反对该政策的人之间的代理人，从而在政策实施与私人信息揭示之间获得一个平衡。不管委托人缺乏私人信息还是拥有私人信息，都可以通过这种授权方式来缓解拥有私人信息的代理人对信息的操纵。

五　关系型授权

Aghion & Tirole（1997）讨论了授权对于代理人信息搜集的激励作用。

Baker et al.（1999）将此放在一个无限重复博弈环境之中进行分析，但只考虑委托人对代理人的非正式（informal）授权①。委托人如果拥有项目收益的信息，为了不削弱代理人在未来搜寻好项目的激励，可能在当前并不否决后者提出的坏项目。如果委托人缺乏项目收益的信息，但能够在每一期末发现代理人所建议项目的好坏，代理人为了避免手中权力被委托人在下一期收回，也可能会愿意努力搜集并建议对双方都有利的项目。这样，授权就会作为一种自我执行（self-enforcing）的关系型（relational）契约而存在。

Alonso & Matouschek（2007）则考虑了无限重复博弈环境下的信息交流机制。委托人追求未来收益的现值最大化，代理人只工作一期，下一期会被另一名具有相同偏好的继任者替换，因而追求当期收益最大化。对于每一个静态最优信息交流机制$(y^*(r;q), r^*(\theta;q))$，都存在一个相应的贴现率水平，使得契约双方会选择在每一期都采用该机制，从而成为一个平稳的（stationary）关系型信息交流机制（命题9）。同时，委托人否决代理人提议所需支付的成本q^2也变为内生决定。

第七节　本章小结

企业内事项的决策权（提议和许可权）在上下级之间如何进行配置，是从企业层级顶端的所有权人到末端以上的各层级经理都会面临的问题。不完全合同下的授权理论讨论无转移支付条件下组织内各事项的决策权从层级顶端往下的层层授予选择，对于理解企业和政府的组织结构、权威分配等问题具有重要意义。

授权理论也被广泛用于研究政府组织内行政权力从顶端的政治首脑到各职能部门，最后到基层办事人员的分配，涉及政府行政过程、立法过程以及公司治理等多个领域。在立法过程和行政过程的研究中，基于否决权的授权被称为封闭规则（closed rule），无承诺信息交流则被相应称为开放规则（open rule）。研究者一般认为，前者在大多数情况下都要优于后者（例如，

---

① 他们认为，所有的授权实质上只是非正式的租借，所有权人可以在合同到期后将其收回。正式授权必须伴随所有权的相应转移。

Martin，1997；Krishna，2001）。另外，从 Epstein & O'Halloran（1994）开始，政治学者对行政过程中的裁量权问题也进行了大量讨论，可参见 Huber & Shipan（2006）的综述以及 Gehlbach（2013）第五章的概览性介绍。

本章框架没有考虑的一个因素是，信息交流可能是有成本的，交流成功的概率与代理人在此中付出的努力有关。Dewatripont & Tirole（2005）借此研究组织内部不同形式交流的效率。Dewatripont（2006）初步探讨了如何将这种有成本的交流与组织对环境的适应性结合起来。将横向交流与组织的适应性和协调性相结合，是未来研究的一个可能方向。

最后，本章框架没有考虑的另外一个重要因素是在多个层级下的层层授权。这方面的一个重要尝试是 Liang（2017），他研究了在一个三层级结构中的逐级授权问题，对此问题的进一步讨论也是未来研究的一个重要方向。

第二章 顶层设计下的政府层级调整[*]

第一节 引言

党的十八届三中全会通过的《关于全面深化改革若干重大问题的决定》提出，要进一步优化政府组织结构，优化行政区划设置，有条件的地方探索推进省直接管理县（市）体制改革。这一改革于 2006 年正式启动试点，2009 年开始在全国推广，目标是让市和县之间由上下级关系改变为由市政府管理城市地区和县政府管理农村地区的平级分工关系，在省和县之间减少一个政府层级。党的十九届四中全会通过的《关于坚持和完善中国特色社会主义制度推进国家治理体系和治理能力现代化若干重大问题的决定》继续强调优化行政区划设置，实行扁平化管理，形成高效率组织体系。

与当前"省管县"改革对应的"市管县"体制，是经由将原来作为省政府派出机构的地区行政公署改变为一级完备政府（地级市）或是将县级市升格为地级市而形成的，在省和县之间增加了一个层级。该制度于 20 世纪 80 年代成型并延续至今，结合同时期人民公社全面转变为乡政府，造就了目前我国实际采用的"中央—省—市—县（市）—乡（镇）"的五级行政管理格局。

---

[*] 感谢中国社会科学院大学经济学院苏小萱在本章初稿写作上的协助。

这种政府层级的增减调整在中央和省之间也尝试过。从 1949 年开始，中央陆续建立了东北、华北、西北、华东、中南和西南六个大行政区，并在各大行政区内设立作为地方一级政权机构存在的人民政府或军政委员会，代表中央政府管理所辖地区的各方面事务。该制度于 1954 年被废止后，又建立过协作区制度，恢复六个中央局，甚至实行过大军区管理。到 20 世纪 80 年代，还尝试设立了上海经济区规划办公室和中国西南六省区市经济协调会这两个具有类似一级政府功能的组织。

关于我国在行政层级上的这几次调整，已有许多文献基于相应的时代背景分别进行了事实梳理，并讨论其政治和经济等方面的意义和效果。研究者们普遍认识到了"市管县"和"省管县"这两种制度之间的逻辑联系，并尝试从辖区范围与管理难度（姚中杰，2011）、城市化战略（叶敏，2012）、发现和利用发展机会给省政府所带来的基于税收的收益（皮建才，2015）等角度，分析中央在二者之间进行选择的决定因素。

然而，大行政区和乡镇政府也是关于政府层级的调整，在设立的动因和效果上应该与市管县制度和省管县制度存在共通之处。遗憾的是，几乎没有尝试将这几次改革放到一块儿，对这种行政层级调整内在的超越所属时代背景的共通之处进行探究。如果能够对其进行一般化的分析，国内许多学者关于虚化乡镇以回到中国古代三级管理体制的呼吁，以及与其他类似疆域国家（如美国、加拿大、俄罗斯）有关行政层级的类比，主张城乡分治、缩省扩县，还是反对省管县改革"一刀切"等政策主张，都会具有更为坚实的理论基础。

本章基于文献和政策实践，从组织层级的角度，对中国 1949 年以来关于政府层级的数次重大调整及其相关实践进行综合考察和梳理。本章试图表明，从中央政府这一制度设计者的角度出发，政府层级调整不论是在中央和省之间进行（大行政区）还是在省和市县之间进行（地级市），或者在县与村之间进行（乡镇），都存在一个横向协调与纵向控制之间的基本权衡。哪种考量占上风，则受到中央对国家建设和发展的战略选择的影响。

第二节　分析框架

一　横向协调与纵向控制的权衡

相对于企业组织，政府组织最大的特殊性在于其关注的外部环境往往是难以验证的"软"信息，导致难以像企业一样采用高能（high-powered）激励，而往往采取低能（low-powered）激励的方式，例如晋升、个人荣誉、使命感、社会地位等（Tirole，1994；王永钦、丁菊红，2007）。这样，已有的从激励和控制权衡的角度对企业组织层级进行的研究，很难应用于讨论政府组织层级的调整。

要讨论我国的政府层级调整的内在逻辑，首先需要注意的是，不论是计划经济时代，还是改革开放时代，我国社会和经济发展始终都是由中央来主导的。中央关于政府组织层级的各种调整，一定是从全局出发，在不同的历史条件下通盘考虑。

其次，从中央到市县，不论在哪一个政府层级，都存在区域之间的横向协调与政策从上至下的纵向执行这两个基本问题，二者都会受到层级数量的影响。给定某个层级上的单元（政府）的数量，若将其分为若干区域，每个区域上面对应增加一个中间层级，就可以减少原来的上级政府在直接面对数量相对较多的下级政府时的压力，而只需在相对较少的中间层级政府之间进行协调。但是，层级的增加又会增加信息从底层到顶层传递中的损耗，使得上级决策对下级的控制受到削弱（loss of control），从而加大在政策自上而下执行中的偏差。于是，在考虑对政府层级进行增加或减少的调整时，存在横向协调和纵向控制之间的权衡。

例如，在省是地方最高行政层级的体制下，中央政府可以直接面对各省进行省际协调。但是，如果省的数量太多，会导致中央在协调的时候应接不暇。这时，如果在中央和省之间增设一个大行政区层级，将数量众多的省分别置于其下，中央就只需要在这几个大行政区之间进行协调，而把省与省之间的协调管理交给大行政区来各自在内部完成。但是，这种做法的弊病在于，在中央政策从上往下地逐级贯彻和信息从下往上逐级传递的过程中，大行政区的存在会增大信息损耗，加大中央政策在制定和执行中的偏差，削弱中央对省的控制。在省和市县之间（地级市），或者在县与村之间（乡镇），这个权衡同样存在。

二　发展战略对权衡的改变

1949 年中华人民共和国成立伊始，中央面临的首要问题是在复杂的国际环境中迅速稳定全国局势。1953 年社会主义三大改造完成后，中国开始了政府主导的重工业赶超战略（林毅夫等，2014；吴敬琏，2016）。改革开放以后，中国放弃了中央计划经济体制，开始市场化转型。在这 40 多年中，我国的发展战略又经历了以大城市发展为主导到城乡统筹均衡发展的转变。

发展战略的调整会对中央关于政府层级中国横向协调与纵向控制之间的权衡产生影响，从而引发中央对政府层级进行调整。当中央更多地想要减轻横向协调的负担时，就会建立大行政区（或实行市管县制度，以及虚化乡镇）；当中央更多地想要加强直接控制时，就会取消大行政区（或者，采取省管县，以及将政府向下延伸至乡镇一级）。

下面，通过对我国几次重要的政府层级调整实践的梳理，探究发展战略的改变如何影响中央对政府层级的调整。

第三节　省际协调与控制：大行政区

中华人民共和国成立初期设立大行政区并不是临时和过渡性的权宜之举，而是中央深思熟虑的结果。根据已有的研究，毛泽东最晚在 1948 年就开始酝酿大行政区制度了（范晓春，2009；李格，1998）。1949 年，国内划分为 50 个省级行政单位（30 省、1 自治区、12 直辖市、5 行署区、1 地方、1 地区）[①]，为数较多。全国不同区域之间的情况差别巨大，有的已经初步稳定下来，准备土地改革，有的还有局部战事，社会秩序亟待恢复。设立大行政区的实质意义就是要在刚刚取得全国政权、百废待兴头绪繁多

[①] 《中华人民共和国行政区划（1949 年）》，http：//www.gov.cn/test/2007-03/23/content_558707.htm。

的情况下，由中央制定全局政策，由大区具体贯彻执行，缓解中央政府直接管理众多省级行政区以及居中协调的压力，从而弥补了中央政府初建时期体制不健全、能力有限，难以将整个国家完全集中统一起来的不足。事实上，有了大行政区以后，省际之间协调的压力变小，省级政区的数量就增加了。1951年，国内省级行政单位达到最高的53个（29省、1自治区、13直辖市、8行署区、1地方、1地区）[①]。

但是，大行政区的最大弊端就是会削弱中央政府对各省的直接控制，对中央政令的贯彻执行造成一定的制约。例如，东北局迟迟不肯建立向中央报告的制度，中南局与华南分局关于广东省发展模式的争论，乃至最后"高饶事件"的发生。到1952年，随着全国局势的逐渐稳定，中央即将开始全国大规模的有计划的经济建设与文化建设，希望通过统一集中领导来加强国家经济的计划性，就需要精简政权层次，加强中央对省、市的领导[②]。这时，大行政区就成为了一种阻碍。1954年底，六大行政区全部撤销。

在取消大行政区制后，毛泽东在1956年发表了著名的《论十大关系》[③]，其中的第五节讨论了中央和地方分权的问题，明确提到了大行政区的经验教训。但是，对省际协调的需求始终存在，中央并没有放弃寻找能够帮助中央进行省际协调的替代制度的思考和尝试。协作区制度（1958—1967）、恢复中央局（1960—1967）、大军区管理（1967—1972），以及后来的上海经济区规划办公室和西南六省区市经济协调会，都是这种尝试的表现。

1958年2月，中共中央发布《关于召开地区性的协作会议的决定》，指出"为着更加多、快、好、省地建设社会主义和配合国民经济计划的进行，全国需要划分为七个协作地区，由有关省、市、自治区党委举行定期性的和不定期性的会议。通过这种会议，可以使各省、市、自治区互通情报，交流经验，互相协作，彼此支援，调节矛盾，互相评比，以便在中央

---

① 《中华人民共和国行政区划（1951年）》，http://www.gov.cn/test/2007-03/23/content_558757.htm。

② 《加强国家工作的集中性，迎接大规模经济建设》，《人民日报》1952年11月17日第1版。

③ 《毛泽东选集》第5卷，人民出版社1977年版，第267-288页。

方针政策和统一规划的领导下，促进社会主义建设事业的共同发展"。在中共中央和国务院 1958 年 9 月发布的《关于改进计划管理体制的规定》中，对各协作区在计划工作方面的主要任务规定为"组织本协作区内各省、自治区、直辖市采取积极措施，保证完成和超额完成国家计划，并在第二个五年计划期内根据具体情况建立本协作区比较完整的工业体系；根据本协作区内各省、自治区、直辖市所编制的计划草案，进行综合平衡和必要的调整；在保证完成国家各项调拨任务的条件下，在本协作区内的各省、自治区、直辖市之间，组织生产、建设、培训干部和其他方面的协作，以及进行物资、商品、劳动力、投资等方面的调剂工作"。

1960 年 9 月，为了加强协作区的实际权力，中共中央政治局决定重建六个中央局，分别代表中共中央加强对各省、市、自治区党委的领导，促进各区下属省级政权之间的协调，但不设政府。1961 年 1 月，党的八届九中全会在相应决议中指出："各中央局以建立本地区的比较完整的经济体系为其主要任务。" 1967 年，东北局撤销，其他中央局也陆续停止工作。1967—1972 年，则由大军区（不设政府）[1] 取代中央局，成为中央之下，省、市、自治区之上的最高级地方权力机构（华伟，2000）。之后，省恢复为地方最高行政机构。

党的十一届三中全会以后，中央认为应该减少对地方经济事务的垂直干预，将决策权下放给地方，要创造各种制度性条件促进地方之间的经济合作。为此，1982 年，国务院发出《关于成立上海经济区和山西能源基地规划办公室的通知》（国务院〔1982〕152 号），旨在通过上海这一中心城市和工业基地把条条块块协调起来。1984 年，国务院批准上海经济区由上海市及江浙两省九个市扩大为四省一市[2]。同时，1984 年，成立中国西南四省（区）五方经济协调会，并通过了章程性文件《中国西南四省（区）五方经济协调会若干原则》[3]。随后，西藏藏族自治区和成都市（计划单列市）也先后加入。1997 年重庆直辖后，最终更名为"六省区市七方经济协

---

[1]　1955 年 2 月 11 日，国务院做出《关于全国军区重新划分的决定》，将原六大军区改划为十二大军区，又于 1956 年新设福州军区。

[2]　关于上海经济区发展阶段的详细介绍，可参见杨万钟（1992）。

[3]　《1984 年四川改革开放大事记》，http://www.scpublic.cn/news/getdetail/id？id=137200。

调会"。协调会被定义为一个"跨省区的、开放性的、松散性的、区域性经济协调组织",主要功能是"研究、政策协调、多边产业合作、市场整合、横向整合、政策实施"。虽然不是一级政府,经济协调会的组织却是高度制度化的。协调会常设联络办公室(每个成员省份向其派驻三名代表)和秘书处,每年举行一次最高级别会议,各成员省份都派出自己的最高级别领导人参会,同时也邀请中央、国务院有关部委和相邻省区的领导、有关专家学者参加。协调会秘书处定期或不定期以"意见"或"请示报告"的形式向中央报告。可以说,协调会与协作区一样,具有与政府类似的在省之间进行协调的功能。协调会对于西南地区共同发展交通和邮电系统,共同发展能源产业和开发自然资源,建立西南地区市场一体化体系,促进少数民族地区经济发展,促进对外贸易,与中央集体谈判争取有利政策等方面都发挥了积极作用(郑永年,2012)。

1994 年分税制改革以后,中央对各省保留人事控制力,财政上也在逐渐加强,对新建一级政府来进行省际协调的需要迅速降低。1988 年 6 月 1 日,上海经济区规划办公室被国家计委撤销。经济协调会在第 21 次年度会议于 2006 年 11 月在重庆市闭幕后,也停止了运作。此后,省级区域协调的工作都是在国务院内部设立专门的议事协调机构来完成。例如国务院西部地区开发领导小组办公室(2000 年)、国务院振兴东北地区等老工业基地领导小组(2003 年)、国务院粤港澳大湾区建设领导小组(2018 年),未再设立单独一级的政府或类似机构。

第四节　省内协调与控制：市管县

大行政区制度取消后,中央政府再次面对在省级行政区之间进行协调的压力,便开始通过合并的方式来减少省级行政区的数量。到 1959 年,国内的省级行政单位已经减少为 29 个(22 省、2 直辖市、5 自治区)[①]。但这样一来,单个省级行政区的管理幅度便扩大了,原来中央政府在省之间进行协调的困难被类似地下移到了省内部。在市县分治的格局下,城乡之间

[①]《中华人民共和国行政区划(1959 年)》,http://www.gov.cn/test/2007-03/23/content_558826.htm。

的协调发展必须依靠产品贸易和各类要素流动来实现。这种资源流动要么通过计划性的行政命令进行，要么通过市场经济体系下的价格指挥棒来进行。前者需要省级政府在下辖的相互平级的市县之间进行行政性资源协调，后者则需要建立一个较为成熟的市场经济体系。

在省的管理幅度过宽，难以进行横向协调，又暂时没有成熟市场机制发挥协调功能的情况下，一个自然的办法就是加强原来较虚的地区行署的行政督察职能，直至由虚转实，在省和县（市）之间增加一级政府机构，通过上下级之间的行政控制调配来替代市县分治下的资源横向协调。

一 "市管县"

中华人民共和国成立初期，城市经济不发达。为了适应"以农促工""农村反哺城市"的发展战略，保证大城市的农产品供给，我国在部分直辖市、省会城市和个别大城市实行了"市领导县"体制①。1954 年颁行的《宪法》中有"直辖市和较大的市分为区"的行政区划条文②。1959 年 9 月，全国人民代表大会常务委员会通过了《关于直辖市和较大的市可以领导县、自治县的决定》，指出"为了适应我国社会主义建设事业的迅速发展，特别是去年以来工农业生产的大跃进和农村人民公社化，密切农村和城市的结合，促进工农业的相互支援，便于劳动力的调配，决定直辖市和较大的市可以领导县、自治县"③。可见，将县乡归入市来管辖的主要目的就是为城市调动农村资源提供便利。

进入 20 世纪 80 年代，虽然农村家庭联产承包责任制已经完成，城市经济改革却刚刚开始。随着工业化和城市化进程的加快发展，城市地位日益提升，城市逐渐成为区域经济发展的中心和主导性力量。1982 年，中共

---

① 例如，1949 年无锡市曾经管辖过无锡县，1960 年徐州市曾经管辖过铜山县，兰州市于 1949 年至 1950 年间曾经管辖过皋兰县，杭州市于 1949 年至 1951 年间曾经管辖过杭县，重庆市于 1951 年至 1952 年间曾经管辖过巴县，昆明市曾于 1951 年至 1953 年间管辖过昆明县，贵阳市于 1952 年至 1955 年间曾经管辖过贵筑县。除以上城市外，北京、天津、本溪、旅大（现大连市）等城市也先后实行过市领导县体制（参见民政部：《中华人民共和国县级以上行政区划沿革（1949—1983）》，测绘出版社 1986 年版；吴金群、廖超超，2018）。

② 《中华人民共和国宪法（1954 年）》，http：//www. npc. gov. cn/wxzl/wxzl/2000 - 12/26/content_ 4264. htm。

③ http：//www. npc. gov. cn/wxzl/gongbao/2000-12/10/content_ 5004348. htm。

中央发布《改革地区体制、实行市领导县体制的通知》。1984 年，党的十二届三中全会《关于经济体制改革的决定》中再次提出："实行政企职责分开以后，要充分发挥城市的中心作用，逐步形成以城市特别是大、中城市为依托的，不同规模的，开放式、网络型的经济区。"①

但是，以大城市为中心的发展思路具有行政推动以实现跳跃式发展的意味，和市场经济自然演进的特点是冲突的。同时，在改革开放初期由计划经济向市场经济过渡的转型过程中，市场经济刚刚起步，还很不成熟，这就使得市管县制度在城市和农村之间运用行政手段协调资源上的作用更为突出（孙学玉、伍开昌，2004；叶敏，2012；赵聚军，2012）。在计划经济时期，通过农村计划手段就可实现这一点，因此对将县乡置于城市管理之下的需求不强。在原来的计划经济手段不能再运用的情况下，将县乡置于市的管辖之下，打破"城乡壁垒"，实现中心城市对农村地区的经济辐射和带动，"以城带乡"和"以工促农"，就成为一个可行的选择。经过20 年的发展，到 2003 年，除了香港、澳门、台湾和北京、天津、上海、重庆之外的 27 个省份和自治区，普遍实行了市管县的体制②。

二 省管县改革：市县分治

市管县改革造就了大量的地级市，将县乡置于城市的管辖之下，运用行政手段在城乡之间进行资源调配，打破了市县分治下的"行政壁垒"和"城乡分割"。但是，市管县体制使得省和县之间多了一层地级市，省对县的控制力被削弱，其发展思路和措施会受到地级市的极大制约。在城市主导的发展思路下，地级市往往利用财政转移支付制度，为了中心城市的发展而截留下辖县乡的资金，侵占县区和农村利益，出现诸如"市卡县""市压县""市吃县""市刮县"等现象（戴均良，2004；庞明礼，2007）。根据孙学玉和伍开昌（2004）的统计，在市管县体制实行之前的1980 年，流向农村地区的财政净值为正，而在实行市管县体制后，其数值即变为负数，且有增大的趋势。于建嵘和蔡永飞（2008）直接将我国县（市）政府

---

① http：//www.gov.cn/test/2008-06/26/content_ 1028140. htm。

② 唯一的例外是海南省。1987 年 9 月 26 日，中共中央、国务院发出的《关于建立海南省及其筹建工作的通知》明确要求，建立省直接领导市县的地方行政体制。

总结为"没钱""没权""没人"和"没地"。可以说，市管县制度对城乡之间的"剪刀差"起到了很大的助推作用，城乡差距不仅没有缩小，反倒加大了（吴金群，2010），这无疑有违市管县体制利用中心城市的辐射作用来推动县乡经济发展的初衷。余吉祥和沈坤荣（2015）也表明，20 世纪80 年代的"地改市"改革显著推动了中国的城市化进程，但在 90 年代的效果并不显著。

中央的思路在 2000 年之后发生了变化。"十五计划"（2000—2005 年）期间，中国开始了以减轻农民负担为中心，取消"三提五统"等税外收费、改革农业税收为主要内容的农村税费改革。2005 年，党的十六届五中全会审议通过的《中共中央关于制定国民经济和社会发展第十一个五年规划的建议》，要求统筹城乡区域发展，实行工业反哺农业、城市支持农村，推进社会主义新农村建设，促进城镇化健康发展[①]。"十一五"规划纲要则进一步提出要坚持"多予少取放活"的方针，加快建立以工促农、以城带乡的长效机制，扩大公共财政覆盖农村的范围，中央和地方各级政府基础设施建设投资的重点要放在农业和农村[②]。

随着这种国家发展战略的转变，中央眼里原先市管县体制的优势也就变成了劣势，"省管县"改革就被提了出来，认为"市管县"体制已经不再适应新的经济和社会环境。"省管县"改革包括人事、财政、计划、项目审批等原由市管理的所有方面。全国各个省（区）根据自身发展的实际情况，开展了包括"财政省直管县""扩权强县""省全面直管"等多种形式的改革。

财政省管县使省级资金自上而下直接支付到县，保证了县级政府的财政自主权（刘佳等，2011；贾俊雪等，2013）。"扩权强县"则进了一步将地级市的部分经济管理权和社会管理权都下放给县和县级市。这增强了县级政府的自主管理能力，提高了县级政府的积极性，有利于促进城乡结合和县域经济社会的发展（毛捷、赵静，2012；郑新业等，2011；叶兵等，2014）。这两种改革方式都是关于地级市在管理下辖县乡中的权力配置的讨论，并不涉及行政区划调整。这样做的好处是可以不触动已有的五级行

---

① http：//politics. people. com. cn/GB/1026/3780778. html。
② http：//www. gov. cn/ztzl/2006−03/16/content＿ 228841. htm。

政层级框架，坏处则是利益受损的地级市会运用自己相对于下辖县乡的行政地位优势而成为改革的阻碍力量。例如，有些地方可能出现部分权力口惠而实不至，地级市不去真正落实本应由扩权县（市）享受的政策，对权力"先放后收、放小不放大、放虚不放实、明放暗不放"，等等。

"省全面直管县"就是为了彻底剔除掉地级市对县的资源汲取和行政干涉而提出的，要求回到市县分治，在省和市（县）之间减少行政层级，将省级政府组织扁平化，提高信息传递效率，恢复省政府对县的直接控制力。2006 年，中共中央《关于制定国民经济和社会发展第十一个五年规划的建议》明确提出要"减少行政层级"，理顺省级以下财政管理体制，有条件的地方可实行省级直接对县的管理体制[1]。2009 年，省全面直管县改革开始在全国推行。2013 年，党的十八届三中全会通过的《关于全面深化改革若干重大问题的决定》指出，"优化行政区划设置，有条件的地方探索推进省直接管理县（市）体制改革"[2]。

在现代化信息办公技术和交通高度发达的情况下，省级政府已经较以前能更为迅速和直接地掌握县级基层政权的情况。相对于 20 世纪 80 年代，省在县市之间直接协调的能力大为增强（甘行琼，2005；孙学玉、伍开昌，2004；姚中杰，2011）。但是，省政府管理精力有限的问题仍然存在，当初实行"市管县"的动因在当下仍然存在。在开始省全面直管县试点前的 2004 年底，除港澳台外的全国 31 个省、市、自治区中，有 283 地级市、17 地区、30 自治州、3 盟、374 个县级市、2488 个县（市辖区、自治县、旗、特区、林区）[3]。时至 2018 年底，全国仍然有 293 地级市、17 地区、30 自治州、3 盟、2476 个县（市辖区、自治县、旗、特区、林区）、375 个县级市[4]。尤其是对于辖区较大的省份，要管上百个县和县级市，省全面直管的压力仍然很大。因此，中央并没有采取"一刀切"的方式推行改革，而是本着因地制宜的原则鼓励各地自行探索，这也与彭真怀（2009）、刘尚希（2014）、郑凤田（2009）等学者的建议相吻合。可以预期，当前

---

① http://edu.people.com.cn/GB/4874910.html。

② http://www.scio.gov.cn/zxbd/nd/2013/document/1374228/1374228_1.htm。

③ 《中华人民共和国行政区划（2004 年）》，http://www.gov.cn/test/2007-03/23/content_559291.htm。

④ 国家统计局：《中国社会统计年鉴》，中国统计出版社 2019 年版。

较为可行的省管县改革方式是允许多种改革形式并存，让减少层级和事权下放相结合（戴均良，2004；潘小娟，2012）。

第五节　基层协调与控制：乡镇政府

从人民公社到乡镇政府的设立，也是中国以政府为主导推动社会经济发展的结果。与前面讨论的政府中间层级调整的不同之处在于，乡镇政府是基层政权，是政府从县向民众社会的进一步延伸。

在中国古代，中央派遣的官员只下到县，县以下不再设立行政单位，而是实行城市的行会自治和农村的乡镇民间自治（胡恒，2015）。清末新政颁布《城镇乡地方自治章程》和《府厅州县地方自治章程》，开始主张建立县以下的区乡政权，试图将每县分作若干区，设立区官，以此来加强对地方的控制（陈嘉晟、毕天云，2018；胡恒，2015）。民国时期，开始把府城、州城、厅治设市，并将府州厅全部改成县，随后又将镇分为省辖镇和县辖镇。

1949 年中华人民共和国成立以后，尤其是 1953 年社会主义三大改造完成后，中国开始了政府主导的重工业赶超战略（林毅夫等，2014；吴敬琏，2016）。但是，中国当时仍然以农业人口为主体。想要快速实现全国经济的工业化，必须将广大农民组织起来从事工业生产，这就要求增大对农村的控制。解决办法就是，在计划经济体制下，于 1958 年开始了人民公社化运动。农村人民公社既是生产组织，也是基层政权，把工、农、商、学、兵合在一起，农民的衣食住行都在公社控制之下。农村人民公社虽然没有相应的人大，不是完全意义上的一级政权，但在实际上涵盖了地方政府的各种职能，包括公安、贸易、财政、税收、会计及计划工作。

改革开放以后，中国放弃了中央计划经济体制，开始市场化转型。但是，政府仍然在其中发挥着主导作用。1982 年《宪法》规定，农村建立乡级行政区人民政府和基层群众性自治组织村民委员会，基层政权机构和地区性合作经济组织分开设立。1983 年，中央印发《关于实行政社分开建立乡政府的通知》，人民公社开始全面转变为乡政府，到 1984 年底基本完成。

从中央的角度，不论是计划经济时期还是市场化改革时期，设立农村人民公社或者乡镇政府的目的都是将政府的行政权威延伸至农村，增强对农村的控制，从而能够更方便地调配农村的资源，利用农村来支援工业和城市的发展。从县政府的角度，本章聚焦的纵向分工与控制之间的权衡在乡镇政府上也仍然存在。乡镇政府能够缓解县政府在下辖诸多村之间直接进行协调的压力，通过控制乡镇来间接地控制村。但是，随着社会经济的发展，县对村进行直接控制的愿望和能力都日益提高。许多县级职能部门通过设立分支或派出机构，使乡镇的行政权力被弱化和虚化。近年来，以四川为代表的许多省份积极尝试撤乡并镇，也是这一趋势的表现①。

第六节　本章小结

本章从国家发展战略影响横向协调与纵向控制之间权衡的角度，梳理了中国 1949 年以来几轮重要的政府层级调整的尝试。不论是在中央和省之间，省与县（市）之间还是县与村之间，增加的层级能够减轻中央在省之间，省在县（市）之间或县在村之间进行横向协调的压力，但会削弱中央对省，省对县（市）或县对村的纵向控制，因而面临两难选择。哪种考量占上风，受到中央对国家建设和发展思路的影响。当全国省级行政区较多，而中央希望加强各省之间区域协调发展的时候，就设立大行政区；当各省下辖县市较多，而中央希望以大城市为中心进行发展的时候，就实行市管县以及做实乡镇政府，将农村区域归于其下管理。反之，当中央希望加强对省的直接控制的时候，就撤销大行政区，减少省级政区的数量；当中央希望城乡均衡发展的时候，需要加强省对县的控制，就实行省管县乃至撤乡并镇。

对中国这几次政府层级调整，国内学者已经分别进行了许多研究，但是将其纳入一个整体框架进行的分析很少。本章作为一种综合分析，在这方面做出了尝试。同时，本章的分析框架也有助于更好地理解国内各类区域政府协作的现象。例如，1985 年 12 月 25 日，重庆、武汉、南京、上海

---

　　① 中国新闻周刊：《四川乡镇改革，政府"神经末梢"能否降低行政成本?》，http://www.chinanews.com/gn/2019/11-25/9016367.shtml.

四个长江沿岸的中心城市在重庆成立了"长江沿岸中心城市经济协调会"。2019 年，中共中央和国务院发布的《粤港澳大湾区发展规划纲要》，试图不断深化和升级香港、澳门与珠三角九市之间的全方位合作格局。

　　最后，本章聚焦于从层级级数的角度考虑政府结构，没有关注权力配置的问题，例如对特定部门的属地管理还是垂直管理，中央地方关系以"条条"为主还是"块块"为主等，这些都是进一步研究的方向。

第三章　顶层设计下的权力与规则[*]

第一节　引言

在现代民主社会中，政府官员按照其产生方式可以分为两类：一类是由选举产生的政治家（politician）或者政务官（administrative officer），如省长、市长、县长和乡长，其行为受到选民的水平监督和制约。另一类是由不同层级政治家任命的行政官僚（bureaucrat）或者事务官（civil official），如部长、司长、局长、处长和科长等，其行为受政治家的垂直监督①。

在不同社会以及一个社会的不同历史时期，行政官僚所拥有行政权力的范围和大小都有所不同。西方国家的文官体系深受以 Weber（1968）为代表的理性官僚理论的影响，强调将一般性规则应用于各种具体事例，以增强对政府行为的可预见性，并简化监督和考核难度。于是，行政官僚应该是程序性和非人格化的，严格照章办事，不应拥有任何行政裁量权。然而，这几乎不可避免地会导致政府部门的行为僵化和低效率，表现为复杂的办事程序和冗长的官样文章（Wilson，2000）。鉴于此，美国于 1993 年

---

* 本章的部分内容以《从行政裁量权到按规则行事——中国行政官员治理方式选择》为题发表于《制度经济学研究》2013 年第 2 期。

① 还有一类特殊的非行政官员，他们由任命产生却不用对上级负责，拥有较高的独立性，能够自主制定政策或做出决策，例如中央银行行长、大法官等。Maskin & Tirole（2004）将这类官员称为"司法权"（judicial power），他们可被视为只对法律负责。

推出了被外界称为政府再造（REGO）的国家绩效评估（NPR）计划，试图通过减少官样文章，减化办事程序，促使办公机构优先服务于民众以及授权行政官僚自主决断等措施来提高行政效率。

中国的情况则恰好相反。自1949年中华人民共和国成立以来，中国各级政府内的行政官僚在有关行政、经济与社会等诸多事务上始终拥有较大的裁量权力。在外界普遍认同中国政府相对于西方国家政府的高度灵活性的同时，国内法学家却纷纷强调应该从立法、规则、程序和事后审查出发对行政裁量权加以规范，防止出现如解释法律法规不当，行政执法标准不统一，执法程序和方式不当甚至滥用行政裁量权的行为（姜明安，1993；杨建顺，2004；张明杰，1995；周佑勇，2007）。中央政府也已意识到这一问题。2004年，国务院颁布了《全面推进依法行政实施纲要》，并在2010年8月27日召开的全国依法行政工作会议中，敦促各级政府和所有政府工作人员加以贯彻落实。

在不同国家和历史时期，被任命的行政官僚所拥有裁量权的范围和程度存在广泛差别，这为研究者提出了三个问题：（1）是否应该授予行政裁量权？（2）如果授予行政裁量权，其范围和大小程度如何决定？（3）就某个特定国家而言，行政官僚所拥有的裁量权如何随相关因素的变化而变化？本章建立了一个理论模型，分析授予行政裁量权的条件，进而结合中国的政治与经济环境，解释各级政府行政官僚自1949年以来始终拥有较大裁量权的原因，并对近年来政府日益强调依法行政进行理论解释。

本章试图论证，在社会环境不确定或者政治家偏好多变的情况下，往往需要通过授予行政官僚以裁量权来实现社会或政治家目标，但这要求行政官僚具有正确判断社会环境或者政治家意图的能力，并被置于有效的激励和监督之下。就中国而言，从1949年到20世纪90年代中后期，社会始终处于急剧变化之中，政治家偏好也在不断变化。通过将行政裁量权授予高能力官僚，允许其根据社会环境相机选择行动，政治家的目标大致得以实现。然而，高能力行政官僚必然要求有相应的经济及其他方面待遇，这些要求与政府低能激励体系是冲突的，政府治理中的大量问题即由此而生。随着市场经济体制的逐渐建立，社会环境和政治家偏好逐渐稳定，应该逐渐收回行政裁量权而代之以按规则治理，亦即依法行政。相应地，更多地使用一般能力的行政官僚，降低对高能力行政官僚的需求。

中国各级政府被任命行政官僚的治理问题虽然受到法学家的重视，经济学家却少有论及。有关中国政府治理的文献，主要集中于 1978 年开始的分权式改革带来的中央和地方政府之间的权力分配及其对中国经济增长的影响（例如，王永钦等，2007；杨其静和聂辉华，2008；周黎安，2008；Xu，2010）。这些研究极大地增进了我们对中国改革进程的理解，但它们往往以各级政治家的偏好和诉求反映相应层级政府的整体行为。由于没有在政治家和行政官僚之间做出区分，这些文献实际上隐含地假设政治家的各种要求都能得到有效执行。然而事实上，政治家能否实现其目标，不仅依赖于决策的合理性，还要取决于决策是否能够得到有效地贯彻和执行。本章深入分析政府内部行政官僚的行为，丰富了对政府治理的已有经济学研究。

Holmström（1984）最早为组织中的授权（delegation）问题建立了一个正式框架，说明授权的经济价值取决于代理人的自由行动空间、私人信息以及与委托人的偏好差异。Prendergast（2002）认为授权与否取决于委托人对代理人投入和产出的监督技术。在不确定的环境下，监督投入的难度增大，应该向代理人更多地授权。Alonso & Matouschek（2008）和 Mylovanov（2008）进一步研究了裁量权行使范围可合约化的情况下的最优授权。另外，Aghion & Tirole（1997）则为授权问题建立了一个不完全合约框架，说明是否授权取决于下级获得授权后收集相关信息的激励与委托人控制权削弱之间的权衡。Bester & Krähmer（2008）进一步指出，如果可以对下级采用激励报酬，而下级在项目执行中的努力投入受到项目选择的影响，授权作为一种激励手段的作用就大为减弱。

较早从经济学角度讨论行政裁量权的是 Laffont & Tirole（1993）。他们将政治代理人（例如，总统之于国会，部长之于总统）的行政裁量权归结于其相对于委托人的信息优势。但是，为了避免多方利益集团试图借助政府官员的行政裁量权为自己谋利而妨碍政府中立，政府部门应该强调服从程序和照章办事。Alesina & Tabellini（2007，2008）考虑了行政官僚能力对于政策效果的影响。对于不具社会再分配效应的政策，如果其效果主要依赖于行政官僚的个人能力，或者关于行政官僚能力的不确定性程度较低时，应该让试图向外部劳动力市场传递自身能力信息的行政官僚进行决策。

从 Epstein & O' Halloran（1994）讨论立法者通过规定裁量权的行使范围以约束政治代理人的行为以来，政治学者对政府行政程序中的授权问题也进行了大量讨论[1]。这类文献全部直接假设政治家和行政官僚之间的矛盾来自政策偏好差异，进而讨论这种偏好差异以及其他因素对是否授权以及授权范围的影响。然而，这种双方政见天然不同的偏好假定更为适合政治家与其委托人之间的关系，因为行政官僚通常并不关心政策本身，而只关心自己从相关行动中所获得的收益。事实上，政治家的授权倾向随着与行政官僚偏好差异的减小而增大的"同盟原则"（Ally Principle）并不稳健（Huber & Shipan，2006）。

本章余下部分安排如下：第二节建立一个政治家是否授予行政官僚以裁量权的基本理论框架；第三节分析相关参数的变化对授予行政裁量权的比较静态影响，并应用于解释 1949 年以来中国各级行政官僚的裁量权变化；最后对近年来政府日益强调依法行政进行理论解释，并做出结论性评论。

第二节　模型设定

为集中分析政府对行政官员（例如省长、县长对下属厅、局长、科长，局长对处长等）治理方式的选择，本章忽略政府与其权力来源的委托代理关系（例如总统、省长之于选民）。或者说，本章不讨论政治领导人或政府目标是否合理、正当，是否符合选民利益。

一　设定

假设只有一项行政事务，政府任命一个下属行政官员作为代理人处理该事务。政府效用函数为[2]：

---

[1]　参见 Bendor & Meirowitz（2004）以及 Huber & Shipan（2006）的综述。

[2]　Holmström（1984）最早在讨论授权问题时使用该函数。

$$U = -(a - a^{BP})^2 \qquad\qquad (3-1)$$

其中，a^{BP} 是实现政府目标所需的最优行动（bliss point），取决于社会环境、政治领导人自身偏好或政府目标①。假设 a^{BP} 有两个可能取值，$a^{BP} \in \{\underline{a}, \bar{a}\}$，不妨设 $\underline{a} < \bar{a}$，$Prob(a^{BP} = \underline{a}) = p \geq 0$。假设政府和行政官员都无法在事前预测 a^{BP} 的实现值，只知道其分布，但行政官员能够以概率 θ_j 正确判别 a^{BP}。正确判别 a^{BP} 的概率 θ_j 代表了一个行政官员的能力。假设存在两种能力水平的官员，$\theta_j \in \{\theta_L, \theta_H\}$ 并且 $0 \leq \theta_L < \theta_H \leq 1$。为了简化，假设政府能够观察行政官员的能力类型。

在判别 a^{BP} 的实现值后，行政官员选择行动 a。根据公式（3-1），只要行政官员的实际行动 a 偏离了政府最优行动 a^{BP}，政府就会遭受一定的效用损失。偏离程度越大，政府效用损失就越大。为了简化，假设 a 是可观察的，并且一旦被选定就能得到有效执行。也就是说，假设行政官员不论能力高低都具有执行或实施所选政策的能力。

假设在行政官员选择行动 a 之后，政府才获知 a^{BP} 的实现值，并据此决定对行政官员的转移支付 $C^i(a)$，其中 i 表示治理方式或合同类型。给定治理方式 i，政府不管行政官员如何行事都会向其支付固定工资 w^i。在此基础上，如果行政官员选择了 $a = a^{BP}$，就予以奖励 $T^i \geq 0$，亦即 $C^i(a^{BP}) = w^i + T^i$；如果行政官员选择了 $a \neq a^{BP}$，就予以惩罚 $F^i \geq 0$，亦即 $C^i(a \neq a^{BP}) = w^i - F^i$。这些奖励或惩罚，既可以是正式的法律规章意义上的，也可以是非正式的。假设行政官员风险中性，j 类型官员（$j \in \{L, H\}$）在治理方式 i 下选择行动 a 的收益就为：

$$u_j^i(a) = C^i(a) + S_j^i(a) \qquad\qquad (3-2)$$

其中，$S_j^i(a)$ 是 j 类型行政官员在治理方式 i 下从行动 a 中获得的私人收益。为了简化，假设 $S_j^i(a)$ 是公共信息，$S_j^i(a) \geq 0$，并且不妨令 $S_H^D(\bar{a}) \geq S_H^D(\underline{a})$。

---

① 需要指出的是，由于政府目标不一定与社会目标相符，政府所需要的最优行动 a^{BP} 既可能增进社会福利，也完全有可能损害社会福利。

二　两种治理方式

给定行政官员的类型，政府在两种治理方式之间进行选择：按规则治理（$i=R$）和授予行政裁量权（$i=D$）。

如果选择按规则治理，政府可以事先根据 a^{BP} 的分布，制定一个最优行为规则 a^{Rule}，在行政规章制度中就该项行政事务的办理程序和方法等做出详细明确的规定，要求行政官员无论外部环境如何变化都必须严格执行，并进行监督和考核。在确定规则能够得到遵循的情况下，最大化政府的预期效用 $-p \cdot (a-\underline{a})^2 - (1-p) \cdot (a-\bar{a})^2$ 可解得最优规则为：

$$a^{Rule} = \bar{a} - \Delta \cdot p \tag{3-3}$$

其中，$\Delta \equiv \bar{a} - \underline{a}$。

能够看出，最优规则与官员能力类型无关。也就是说，不管行政官员能力如何，在按规则治理下都被要求采取相同的可监督和考核的行动 a^{Rule}。在假定行政官员都具有基本的政策执行能力的条件下，选择按规则治理的政府将不需要那些能够更为准确地判别 a^{BP} 的高能力行政官员。

将式（3-3）代入式（3-1）可得政府从按规则治理中可以获得预期效用：

$$EU^R = -p(1-p)\Delta^2 \tag{3-4}$$

显然，$EU^R \leq 0$。由于"僵化"的规则无法灵活适应不确定的政府目标，政府选择按规则治理势必要承担一定的预期效用损失。

政府也可以考虑授予行政裁量权[①]，允许行政官员依据对 a^{BP} 的具体

[①] 法学家一般将行政裁量分为两类：一类是羁束裁量行为，虽然允许行政官员自主决断，但事先规定一些指导性的基本原则，或者事先划定行政官员能够自主选择的范围，事后可以对这种裁量行为的正当与否进行司法审查；另一类是自由裁量行为，也就是没有任何限制地完全授权，无须进行司法审查（杨建顺，2004）。本章研究的是第一类裁量权，但由于缺乏明确规则，事后审查往往只能限于程序、权限而非实质性审查。

判断在行动集合 $a \in \{\underline{a}, \bar{a}\}$ 中自主选择行动①。在授权这种治理方式下，对行政官员的监督考核就仅限于判定其是否越权，亦即其行动选择是否超出了裁量权规定的行动集合范围之外。要想促使行政官员在判别 a^{BP} 的实现值后主动寻求实现政府目标（"说真话"），只能通过设计 $\{w^D, T^D, F^D\}$ 对其进行有效的激励。如果能够做到这一点，政府就可从授权中获得预期效用（这也是从授权这一治理方式中可能获得的最大效用）。

$$EU^D = p[\theta_j \cdot 0 - (1-\theta_j)(\bar{a}-\underline{a})^2] + (1-p)[\theta_j \cdot 0 - (1-\theta_j)(\underline{a}-\bar{a})^2]$$
$$= -(1-\theta_j)\Delta^2 \tag{3-5}$$

比较政府在两种治理方式下的预期收益，我们有：

命题 3-1：假设 $S_j^R(a)$ 是有限的并且是公开信息，那么，

（1）如果 a^{BP} 是确定性的，政府应该选择按规则治理。具体地，如果 $p=0$，$a^{Rule}=\bar{a}$；如果 $p=1$，则 $a^{Rule}=\underline{a}$；

（2）如果 a^{BP} 是不确定的，亦即 $1>p>0$，政府应该向那些受到有效激励监督并且 $\theta_H > p^2 - p + 1$ 的高能力行政官员授权，除此之外仍然应该按规则治理；

（3）按规则治理合同中，$T^R = F^R = 0$。

证明：（1）当 $p=0$ 时，由式（3）得按规则治理合同会制定 $a^{Rule} = \bar{a}$，代入式（3-4）得 $EU^R = 0$，这是所有可能中的最好情况。$p=1$ 时情况类似。（2）比较式（3-4）和式（3-5）的右边，整理即得。（3）由于 $S_j^R(a)$ 是有限的并且是公开信息，政府可以通过威胁处以 $F^R \geq S_j^i(a)$ 的惩罚防止行政官员对 a^{Rule} 的任何偏离，并且不需要对行动 $a = a^{Rule}$ 进行奖励。于是，在均衡下 $T^R = F^R = 0$。

命题 3-1 充分表明了政府最优行动 a^{BP} 的不确定性对于治理方式选择的前提作用：当政府最优行动是确定的时候（$p=0$ 或 $p=1$），政治家可以

---

① 由于 a^{BP} 只有两个可能实现值，扩大授权范围（增加允许选择的行动数量）不会让政治家境况变得更好。在外生给定的社会环境下将授权范围内生化是困难但有意义的研究方向，较早的尝试见 Epstein & O'Halloran（1994），最近的研究见 Alonso & Matouschek（2008）和 Mylovanov（2008）。

在行政规章制度中对 a^{Rule} 做出详细规定并严格监督执行。在这种情况下，有效的监督考核会防止行政官员的不当行为，因此不管行政官员是否有能力高低之分，也不管授权合同的激励是否有效，都不必考虑授权问题。只有当 a^{BP} 不稳定并且能够对行政官员进行有效激励的时候，政府才应该考虑授权这种治理方式。即便这时，政府也只应该对那些能力水平 $\theta_H > p^2 - p + 1$ 的高能力行政官员进行授权，除此之外仍然应该按规则治理。最后，按规则治理采用的是低能激励方式（ $T^R = F^R = 0$ ），只需保持对偏离规则的行为进行惩罚的威胁。

三　授权合同中的激励

现在假设 $1 > p > 0$ ，并且 $\theta_H > p^2 - p + 1$ 。根据命题 3-1 的第（2）部分，如果授权合同 $\{w^D, T^D, F^D\}$ 能够激励高能力行政官员主动寻求实现政府目标，政府就应该选择授权这种治理方式。

高能力行政官员在行使行政裁量权的时候，可以有四种方式（不考虑混合策略）："说真话"（判断 $a^{BP} = \underline{a}$ 时就选择 $a = \underline{a}$ ，判断 $a^{BP} = \bar{a}$ 就选择 $a = \bar{a}$ ），"撒谎"（判断 $a^{BP} = \underline{a}$ 却选择 $a = \bar{a}$ ，判断 $a^{BP} = \bar{a}$ 却选择 $a = \underline{a}$ ），不管如何判断 a^{BP} 都选择 $a = \underline{a}$ ，以及不管如何判断 a^{BP} 都选择 $a = \bar{a}$ 。因此，要让获得授权的高能力行政官员主动寻求实现政府目标（"说真话"），授权合同 $\{w^D, T^D, F^D\}$ 需要满足如下三个条件：

第一，选择"说真话"优于"撒谎"。

$$w^D + p\left[\theta_H T^D - (1 - \theta_H) F^D + S_H(\underline{a})\right] + (1 - p)\left[\theta_H T^D - (1 - \theta_H) F^D + S_H(\bar{a})\right] \geq$$
$$w^D + p\left[(1 - \theta_H) T^D - \theta_H F^D + S_H(\bar{a})\right] + (1 - p)\left[(1 - \theta_H) T^D - \theta_H F^D + S_H(\underline{a})\right]$$

整理得

$$(2\theta_H - 1)(T^D + F^D) \geq (2p - 1)\tilde{S}_H^D \qquad (3\text{-}6a)$$

第二，选择"说真话"优于始终选择 $a = \underline{a}$ 。

$$w^D + p\left[\theta_H T^D - (1 - \theta_H) F^D + S_H(\underline{a})\right] + (1 - p)\left[\theta_H T^D - (1 - \theta_H) F^D + S_H(\bar{a})\right] \geq$$
$$w^D + S_H(\underline{a}) + p T^D - (1 - p) F^D$$

整理得

$$(p-\theta_H)(T^D+F^D) \leqslant (1-p)\tilde{S}_H^D \tag{3-6b}$$

第三，选择"说真话"优于始终选择 $a=\bar{a}$。

$$w^D+p[\theta_H T^D-(1-\theta_H)F^D+S_H(\underline{a})]+(1-p)[\theta_H T^D-(1-\theta_H)F^D+S_H(\bar{a})] \geqslant$$

$$w^D+S_H(\bar{a})-pF^D+(1-p)T^D$$

整理得

$$(\theta_H+p-1)(T^D+F^D) \geqslant p\tilde{S}_H^D \tag{3-6c}$$

于是，政府的问题就是设计授权合同使得约束（3-6a）、（3-6b）和（3-6c）同时满足，由此可得：

命题 3-2：假设 $1>p>0$ 并且 $\theta_H>p^2-p+1$，授权合同要求 $T^D+F^D=\dfrac{p\tilde{S}_H^D}{\theta_H+p-1}$。其中，$\tilde{S}_H^D \equiv S_H^D(\bar{a})-S_H^D(\underline{a})$。

证明：由于 $\theta_H>p^2-p+1 \geqslant p$，式（3-6b）自动满足。又由于 $p>2p^2-2p+1$，可得 $\dfrac{2p-1}{2\theta_H-1}<\dfrac{p}{p+\theta_H-1}$，于是式（3-6a）右边一定小于式（3-6c）右边，故可省略。在均衡处，H 型官员在是否偏离"说真话"策略上应该无差异，亦即式（3-6c）等号成立，从而得出结论。

根据定义，$\tilde{S}_H^D$ 是高能力行政官员在授权合同下从不同行动选择中获得的私人收益差异。根据命题 3-2[①]，给定 p 和 θ_H，由于 T^D 和 F^D 都非负，当且仅当无论什么行动选择都带给行政官员相同的私人收益（亦即 $\tilde{S}_H^D=0$）

---

① 注意，命题 3-2 对 W^R 和 W^D 所需满足的条件没有做出规定，这源于政府能够观察行政官员类型的假定。笔者相信这一简化无碍于本章论点的表达。更一般的模型假定政府只知道行政官员是高能力的概率，于是需要设计合同菜单使得不同类型官员在两种合同之间"自选择"。对此，读者如果需要可以向作者索取。

时，有 $T^D = F^D = 0$。这是因为，如果 $\tilde{S}_H^D = 0$ 并且 $T^D = F^D = 0$，行政官员在四种行事方式之间就无差异。这时，政府只要让 T^D 或 F^D 略微大于零就足以让行政官员偏好于"说真话"。另外，$\tilde{S}_H^D$ 越大，亦即行政官员在不同行动选择之间的私人收益差异越大，为了抵消这种差异而激励行政官员主动寻求实现政府目标所需的奖惩之和 $T^D + F^D$ 就越大。至于 T^D 和 F^D 各自所占的比重（"胡萝卜"抑或"大棒"，或是二者不同比重的结合），可由政府自行设定。

第三节　实践：行政裁量权及其变化

根据上一节的理论框架，在不确定的社会环境下，要通过授予行政官僚以裁量权来增进社会利益或实现政府目标，要求行政官僚能够正确判断社会环境或者政治家意图，并且被置于有效的激励和监督之下。随着社会经济的发展，当以上三个条件中的任何一个不再满足时，政治家都应该收回行政裁量权，转为按规则治理。否则，让行政官僚拥有裁量权不仅不会提高行政效率，反而会造成更大的损失。就中国而言，从 1949 年到 20 世纪 90 年代中后期，社会始终处于急剧变化之中。通过将行政裁量权授予高能力官僚，允许其根据社会环境相机选择行动，社会和政治家的目标大致得以实现。但是，随着市场经济体制的逐渐建立，社会环境逐渐稳定，高能力行政官僚的收入要求与政府低能激励监督体系之间的矛盾日渐突出。在这种情况下，应该削弱行政官僚的裁量权[①]，选择按规则治理亦即依法行政。相应地，更多地使用低能力官僚，降低对高能力官僚的需求。

一　社会环境或政治家偏好

符合社会和政治家目标的行动 a^{BP} 所依存的自然状态 s，既可解释为社会环境，也可以是政治家的政策偏好。当社会环境或者政治家偏好有所改变时，意味着其概率分布的变化，进而改变按规则治理的预期收益。

---

① 杨晓维（1994）就认为，遏制渎职行为不仅仅要进行激励监督体系建设，还要有效地限制官僚所拥有的行政权力。

当社会环境或政治家偏好的概率分布为 $Pr(s=0)=Pr(s=\eta)=0.5$ 时，无论基于 $s=0$ 还是 $s=\eta$ 来制定行政规章制度，按规则治理带给政府的预期效用都为式（3-2）所决定的 $-0.5\eta^2$。当社会环境或政治家偏好发生改变时，对法律规章制度进行适当调整，就会减少按规则治理的预期效用损失。例如，如果 $Pr(s=\eta)>0.5$，意味着平均而言社会环境更可能发生变化，可以将法律法规调整为 $a_{New}^{Rule}=a^{Rule}+\eta$。反之，如果 $Pr(s=0)>0.5$，可以维持现有法律规章制度不变。不管哪种情况，按规则治理给政治家带来的预期效用都要大于 $-0.5\eta^2$，这与完全实现社会和政治家目标的情况（$U=0$）更加接近，从而使得政治家倾向于收回行政裁量权。因此，当社会环境或政府偏好发生变化之后，应该将稳定下来的社会关系及时纳入法律调整的范围（张明杰，1995；杨建顺，2004）。但是，考虑到立法或改变规则的成本，如果社会环境或政治家偏好的变化过于频繁，通过调整法律规章制度来进行按规则治理的代价就会上升。这使得政治家倾向于将行政裁量权授予行政官僚，使其能够在一定程度上避开烦琐成文法规的束缚，根据新的环境或政治家偏好灵活行动，以实现新的目标。社会环境或政治家偏好越多变，政治家越倾向于授权。

另外，给定社会环境或政治家偏好的概率分布，随着不确定性程度的上升（η 增大），社会环境或政治家偏好可能变化的幅度越大，按规则治理带来的预期效用损失随之增大，政治家于是倾向于授权。

中华人民共和国成立以来，中国经历了急剧的社会、政治和经济变迁。面对急剧变动的国内外环境，党和政府的偏好或目标也在不断改变，为此开展了一系列政治运动。1978 年以后，中国开始改革开放，党和政府逐渐转向以经济建设为中心，中国社会开始由中央高度集权的计划经济体制逐渐向有中国特色的社会主义市场经济体制转变。到 20 世纪 90 年代中后期，政治家的目标逐渐稳定下来。

每一次政治运动，每一次改革，都意味着对既存规则的否定以及新规则的创立。社会环境和政治家目标的变动越大，政治运动规模越大或者改革力度越大，坚持按规则治理的预期效用损失就越大。在运动和改革的过程中，旧规则被废弃了，新规则却只能逐步建立。频繁的政治运动或社会改革意味着规章制度的频繁变动，往往还未等到新的规章制度基于新的环境和目标建立起来，环境和目标又变化了。在这种情况下，按规则治理，依靠对法律规章制度的频频修改，社会和政治家的目标将难以得到实现①。

在频繁变动的社会里，除了一些基本的行为准则外，几乎不可能在工作规章制度中对每种自然状态下的处理方式进行事前详细规定②。此外，具体社会环境信息的缺乏使得政治家无法时刻向行政官僚发布最优行动指令。因此，政治家很难对行政官僚实施规则治理，只能采取授权的办法，鼓励其运用他们的信息优势更为灵活、有效地行政，在变化的环境中实现政治家的目标。中华人民共和国成立初期，在经济上，鼓励行政官僚尽可能地采用各种方式让民众从分散经营进入计划体制。在政治上，让行政官僚能够避开成文法规的束缚，积极响应领导人政治运动的需要。改革开放以后，党的高层领导对如何从计划经济向市场经济转变同样所知甚少，无法对各级政府行政官僚的行动进行具体指导（Zhao，2009）。于是，政府只好采取"摸着石头过河"的方法，鼓励地方试验（Xu，2010），继续让行政官僚拥有较大的行政裁量权。

然而，随着市场化改革的不断深入，中国的市场化程度已经大为提高，经济发展逐渐趋于稳定。尽管在经济和政治领域仍然存在许多改革滞后的地方，对于一个成熟市场经济体制所需要的各项规则以及未来改革方向，已经基本达成了共识③。在这种社会环境和政治家偏好逐渐稳定的情况下，通过授予行政裁量权来鼓励各级行政官僚积极探索改革路径的必要性就大为降低。

二 行政能力

由于低能力水平的行政官僚会错误判断社会环境或者错误理解政治家意图，如果授予其行政裁量权，即便其主观上试图按照社会利益或政治家

---

① 事实上，从1949年到1978年短短的30年间，中国就颁布过三次宪法（分别是1954年宪法、1975年宪法和1978年宪法）。

② 由于政治家无法观察自然状态，即便事先进行了规定，事后也不可执行。在这个意义上，关于行政官僚的规章制度是不完备的。在本章，政治家同时也是立法者和执行者，忽略了立法机构。对法律不完备及其后果的讨论，可参见皮斯托和许成钢（2002a，2002b）以及戴治勇和杨晓维（2006）。

③ 事实上，在1982年颁布第四部宪法后，虽然经过1988年、1993年、1999年和2004年的四次修正，在主体上没有大的变化。

意图行事，根据自己对社会环境的判断灵活调整相关事务的处理方式，在事实上却会造成行政裁量权误用的后果。因此，任何情况下都不应该将行政裁量权授予低能力行政官僚（命题3-1）。当政府部门中既有高能力官僚又有低能力官僚时，根据命题3-2，即便相关激励监督条件得到满足，也只有当高能力行政官僚占多数，或者说一个行政官僚更可能是高能力的时候，才应该授予其行政裁量权。

因此，给定社会环境不确定或政府偏好多变以及相应的激励监督体系，政府部门中高能力行政官僚所占比例越大，或者说一个行政官僚是高能力的可能性越高，政治家就越倾向于授予行政裁量权。而这反过来又意味着，如果政治家想要授予行政裁量权的范围越大，程度越高，持续时间越长，政府对高能力行政官僚的需求就会越高。

1949—1978年党和政府一般强调干部选拔的"才德兼备"和"又红又专"，旨在选择那些既有专业知识，又具备政治忠诚的干部，但在具体实施中更为看重政治品质，从而保证政府的各项意图能够为干部所正确领会并加以实施。这样，绝大多数在土地革命时期、抗日战争时期和解放战争时期参加革命的老干部都在政府部门担任各种职位。

1978年改革开放以后，行政官僚高能力意味着适应市场经济的专业技能。随着党和政府的工作中心转向经济建设，政府继续让行政官僚拥有行政裁量权以鼓励其关于改革的探索和创新精神。为了避免在转型过程中行政官僚由于缺乏专业素养而误用行政裁量权，对其专业知识的要求就日益提高。然而截至1980年，全国2000多万名干部中，大学毕业的只占20%左右，初中文化以下的占40%以上（陈凤楼，2003）。

在这种背景下，党和政府于1981年决定实行领导干部队伍的年轻化、知识化和专业化。1993年，中国初步建立了公务员制度，开始对政府工作人员的入职资格和能力水平进行明确要求。2006年，《公务员法》正式实行。近年来，"考公务员热"已经成为社会普遍现象，报考人数逐年增多。2011年国家公务员录用考试共有140万人报名参加，为历年之最[①]。国家

---

① 报考人数最多的前六个职位，考录比都达到3000∶1以上，其中国家能源局"能源节约和科技装备司"一职的考录比例达到4961∶1。对于这种"公务员热"，国家公务员局考试录用司司长聂生奎表示将优秀的人才招进国家机关只会有利于国家发展（《新京报》2010年12月6日）。

对于公务员的素质要求也越来越高。仅就学历要求而言，大学学历目前已是报考公务员的最基本要求。1997—2001 年，全国公务员中具备大学本科学历人数的比例从 13.0% 增加到 17.2%，大专学历人数的比例由 39.4% 上升到 62.1%，中专学历人数的比例由 47.6% 减少到 20.7%[①]。2003—2008 年，中央国家机关新录用的公务员中，大学本科以上学历的比例一直保持 99% 以上，其中硕士毕业生占 53%，博士毕业生占 43%[②]。

三　激励和监督体系

对行政官僚的激励和监督体系（ V^H 、 V^C 、 π 和 F ）决定了其是否基于自己对于社会环境的判断来选择行动，进而是否按照社会或者政治家意图行事，最终影响政治家是否授予行政裁量权的事前决策。

V^H 是行政官僚基于对社会环境的判断（ $r(\tilde{s}) = \tilde{s}$ ）选择行动所能获得的收益，既包括正常的工资收入，也包括在政府体系中地位升迁所带来的收益，如行政职务的晋升和技术职称的晋升。 V^H 越大，行政官僚从选择 $r(\tilde{s}) = \tilde{s}$ 中获得的好处越大，就越愿意基于对社会环境的判断选择行动。反之，就越倾向于选择 $r(\tilde{s}) \neq \tilde{s}$ 。然而，对于政府部门而言，由于具有一些在本质上不同于企业组织的特点，如目标多元化、对官僚绩效考核难度较大以及政府官员对非货币报酬考虑较多等，使得政府部门无法像企业那样对员工采取高能激励（Tirole，1994；Dixit，1996，1997；王永钦、丁菊红，2007），而是一般采用低能激励的方式。也就是说，相对于同等能力个人在劳动力市场所能获得的收入来说， V^H 不会太高。

V^C 反映了行政官僚不基于自己对社会环境的判断（ $r(\tilde{s}) \neq \tilde{s}$ ）选择行动所能获得的收益。根据本章的设定，行政裁量权与自然状态是机械吻合的，行政裁量权的范围和程度随着自然状态的变化而变化[③]。一般而言，

---

① 人事部：《全国专业技术人员统计简要资料》（2002 年），转引自中国网：《整体素质日益提高的中国人才队伍》，2003 年 12 月 30 日，http：//www. china. com. cn/zhuanti2005/txt/2003-12/30/content_ 5471195. htm。

② 新华网：《中央国家机关新录公务员本科以上学历占 99% 以上》，2008 年 1 月 21 日，ht-tp：//news. xinhuanet. com/newscenter/2008-01/21/content_ 7466551. htm。

③ 在外生给定的社会环境下，将行政裁量权的范围和大小程度内生化是困难但有意义的研究方向，较早的尝试见 Epstein & O'Halloran（1994），最近的研究见 Alonso & Matouschek（2008）和 Mylovanov（2008）。

社会环境不确定性程度越高，政治家偏好越多变，行政官僚从选择 $r(\tilde{s}) \neq \tilde{s}$ 中所能获得的收益也越大。在这个意义上，V^c 反映了行政裁量权由其大小程度和范围所决定的经济价值。V^c 越大，行政官僚越倾向于选择 $r(\tilde{s}) \neq \tilde{s}$。

行政官僚是否选择 $r(\tilde{s}) = \tilde{s}$ 还会受到政治家事后查处概率 π[①] 以及相应处罚力度 F 的影响。π 越高或者 F 越大，行政官僚越倾向于选择 $r(\tilde{s}) = \tilde{s}$。

对于一个积极介入社会各方面事务的政府，行政官僚的行为涉及方方面面，也对整个社会政治、经济活动带来重大影响。中华人民共和国成立初期，社会各界普遍处于较高的革命和建设热情之中。作为国家干部，各级政府行政官僚获得了较高的非货币收益。同时，对各项政治运动的积极响应所表现出来的政治忠诚可能会给行政官僚带来巨大的政治收益。同时，在计划经济体制下，社会各领域采用统一的工资序列，个人无论在政府还是企业都能获得与其资历和级别相对应的货币工资。另外，在对政治过错进行严厉惩罚的同时，政府对违背计划经济体系的经济活动的制裁力度也较大（如投机倒把罪等）。因此，行政官僚即便在诸多事务上拥有行政裁量权也轻易不会偏离政治家目标。

改革开放以后，一方面，政府逐渐退出了许多领域，能够为高能力官僚提供的职位和级别数量相对减少。另一方面，随着经济体制的转型，在那些政府尚未退出的领域，行政裁量权偏离政治家目标的货币收益则迅速增大。在广泛的行政管制下，行政官僚可以通过在诸如建设立项、工程发包、土地审批、政府采购、股票上市、新药上市、商业竞争等领域的执法和审批过程中以权谋私。然而，政府内部的低能激励监督体系却没有改变，导致行政官僚在行使裁量权时偏离社会和政治家利益的动机大为增强。

继 1985 年第二次工资制度改革之后，中央政府于 1993 年的国家机关工资改革中，开始定期考核晋升工资档次，随职务、级别晋升相应增加工

---

① 这实际上是对行政官僚的"产出"进行监督。如果按规则治理，政治家只须将观察到的行政官僚实际行动 a 与既定规则 a^{Rule} 进行比较，而不用判断该行动的实际效果是否偏离了社会目标，因而是对其"投入"的监督。从监督成本的视角对组织内部授权决策的考察可参见 Prendergast（2002）。

资，并且根据物价波动指数和企业同类人员工资水平增长情况，适时调整公务员工资标准。这次工资改革将整个公务员的工资分为 15 级。尽管如此，受机构规格和职位数量的限制，绝大部分基层公务员（尤其是县乡两级）很难得到更高的行政级别或职务晋升，实际上只有九到十五这六个级别，工资的正常晋升空间非常小[1]。

2006 年 7 月 1 日，中国开始实行新的公务员工资制度，其中一项重要内容是将职务和级别的晋升分别独立进行。公务员的职务仍然是 12 个层次，但将公务员级别从 15 级扩大到 27 级，重点增加了县以下基层公务员所对应的级别数量。这样，除了职务升迁以外，公务员还可以根据工作年限以及个人绩效获得级别的晋升。但是，相对于拥有较大裁量权的高专业能力行政官僚而言，仍然难以获得与其能力水平相称的合法收入水平，同时又缺乏足够多的晋升机会予以相应补偿。通过增加机构和职位数量，政府可以在一定程度上缓解这一问题，但这会导致机构冗余和人员超编，与政府日渐减少干预的市场经济改革方向相悖。

另外，由于高专业能力者在外部劳动力市场上往往能够获得较高的工资，要想将他们吸引到政府部门而又在被授予行政裁量权之后基于对社会环境的判断选择行动，就需要让他们在获得较高 V^H 的同时保持较高的查处概率 π 和惩罚力度 F。事实上，中国近年来不断加强党和政府自我监督体系的建设，试图通过提高查处概率和处罚力度来遏制其不按其对社会环境的判断选择行动的动机。近年来，党的纪委系统和政府的检察系统无论在规模和权力上都大为扩张（Huang，2002）。继 2009 年对全国近 2000 名县纪委书记之后，党中央又于 2010 年对全国 400 多名市级纪委书记进行集中培训[2]。但是，随着对政府行为的考核由原来单一的经济增长率指标逐渐向包含教育、环境、民生等的综合性指标转变，对行政官僚行使裁量权

---

① 在 20 世纪 90 年代经济体制剧烈转型的过程中，出现了高素质公务员流失的现象。1998 年到 2002 年期间，人事部抽查的 21 个中央部委共流失本科学历以上公务员 1039 人，占同等学力公务员总数的 8.8%，其中主要是 35 岁以下年轻公务员，原因则是缺乏晋升和工资增长出路（王虎、蒋明倬：《公务员流失报告：中央部委 3 年流失专才 1039 人》，《21 世纪经济报道》2003 年 9 月 10 日）。这一时期官员下海经商现象的大量出现，也部分反映了政府官员激励体系的问题。

② 新华网：《400 余市级纪委书记进京集训，香港廉政公署官员授课》，2010 年 6 月 24 日，http://news.xinhuanet.com/local/2010-06/24/c_ 12255203. htm。

的监督考核难度日益加大。

第四节 本章小结

1949 年以后，面对急剧变化的社会政治与经济环境，中国建立了一个动员型的权力集中的行政体制。各级政府通过赋予行政官僚以较大的行政裁量权，尽其所能地将广大民众发动起来。在计划经济时期，各级政府行政官僚的裁量权在行政事务上较大，在经济事务上较小；在转型时期情形则大致相反，各级政府行政官僚的裁量权在行政事务上没有太大变化，甚至变小，但在经济事务上却迅速增大。无论如何，外界普遍认同的中国政府面对外部环境表现出来的相对于西方国家而言的高度灵活性，很大程度上是基于各级政府行政官僚所拥有的较大的行政裁量权。

到 20 世纪 90 年代中后期，社会环境和政治家偏好逐渐稳定，高专业能力行政官僚的收入要求与政府低能激励监督体系之间的矛盾却日渐突出。作为公共部门，政府无法为高能力官僚提供与其能力完全匹配的薪酬，其关于职位和级别的设置也受到市场经济下政府规模减小的束缚。在这种情况下，继续让各级政府的行政官僚拥有较大的行政裁量权，可能就是弊大于利了。逐渐收回行政裁量权，降低对于高专业能力行政官僚的需求，强调依法行政，就成为一个可供选择的途径。依法行政虽然牺牲了灵活行政下可能的效率收益，却也避免了行政裁量权被误用的可能，还能够发挥韦伯式官僚体制下市场对政府预期稳定的作用。同时，依法行政降低了对行政官僚专业能力水平的要求，也有助于缓解行政官僚高能力与政府部门低能激励监督体系之间的矛盾。

在此背景下，国务院于 1999 年颁布了《关于全面推进依法行政的决定》，并于 2001 年全面开始了行政审批制度的改革[1]，2003 年颁布《行政许可法》。2004 年，国务院颁布了《全面推进依法行政实施纲要》，明确了建设法治政府的目标，强调加强政府立法和制度建设；坚持依法决策，对重大决策必须进行合法性审查；严格依法办事，政府所有行政行为都要

---

[1] 关于行政审批制度的改革，可参见周天勇等（2008，第 3 章）。

于法有据、程序正当；全面推进政务公开。2005 年，国务院办公厅印发《关于推行行政执法责任制的若干意见》。2008 年，国务院颁布《国务院关于加强市县政府依法行政的决定》，强调重视和发挥社会监督的作用①。2010 年 8 月 27 日，时任国务院总理温家宝在国务院召开的全国依法行政工作会议中敦促各级政府和所有工作人员贯彻实施《全面推进依法行政实施纲要》。

本章对中国各级政府的行政官僚自 1949 年以来始终拥有较大的行政裁量权这一现象进行了解释，同时解释了中国政府近来日益强调依法行政的原因。由于已有的中国分权式改革研究文献通常不对政治家和行政官僚进行区分，并且主要关注 1978 年以后的渐进式改革，本章对此进行了有益补充。由于中国各级政府首脑也主要由上级政府任命产生，本章的研究对理解中国各级政府的行为也有借鉴意义。

本章也忽略了一些有意义的问题。例如，为了简化，本章没有将行政裁量权的程度内生化，而是将其设定为与自然状态直接吻合。我们也没有正式考虑行政官僚承担多任务的情形，进而没有将政府内部自我监督内生化。最后，我们也没有考虑政府的层级结构。

---

① 在政府目标多元化的情况下，社会的水平监督尤为重要。

第四章　顶层设计下的行政能力需求

第一节　引言

　　中国政府从 20 世纪 50 年代开始就不断吸收大量的高素质高能力社会管理人才。这一现象已经引起社会舆论的广泛关注，却较少受到研究者的注意。2011 年 12 月 31 日进行的第六次全国人口普查结果显示，中国主要劳动年龄人口中具有大专以上文化程度的人口仅占 13.2%，中共党员中的这一比例为 38.6%。然而，党政人才中的这一比例已经达到 92.3%，其中具备大学本科学历的占到 53.5%，具备研究生学历的占到 4.9%。在中央和国家机关各部委中，相应比例则更高，分别约为 94.16%、60.86% 和 6.67%[①]。与此相对比的是，2012 年美国联邦政府非季节性全职雇员中大学本科以上学历占比为 48.61%[②]，略高于 42% 这一全国大学以上文化程度的人口比例[③]。图 4-1 展示了国家干部与中共党员、主要劳动年龄人口（20—59 岁）以及全国人口在具备大学（含大专）文

　　[①]　中央和国家机关各部委人才数据是"其他"一项的主要内容，因此相应学历比例只是近似值。

　　[②]　美国联邦政府人事管理办公室（OPM，Office of Personnel Management）：Common Characteristics of the Government（2012）。

　　[③]　OECD（2013），*Education at a Glance* 2013：*OECD Indicators*，OECD Publishing.

化程度人数比例上的比较①。

很容易将这一现状与党和政府于 1981 年开始实行的干部队伍"四化"（革命化、年轻化、知识化和专业化）方针联系起来。从图 4-1 可以看出，国家干部中具备大专及以上文化程度的人数比例增长的确从 1981 年开始明显加快。1950 年，具有大专及以上文化程度的国家干部数量就已经占到干部总数的 6.89%，而中共党员中的这一比例仅为 0.32%。1964 年，该比例上升到 14.17%，远高于同年中共党员中 1.8% 的比例和 0.4% 的全国比例。截至 1982 年，尽管存在大学十年停招、机关人员老化和机构臃肿等问题，具有大专以上文化程度的国家干部比例也已经上升到 20%，远超同年中共党员中 3.6% 的比例和 0.6% 的全国比例。

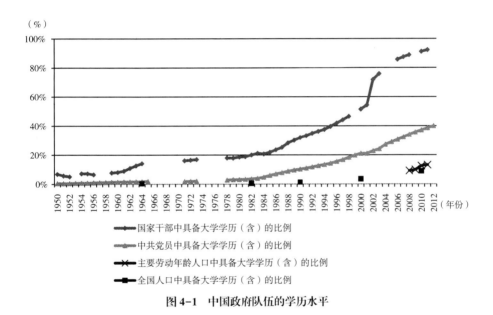

图 4-1　中国政府队伍的学历水平

①　全国人口学历情况的数据来自国家统计局历次全国人口普查公报。国家干部的数据来自人事部：《中国干部统计五十年：1949—1998》，党建读物出版社 1999 年版。其中，1950—1964 年的数据不包括中小学教职工，2000—2001 年的数据来自"全国党组织、党员队伍、干部队伍统计资料"，《党建杂志》2001 年第 7 期和 2002 年第 10 期。2002 年以后的数据对象由党政人才代替（包括执行者和参照执行者法管理的群团机关工作人员，不含高校和科研院所）。2003—2008 年的数据从国务院网站各项报道中收集得到。2010—2011 年的数据来自中共中央组织部：《中国人才资源统计报告》（2010，2011），中国统计出版社。中共党员的数据来自中组部：《中国共产党党内统计资料汇编：1921—2010》，党建读物出版社 2011 年版。

本章试图对此现象做出解释。为此，本章建立一个包含代理人收集处理信息能力的决策权配置模型，分别就具有不同缔约性质的事项，考察固定政策、信息沟通和授权这三种政府决策方式各自对执行者能力水平的要求。政府从 20 世纪 50 年代就运用向下授权和信息沟通这两种灵活的决策方式来管理广泛的从可契约到不可契约的社会事务，会不断自我强化对高能力行政人员的需求。

在以重工业化为目标的计划经济建设过程中，中国并没有照搬苏联模式，而是不断尝试给予地方政府一定的自主权，建立了一套"条块结合"的治理体系。1978 年开始，中国启动了市场化改革，并且集中实行了七次行政管理体制改革以适应由计划经济管理向市场经济管理的转变①。在简政放权的总体思路下，由中央向地方政府、企业和社会逐渐放权。如今，中央已经向地方政府下放了许多经济权力，使其在社会经济各项事务上具有了很大的自主性。不过，对企业和社会的"放权"却并不彻底，大量资源掌握在了各级地方政府手中。相对于市场而言，各级地方政府拥有较大的事权范围（姚洋，2008；诺顿，2010；Xu，2011）。

从契约理论的视角来看，政府事权范围广泛的一个表现是既包括其目标、结果乃至质量等各方面都可详细规定的可缔约事项，也包括在某些方面无法详细准确地描述和规定的不可缔约事项。不论何类事项，为了制定出最优政策，政府都需要收集了解有关该事项的社会环境信息，然后才谈得上政策执行。政策的最终效果更多地取决于制定是否科学，而非能否得以严格执行。如果某项政策在出台之前的调查研究不够充分，对社会现实情况了解不够，那么执行得越严格，最终效果反倒越差。

但是，政策制定所需的许多信息通常来说只有那些平日较多与社会直接接触的具体工作人员才可能知晓。这些具体工作人员尽管与社会距离较近，往往也仅能以一定的概率知晓与待决策事务相关的社会环境信息，该概率的高低则依赖于他们收集处理信息的能力。为了利用下级可能拥有的私人信息，上级可以在听取下级的相关情况汇报后做出决策（信息沟通），也可以允许下级根据其掌握的信息自主决策（授权），还可以忽略下级可

---

① 分别是 1982 年、1988 年、1993 年、1998 年、2003 年、2008 年和 2013 年。

能掌握的私人信息，仅仅要求其执行事先制定好的固定政策。就中国实践而言，早在 1953 年，中共中央就公布了《关于加强中央人民政府系统各部门向中央请示报告制度及加强中央对于政府工作领导的决定（草案）》，要求政府各部门提交诸如定期综合报告，针对某些重大问题或专门问题的专项报告，定期或不定期的简报或情报，会议纪要以及统计数据资料等。2010 年 11 月，国务院在《关于加强法治政府建设的意见》中，继续要求各级政府坚持一切从实际出发，系统全面地掌握实际情况，深入分析决策对各方面的影响，认真权衡利弊得失。

本章构建的模型表明，政府的事权范围及决策权的不同配置方式就决定了对执行者（行政人员）能力水平的不同要求。如果政府忽略执行者可能拥有的私人信息，坚持执行固定政策，就不需要执行者具备任何信息收集处理能力。如果政府尝试利用执行者的私人信息，第一，不可缔约事项对执行者的能力要求高于可缔约事项。第二，对可缔约事项，授权和信息沟通是等价的，对执行者的能力要求高于固定政策。第三，对不可缔约事项，在授权下政府对执行者的能力要求最高，信息沟通次之。第四，待决策事项越是复杂多变，由固定政策转为授权或信息沟通所需要的执行者能力临界值就越低。第五，在授权或分离均衡信息沟通下，政府的期望效用都会随执行者能力的提高而增大。

组织理论领域已有大量文献讨论了企业内部在信息沟通与授权这两种决策权配置之间的选择，但一般事先假设代理人已经拥有私人信息，从而将注意力集中于代理人与委托人的偏好差异（bias）等因素对委托人在保持控制权和利用私人信息之间权衡的影响，不须考虑代理人收集处理信息的能力[1]。少数研究政府行政过程的文献讨论了官员的能力问题，但也只考虑针对的执行能力，而非事前的信息收集处理能力，并且不关注对官员能力的需求。例如，Huber & McCarty（2004）考虑了行政官僚的政策执行能力、环境不确定性和对越权行为的处罚力度对政府授权决策的影响，以此来讨论发展中国家存在大量低能力执行者的行政体系。Alesina & Tabellini（2007，2008）则考虑了对于具有不同社会再分配效应的政策，

---

[1]　参见 Gibbons et al.（2013）和本书第一章的综述。

当执行者的政策执行能力是其私人信息时对政府授权决策的影响。

Marino（2006）在 Aghion & Tirole（1997）的框架下讨论了企业在完全授权和审批流程（实质上是有承诺的信息沟通）这两种决策方式下对代理人能力的需求。代理人能力决定了其找到优质项目的概率。在没找到优质项目的时候，代理人可能承认，也可能撒谎。如果代理人诚实汇报项目质量，企业会采用审批流程，不需要代理人具有多高的能力。如果代理人会撒谎，企业就会选择授权，同时会提高对代理人能力的要求。但是，如果企业知道代理人会撒谎却又已经给定了审批流程，对代理人能力的要求就会最高，以此抵消撒谎的负面影响。该文采用风险中性和离散环境状态的设定，并且项目规模是可缔约的。然而根据这时可以采用某种受限制的授权形式来复制审批流程的结果，并不需要考虑完全授权（Mylovanov，2008）。

基于已有文献，本章采用二次效用函数和社会环境连续变化的设定，引入执行者信息收集处理能力，讨论固定政策、授权和信息沟通（有承诺和无承诺）这三种决策权配置方式的政策结果差异及其对执行者能力的不同需求。

本章余下部分安排如下：第二节是模型设定，第三节解出不同决策权配置下的政策结果，第四节比较政府在不同决策配置方式下对执行者能力的要求，第五节给出一个具体的数值例子，第六节讨论中国政府的精英化现象，最后是本章小结。

第二节　模型设定

一　事权范围

我们用管辖范围内事务缔约性质种类的多少来表达政府事权范围的大小。考虑两类待决策的政府事务，分别用 d_1 和 d_2 表示。其中，d_1 是可缔约的，相关各个方面都可以详细描述和规定，并且可被第三方验证；d_2 则在某些方面无法详细准确地描述和规定，不可被第三方验证，从而是不可缔约的。

二　信息

用 θ_1 和 θ_2 分别表示与决策 d_1 和 d_2 相关的社会环境。θ_1 和 θ_2 相互独立，都服从区间 $[-\alpha，\alpha]$ 上的均匀分布，其中 $\alpha>0$。假设政府（委托人）不了解 θ_1 和 θ_2 的具体实现值，只知道其分布函数；执行者（代理人）则由于其较为接近社会实际而能够以一定的概率获知 θ_1 和 θ_2 的实现值。为了简便，假定执行者不论被分派至哪一项事务，了解 θ_1 或 θ_2 实现值的概率都是 $p \in [0，1]$，其高低水平代表了执行者收集处理信息的能力。

三　偏好

政府希望两项事务的处理能够尽量与各自相关的社会环境相适应，执行者的政策偏好则与政府有所差异。同时，不管负责哪一事项，执行者只能获得固定工资，为了简便，将其标准化为 0。这样，政府和执行者从事项中获得的效用可以设定为：

$$u_i^P = -(d_i-\theta_i)^2 \qquad (4-1)$$

$$u_i^A = -(d_i-\theta_i-b)^2 \qquad (4-2)$$

其中，b 表示执行者的政策偏好与政府的差异（*bias*），将执行者在两类事务上与政府的偏好差异设为相同只是为了简化。不失一般性地，假设 $b \geq 0$。另外，为了使问题有意义，假设 $b<\alpha$[①]。

四　决策权配置

首先，政府可以忽略执行者可能拥有的私人信息，而是根据自己对社会环境的先验信息预设固定政策 $(d_1^0，d_2^0)$（status quo），交由执行者执行即可。

其次，如果政府打算依靠执行者收集社会环境信息以帮助政策制定，有两种方式可供选择。第一，政府可以采用信息沟通的方式，让执行者就

---

① 否则，政府的最优选择是不尝试利用执行者的私人信息，而为两项事务分别预先选择一个政策 $(d_1^0，d_2^0)$，其形式由下文的式（4-3）和式（4-4）规定。

其了解的社会环境信息进行报告，在此基础上形成决策。对于可缔约的 d_1，政府能够事先公布一套可验证的决策规则 $d_1(\theta_1)$，明确规定 θ_1 的每个实现值所对应的决策。在这种有承诺的信息沟通（communication with commitment）下，执行者不必担心政府在听到汇报后更新其对 θ_1 的信念进而临时改变决策。然而，对于不可缔约的 d_2，政府无法事先承诺一套在每种社会环境状态与决策之间一一对应的明确规则。执行者于是在决定报告策略时需要考虑政府对社会环境的信念的更新，从而是一种无承诺的信息沟通（communication without commitment）。

第二，政府也可以将决策权授予执行者（delegation），允许其依据自身掌握的信息自主决策。对可缔约的 d_1 而言，可以清楚界定其范围边界，这种决策权授予既可能是允许执行者在区间 $[-\alpha, \alpha]$ 内自由决策的完全（complete，full）授权，也可能是仅允许执行者在该区间的某个真子区间内进行决策的受限（constrained）或部分（partial）授权。对不可缔约的 d_2 而言，则只能是区间 $[-\alpha, \alpha]$ 上的完全授权。

政府事前在固定政策、信息沟通以及授权之间的选择，取决于分别从这几种方式中获得的期望效用。博弈的时序如图 4-2 所示。

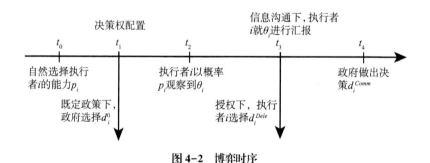

图 4-2　博弈时序

第三节　不同决策权配置下的政策

在不同的决策权配置下，最终的政策选择结果也会不同。

一　固定政策

如果政府选择事前制定好的固定政策，从最大化自己的期望效用出发，政府会设定：

$$d_1^0 = \arg \max_{d_1^0} \left[-\int_{-\alpha}^{\alpha} \frac{1}{2\alpha} (d_1^0 - \theta_1)^2 d\theta_1 \right] = 0 \tag{4-3}$$

$$d_2^0 = \arg \max_{d_2^0} \left[-\int_{-\alpha}^{\alpha} \frac{1}{2\alpha} (d_2^0 - \theta_2)^2 d\theta_2 \right] = 0 \tag{4-4}$$

也就是说，如果政府根据自己对社会环境的先验认识预设政策，会将其设定为等于相关环境 θ_1 和 θ_2 的平均（期望）值。

二　信息沟通

首先，就可缔约事项 d_1 而言，政府能够事先公开承诺一个依赖于执行者汇报的决策规则 $d_1(\cdot)$。根据显示原理（Revelation Principle），政府只需要关注执行者如实汇报观察到的社会环境的"说真话"机制：

$$\max_{d(\theta_1)} -\int_{-\alpha}^{\alpha} \frac{1}{2\alpha} (d(\theta_1) - \theta_1)^2 d\theta_1 \tag{4-5}$$

$$s.t. \ -(d(\theta_1) - \theta_1 - b)^2 \geq -(d(\theta_1') - \theta_1 - b)^2, \ \forall \theta_1, \ \theta_1' \in [-\alpha, \alpha]$$

具体地，我们有如下结论（所有命题的证明见本章附录）：

命题 4-1：对于可缔约的事项 d_1，政府事先制定决策规则：

$$d_1^{Comm}(\cdot) = \begin{cases} \theta_1 + b, & \text{若 } \theta_1 \in [-\alpha, \alpha - b] \\ \alpha, & \text{若 } \theta_1 \in [\alpha - b, \alpha] \end{cases}$$

如果执行者知晓 θ_1 的实现值，将如实报告；否则，执行者承认自己未观测到 θ_1。

其次，对于不可缔约的 d_2，政府事先无法承诺决策规则，贝叶斯纳什均衡就要求执行者汇报外部环境的策略 $r(\theta_2)$：$[-\alpha, \alpha] \to [-\alpha, \alpha]$ 以及政府的决策规则 $d_2(\cdot)$ 同时被决定 (Crawford & Sobel, 1982)。

命题 4-2：对于不可缔约的事项 d_2，在政府和执行者之间至少存在一个精炼贝叶斯纳什均衡。第一，区间 $[-\alpha, \alpha]$ 被划分为最多 $N = \left\langle -\dfrac{1}{2} + \dfrac{1}{2}\sqrt{1 + \dfrac{4\alpha}{b}} \right\rangle$ 个子区间，每个子区间的边界点由 $\alpha_i = -\alpha + 2(\alpha/N - bN)i + 2bi^2$ 确定，其中 $i = 1, 2, \cdots, N$，$\langle z \rangle$ 表示不小于 z 的最小正整数。

第二，如果执行者知晓 θ_2 的实现值，并且 $\theta_2 \in (\alpha_{i-1}, \alpha_i)$，执行者将按照该区间上的均匀分布来进行报告，政府选择 $d_{2,i} \equiv (\alpha_{i-1} + \alpha_i)/2$；如果执行者不知晓 θ_2 的实现值，给定 b 所在的区间 $[\alpha_{i^*-1}, \alpha_{i^*}]$，若 $\alpha_{i^*-1} \geq 0$，或者若 $\alpha_{i^*-1} < 0$ 同时 $d_{2,i^*} \equiv (\alpha_{i^*-1} + \alpha_{i^*})/2 \notin [0, 2b]$，执行者将承认自己的无知，政府选择 $d_2^0 \equiv 0$；若 $\alpha_{i^*-1} < 0$ 并且 $d_{2,i^*} \in [0, 2b]$，执行者将按照区间 $[\alpha_{i^*-1}, \alpha_{i^*}]$ 上的均匀分布进行报告，政府选择 d_{2,i^*}。其中，$i^* = \left\langle -\dfrac{1}{2}\left(\dfrac{\alpha}{bN} - N\right) + \sqrt{\dfrac{1}{4}\left(\dfrac{\alpha}{bN} - N\right)^2 + \dfrac{\alpha}{2b} + \dfrac{1}{2}} \right\rangle$。

根据命题 4-2，通过社会环境的复杂程度 α/b 确定 $N(b)$ 后即可得到 i^*，最终确定执行者的报告策略以及相应的政府政策选择。在一般性设定下，无法得出 i^* 的具体值，从而无法确知执行者会采用混同还是分离的报告策略。第五节中一个具体的数值例子会对此进行展示。

三 授权

执行者获得授权后，将在授权范围内选择其最为偏好的政策。通过命题 4-1 能够看出，由于事项 d_1 可缔约，政府只需要将执行者的决策权限定在区间 $[-\alpha + b, \alpha]$ 之内，就能够达到和有承诺信息沟通完全相同的效果 (Mylovanov, 2008)，从而不必考虑完全授权。另外，对于不可缔约的事项 d_2 而言，政府无法对授权范围进行限制，获得授权的执行者就可以完全按照自己的意愿行事。将此结论总结如下：

命题 4-3：（1）$d_1^{Dele} = d_1^{Comm}(\cdot)$；

$\qquad\quad$（2）$d_2^{Dele} = \begin{cases} \theta_2 + b, & \text{若公务员知晓} \theta_2 \text{的实现值} \\ b, & \text{其他} \end{cases}$ $\qquad$。

第四节　对执行者的能力需求

一　不同决策权配置下的政府期望收益

1. 固定政策

如果政府采取固定政策 $(d_1^0, d_2^0) = (0, 0)$，能够分别从两个事项中获得期望效用：

$$U_1^P(d_1^0) = -\int_{-\alpha}^{\alpha} \frac{1}{2\alpha}(-\theta_1)^2 d\theta_1 = -\frac{\alpha^2}{3} \qquad (4-6)$$

和

$$U_2^P(d_2^0) = -\int_{-\alpha}^{\alpha} \frac{1}{2\alpha}(-\theta_2)^2 d\theta_2 = -\frac{\alpha^2}{3} \qquad (4-7)$$

2. 信息沟通

在关于事项 d_1 的有承诺信息沟通中，根据命题 4-1，如果执行者知晓 θ_1 的实现值，政府将获得：

$$u^P(d_1^{Comm}) = -\int_{-\alpha}^{\alpha-b} \frac{1}{2\alpha} b^2 d\theta_1 - \int_{\alpha-b}^{\alpha} \frac{1}{2\alpha}(\alpha-\theta_1)^2 d\theta_1 = \frac{b^3}{3\alpha} - b^2 \qquad (4-8)$$

如果执行者不知道 θ_1 的实现值，便会报告 $\theta_1 = 0$ 以获得 $d_1(0) = b$，政府将获得：

$$u^P(b) = -\int_{-\alpha}^{\alpha} \frac{1}{2\alpha}(b-\theta_1)^2 d\theta_1 - w = -b^2 - \frac{\alpha^2}{3} \qquad (4-9)$$

于是，政府关于事项 d_1 的事前期望效用为：

$$U_1^{P,Comm} = p_1 u^P(d_1^{Comm}) + (1-p_1) u^P(b) = \frac{p_1}{3}\left(\frac{b^3}{\alpha} + \alpha^2\right) - b^2 - \frac{\alpha^2}{3} \quad (4-10)$$

在关于事项 d_2 的无承诺信息沟通中，根据命题 4-2，如果执行者知晓 θ_2 的实现值，政府将获得：

$$
\begin{aligned}
u^P(d_{2,i}) &= -\sum_{i=1}^{N} \int_{\alpha_{i-1}}^{\alpha_i} \frac{\alpha_i - \alpha_{i-1}}{2\alpha}\left(\frac{\alpha_{i-1} + \alpha_i}{2} - \theta_2\right)^2 d\theta_2 \\
&= -\frac{1}{24\alpha}\sum_{i=1}^{N}(\alpha_i - \alpha_{i-1})^3 \\
&= -\frac{1}{24\alpha}\sum_{i=1}^{N}\left(\frac{2\alpha}{N} - 2b(N+1) + 4bi\right)^3 \\
&= -\frac{1}{3}\left[\left(\frac{\alpha}{N}\right)^2 + b^2(N^2 - 1)\right]
\end{aligned}
\quad (4-11)
$$

其中，第三个等号来自命题 4-2 中 α_i 的通解式。

如果执行者并不知晓 θ_2 的实现值，政府的事前期望效用将依赖于执行者此时的汇报策略。如果执行者掩盖此事实（混同策略），政府将获得：

$$
\begin{aligned}
u^{P,Pool}(d_{2,i^*}) &= -\int_{\alpha_{i^*-1}}^{\alpha_{i^*}} \frac{1}{2\alpha}(d_{2,i^*} - \theta_2)^2 d\theta_2 \\
&= -\frac{1}{24\alpha}(\alpha_{i^*} - \alpha_{i^*-1})^3 \\
&= -\frac{1}{24\alpha}\left[\frac{2\alpha}{N} - 2b(N+1) + 4bi^*\right]^3
\end{aligned}
\quad (4-12)
$$

于是，政府的事前期望效用为：

$$
\begin{aligned}
U_2^{P,Comm,Pool} &= p_2 u^P(d_{2,i}) + (1-p_2) u^{P,Pool}(d_{2,i^*}) \\
&= -\frac{p_2}{3}\left[\left(\frac{\alpha}{N}\right)^2 + b^2(N^2-1)\right] - \frac{1-p_2}{24\alpha}\left[\frac{2\alpha}{N} - 2b(N+1) + 4bi^*\right]^3
\end{aligned}
\quad (4-13)
$$

如果执行者承认自己并不知晓 θ_2 的实现值（分离策略），政府将选择 $d_2^0 \equiv 0$ 并获得：

$$u^{P,Sepa}(d_2^0) = -\int_{-\alpha}^{\alpha} \frac{1}{2\alpha}(-\theta_2)^2 d\theta_2 = -\frac{\alpha^2}{3} \qquad (4-14)$$

这样，政府的事前期望效用为：

$$U_2^{P,Comm,Sepa} = p_2 \cdot u^P(d_{2,i}) + (1-p_2)u^{P,Sepa}(d_2^0)$$

$$= -\frac{p_2}{3}\left[\left(\frac{\alpha}{N}\right)^2 - \alpha^2 + b^2(N^2-1)\right] - \frac{\alpha^2}{3} \qquad (4-15)$$

3. 授权

根据命题 4-3，政府将事项 d_1 的决策权（受限）授予执行者能够获得与之进行信息沟通相同的期望效用，亦即 $U_1^{P,Dele} = u^P(d_1^{Comm}) = U_1^{P,Comm}$。另外，将事项 d_2 的决策权授予执行者能够获得期望效用：

$$U_2^{P,Dele} = p_2 u^P(\theta_2 + b) + (1-p_2)\left[-\int_{-\alpha}^{\alpha}\frac{1}{2\alpha}(b-\theta_2)^2 d\theta_2\right] = -b^2 - (1-p_2)\frac{\alpha^2}{3}$$

$$(4-16)$$

二 对执行者的能力要求

对于事项 d_1，结合命题 4-3，通过比较式（4-6）和式（4-10）可得：

命题 4-4：（1）当 $p_1 > \bar{p}_1 \equiv \dfrac{3}{b/\alpha + (\alpha/b)^2}$ 时，$U_1^{P,Comm} = U_1^{P,Dele} > U_1^P(d_1^0)$；反之则反是。

（2）$U_1^{P,Comm} = U_1^{P,Dele}$，并且 $\dfrac{d}{dp_1}U_1^{P,Comm} = \dfrac{d}{dp_1}U_1^{P,Dele} > 0$。

该命题表明，对于可缔约的事项，当执行者能力水平超过一个临界值时，政府就会放弃固定政策，转而尝试利用其可能拥有的私人信息。更重要的是，政府一旦选择信息沟通或授权，从中获得的期望效用会随着执行者能力的提高而增大。进一步，还可以得到如下结论：

推论 4-1: $\dfrac{dp_1}{d(\alpha/b)}<0$；极端地，当 $\alpha/b\to\infty$ 时，有 $\bar{p}_1\to 0$。

根据该推论，随着社会环境相对于执行者与政府的政策偏好差异（亦即 α/b）的增大（比如，事项 d_1 本身变复杂，α 增大，方差增大；或者政策偏好差异 b 下降），坚持固定政策对政府的吸引力就会越来越小。这反过来意味着，政府由固定政策转向有承诺信息沟通（或者等价地，受限授权）所需要的执行者能力水平就会越来越低。

另外，对于事项 d_2，通过比较式（4-7）、式（4-13）、式（4-15）和式（4-16）可得：

命题 4-5：（1）若 $p_2<\underline{p}_2$，$U_2^{P,Comm,Sepa}\geqslant U_2^{P}(d_2^0)>U_2^{P,Dele}$；

若 $\underline{p}_2\leqslant p_2<\bar{p}_2$，$U_2^{P,Comm,Sepa}>U_2^{P,Dele}\geqslant U_2^{P}(d_2^0)$；

若 $p_2\geqslant\bar{p}_2$，$U_2^{P,Dele}\geqslant U_2^{P,Comm,Sepa}\geqslant U_2^{P}(d_2^0)$；

（2）$U_2^{P,Comm,Sepa}\geqslant U_2^{P,Comm,Pool}$；

（3）$\dfrac{d}{dp_2}U_2^{P,Dele}>0$；$\dfrac{d}{dp_2}U_2^{P,Comm,Sepa}>0$；

其中，$\underline{p}_2\equiv\dfrac{3}{(\beta/b)^2}$，$\bar{p}_2\equiv\dfrac{3}{N^2-1+\alpha^2/(N^2b^2)}$。

根据该命题，对于不可缔约的事项 d_2 而言，当执行者能力水平较低时，政府会采用无承诺信息沟通的方式；当执行者能力水平超过临界值时，政府就会转而采用授权这种决策方式，最大限度地利用执行者可能拥有的私人信息。只要执行者在不知晓社会环境的时候会加以承认，无承诺信息沟通就总是占优于坚持 d_2^0，因为政府总是能够在信息沟通后仍然选择 d_2^0。重要的是，随着执行者能力的提高，授权和分离均衡下的信息沟通所能够带给政府的期望效用都会不断增大[①]。进一步，可以得到：

---

① 但是，如果采用混同策略，那么执行者能力越高，政府预期效用越低。第五节的"数值例子"展示了这一点。

推论 4-2：$\dfrac{dp_2}{d(\alpha/b)}<0$，$\dfrac{d\bar{p}_2}{d(\alpha/b)}<0$。极端地，当 $\alpha/b\to\infty$ 时，有

$$U_2^{P,Dele}=U_2^{P,Comm,Sepa}=U_2^{P,Comm,Pool}\geqslant U_2^P(d_2^0)。$$

根据此推论，对于不可缔约的事项，随着 α/b 的增大，政府转向信息沟通（分离均衡）或者授权所需要的执行者能力水平也都会降低。就信息沟通而言，这是因为一旦了解信息，执行者对政府汇报的精确度 $N(b)$ 就会随着 α/b 的增大而上升（命题 2）；就授权而言，这是因为环境越复杂就会使得固定政策越显僵化，后者的吸引力自然下降。

最后，比较命题 4-4 和命题 4-5 可得：

推论 4-3：给定 α/b，那么 $\bar{p}_1<\bar{p}_2$。

也就是说，如果政府的事权范围既包括可缔约的事务，也包括不可缔约的事务，那么同样采取较为灵活的决策方式，后者对执行者能力的要求要高于前者。

第五节　数值例子

为了更清楚地展示事权范围（所包含事项的可缔约性）和决策权配置与对执行者能力需求之间的关系，本节通过对前面模型中的参数进行赋值，画出政府在不同决策权配置下的预期效用图像。

令 $\alpha=1$，我们分别考察 $b=0.05$、0.1、0.3 和 0.5 的情况。

对事项 d_1，将 $\alpha=1$ 代入式（4-6）和式（4-10）得，$U_1^P(d_1^0)=-1/3$ 和 $U_1^{P,Comm}=U_1^{P,Dele}=p_1(b^2+1)/3-b^2-1/3$。于是，如果 $b=0.05$ 亦即 $\alpha/b=20$，那么 $U_1^{P,Comm}>U_1^P(d_1^0)$ 的临界点是 $\bar{p}_1\approx0.0075$；如果 $b=0.1$ 亦即 $\alpha/b=10$，临界点是 $\bar{p}_1=0.030$；如果 $b=0.3$ 亦即 $\alpha/b=10/3$，临界点是 $\bar{p}_1\approx0.261$；最后，如果 $b=0.5$ 亦即 $\alpha/b=2$，那么临界点是 $\bar{p}_1\approx0.667$。

图 4-3 给出了对可缔约的 d_1 在四种情况下的不同决策权配置方式的比较（注意，根据命题 3-3，授权和信息沟通对于 d_1 而言是等价的）。

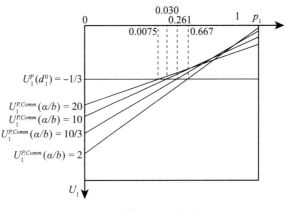

图 4-3 数值例子（可缩约）

对事项 d_2，将 $\alpha=1$ 代入式（4-7）和式（4-16）得，$U_2^P(d_2^0)=-1/3$。如果 $b=0.05$ 亦即 $\alpha/b=20$，根据命题 3-2，区间 [-1, 1] 将被划分为 $N=\langle -0.5+0.5\sqrt{1+4/0.05}\,\rangle=4$ 个子区间，除了左右两个端点外，三个分界点分别为 $\alpha_1=-0.8$、$\alpha_2=-0.4$ 和 $\alpha_3=0.2$。这时，点 $b=0.05$ 会落在第三个区间内，$i^*=3$，由于 $\alpha_2=-0.4<0$ 并且 $d_{2,3}=\frac{1}{2}(-0.4+0.2)=-0.1\notin [0, 2b]$，执行者如果不知晓环境状态的话会予以承认。此时有 $U_2^{P,Dele}=p_2/3-0.0025-1/3$ 和 $U_2^{P,Comm,Sepa}=0.3p_2-1/3$。于是，政府在三种决策权配置方式之间选择的临界点分别是 $\underline{p}_2=0.0075$ 和 $\bar{p}_2=0.075$。

如果 $b=0.1$ 亦即 $\alpha/b=10$，那么 $N=3$，两个分界点分别为 $\alpha_1=-11/15$ 和 $\alpha_2=-1/15$。这时，点 $b=0.1$ 会落在第三个区间内，$i^*=3$，由于 $\alpha_2=-1/15<0$ 并且 $d_{2,3}=\frac{1}{2}\left(-\frac{1}{15}+1\right)\approx 0.4667\notin [0, 2b]$，执行者如果不知晓环境状态的话也会予以承认。此时有 $U_2^{P,Dele}=p_2/3-0.01-1/3$ 和 $U_2^{P,Comm,Sepa}\approx 0.2696p_2-1/3$。于是，政府在三种决策权配置方式之间选择的临界点分别是 $\underline{p}_2=0.003$ 和 $\bar{p}_2\approx 0.157$。

如果 $b=0.3$ 亦即 $\alpha/b=10/3$，那么 $N=2$，分界点为 $\alpha_1=-0.6$。这时，点 $b=0.3$ 会落在第二个区间内，$i^*=2$，由于 $\alpha_1=-0.6<0$ 但是 $d_{2,3}=(-0.6+1)/2=0.2\in [0, 2b]$，执行者如果不知晓环境状态的话，不会予以

承认。此时，根据式（4-11）、式（4-12）、式（4-14）和式（4-16），比较 $U_2^{P,Comm,Pool}=-0.512/3-0.008p_2/3$ 与 $U_2^{P,Dele}=p_2/3-0.09-1/3$，可得政府在三种决策权配置方式之间选择的临界点分别是 $\underline{p}_2=0.270$ 和 $\bar{p}_2=0.764$（值得注意的是，后一个临界值显著大于在分离汇报策略下的值 0.519）。

最后，如果 $b=0.5$ 亦即 $\alpha/b=2$，那么 $N=1$。这时，$i^*=1$，由于 $\alpha_0=-1<0$ 但是 $d_{2,1}=0\in[0,2b]$，执行者如果不知晓环境状态的话，不会予以承认。此时，比较 $U_2^{P,Comm,Pool}=-1/3=U_2^P(d_2^0)$（的确，由于此时执行者不会汇报任何有意义的信息，信息沟通名存实亡，政府没有任何事后信息更新，结果与事前采用 d_2^0 相同）与 $U_2^{P,Dele}=-1.75/3+p_2/3$，可得政府在这两种决策权配置方式之间选择的临界点是 $\bar{p}_2=0.75$（值得注意的是，该临界值与在分离汇报策略下的值相同）。

图 4-4 给出了对不可缔约的 d_2 在 $\alpha/b=20$ 和 $\alpha/b=10/3$ 两种情况下的不同决策权配置方式的比较（为了图形简单，省略了 $U_2^{P,Comm,Sepa}$ $(\alpha/b=10/3)$ 和 $U_2^{P,Comm,Pool}$ $(\alpha/b=20)$ 的图像）：

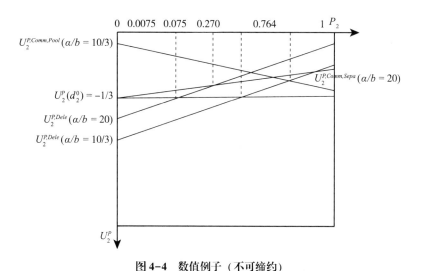

图 4-4　数值例子（不可缔约）

对比图 4-3 和图 4-4 也可以直观地观察到命题 4-4（2）和命题 4-5（3）。对于 α/b 的每个不同取值，将不可缔约事项的决策权授予执行者对其能力的要求都高于可缔约事项。

第六节　实践：政府对高能力公务员的需求

根据本章的模型，政府对执行者能力水平的需求是由其关于两类事项所采取的决策权配置方式所决定的。在固定政策下，不要求执行者具备任何收集处理信息的能力，仅仅是严格执行即可。对于可缔约事项，（受限）授权与信息沟通等价，需要执行者具备一定的收集信息能力［命题4-4（1）］。如果政府的事权范围扩大到包含不可缔约事项，授权将对执行者的能力提出更高的要求（推论4-3），但若信息沟通能实现分离均衡，对执行者能力将没有任何要求［命题4-5（1）］。进一步，根据命题4-4（2）和命题4-5（3），不管事项是否可缔约，一旦选择了授权，政府预期效用就随执行者能力水平提高而增大。对于不可缔约事项，能实现分离均衡的信息沟通也是如此。这样，政府一旦选择了授权或信息沟通（分离均衡）这样较为灵活的决策权配置方式，就会对执行者的能力产生强烈需求。

于是，问题便集中于政府最开始（亦即20世纪50年代初期）的选择是什么。这里的关键之处在于，根据推论4-1和推论4-2，给定执行者与政府的政策偏好差异 b，相关的社会环境越复杂（α 较大），政府由固定政策转为授权或者信息沟通（分离均衡）所要求的能力水平就越低（根据图4-3和图4-4，当 $\alpha/b = 20$ 时，仅要求执行者获知信息的可能性在0.0075就可采用授权或信息沟通来处理可缔约的 d_1，概率不低于0.075时则可将不可缔约的 d_2 的决策权直接授予执行者）。

这正是中国1949年以后的情况。在党的领导下，政府从过去的中央、省、市和县四个层级进一步延伸至乡镇一级，事权范围非常广泛，深入到社会和经济生活的方方面面。从1953年到1978年的计划经济时期，为了实现以重工业化为途径的赶超战略，中国开始进行社会主义改造，将经济和社会的各个方面都纳入统一计划，代替市场完成社会经济中的资源配置（林毅夫，2012）。1978年改革开放以后，政府的事权范围逐渐从传统计划经济领域退出，扩展到了市场经济的许多领域。毫无疑问，在中国政府如此广泛的事权范围中，许多事项都是非常复杂和难以缔约的，政府却缺乏与之相关的社会环境信息。甚至对于那些可缔约的相对简单的事项，政府也并不一定就完全了解相关信息。

同时，在1953年，全国具有大专以上文化程度的国家干部数量已经占到干部总数的6.9%，1964年则上升到14.17%。与此相对比的是，根据第一次全国人口普查，直到1964年，全国具有大专以上文化程度的人口比例也仅为0.4%。对于想要集中全国资源建设社会主义以实现赶超战略的中国政府而言，向地方政府授权成为极富吸引力的选择①。于是，尽管实行计划经济体制，中国政府仍然不断尝试给予地方政府一定的自主权，建立起了一种"条块结合"的体制（姚洋，2008；诺顿，2010；Xu，2011）。在相对复杂的社会经济环境下，即便执行者的信息收集能力从概率值来看并不算高，灵活的决策方式由于可能利用执行者的私人信息，仍然成为政府的可行选择②。

除了向地方政府授权以外，中国还建立了一套请示报告制度，亦即信息沟通的决策方式。1953年3月10日，中共中央公布了《关于加强中央人民政府系统各部门向中央请示报告制度及加强中央对于政府工作领导的决定（草案）》。该决定明确提出："今后政府工作中一切主要的和重要的方针、政策、计划和重大事项，均须事先请示中央，并经过中央讨论和决定或批准以后，始得执行。政府各部门对于中央的决议和指示的执行情况及工作中的重大问题，均须定期地和及时地向中央报告或请示，以便能取得中央经常的、直接的领导。"可以相信，这一请示报告制度能够运行至今，一定在很大程度上能够实现信息沟通的分离均衡。这样，在事权范围巨大同时运用授权和信息沟通这种决策方式下，中国政府从一开始就表现出了对高能力公务员的较高需求。

1978年至今的市场化改革时期，面对市场经济管理中的复杂环境，党和政府采取"摸着石头过河"的方法，继续对地方政府放权，鼓励其关于改革的探索和创新精神，鼓励地方试验（Qian et al.，2006；Xu，2011）。

---

① 本书第二章论证了中国政府由于复杂的社会经济环境，很难对执行者实施细致的按规则治理。在执行者队伍质较高的背景下，政府始终尝试通过较为灵活的方式（授权）来管理广泛的社会经济事务，鼓励其运用他们的信息优势更为灵活、有效地行政。

② 于是，在中国的实践中常常能够观察到这样一个看似有违常理的现象：一些低能力的公务员却被授予了较大的行政权力。

然而，尽管已经进行了六次以"简政放权"为总体思路的行政管理体制改革，大量的权力仍然保留在地方政府手中，并未对企业和社会下放（诺顿，2010）。在这一分权式改革过程中，各级地方政府掌握了大量资源，对大量社会经济事务拥有很大的自主决定权。同时，请示报告制度也在继续发挥着作用。

1981 年，党和政府决定实行领导干部队伍的革命化、年轻化、知识化和专业化。但是截至 1982 年，即便经过了十年"文化大革命"期间大学停招，存在体制僵化、人员老化和机构臃肿等问题，具有大专以上文化程度的党政人才数量也占到了总数的 20%，而全国具有大专及以上文化程度的人口数仅占全国总数的 0.6%，在中共党员中的这一比例也仅为 3.6%。

1993 年，中国初步建立了执行者制度，开始对政府工作人员的入职资格和能力水平进行明确要求。2004 年，中国共产党通过了《中共中央关于加强党的执政能力建设的决定》，要求不断提高驾驭社会主义市场经济的能力。2006 年，《执行者法》正式实行。国家对于执行者的素质要求也越来越高。仅就学历要求而言，大学学历目前已是报考执行者的最基本要求。2003—2008 年，中央国家机关新录用的执行者中，大学本科以上学历的比例一直保持 99% 以上，其中硕士毕业生占 53%，博士毕业生占 43%[1]。2013 年，中国共产党十八届三中全会通过《中共中央关于全面深化改革若干重大问题的决定》，进一步要求紧紧围绕提高科学执政、民主执政、依法执政水平深化党的建设制度改革，择天下英才而用之[2]。

第七节 本章小结

本章建立一个包含代理人收集处理信息能力的决策权配置模型，分别

---

① 新华网：《中央国家机关新录执行者本科以上学历占 99% 以上》，2008 年 1 月 21 日，http://news.xinhuanet.com/newscenter/2008-01/21/content_ 7466551.htm。

② 另一方面，正如推论 3-1 和推论 3-2 的结论，中国共产党及其领导下的政府不仅仅重视执行者的专业知识，也非常重视执行者的政治素养。党和政府始终强调干部选拔的"又红又专"和"德才兼备"，旨在选拔那些既有专业知识又具备政治觉悟和政治忠诚（亦即 b 相对于 α 较小）的干部。从 20 世纪 50 年代初期开始，党内就建立了干部理论学习制度和轮训制度，不断强调对党政干部尤其是基层干部工作能力的培训。

就具有不同缔约性质的事项，考察、信息沟通和授权这三种政府决策方式各自对执行者能力水平的要求，对中国政府从 20 世纪 50 年代就开始的对高能力公务员的持续需求做出解释。

根据本章的研究，中国政府的对高能力公务员的较大需求源于中国共产党及其领导下的政府所选择的政府主导型的国家发展模式。从 20 世纪 50 年代至今，尽管政府事权范围的内容在不同时期发生了很大变化，政府相对于市场的这种强势地位从未改变。关键在于，中国政府选择赋予下级政府相当大的自主权（授权和信息沟通），这种灵活的方式试图管好这些广泛的从可契约到不可契约社会经济事务，会不断自我强化对高能力行政人员的需求。从 1978 年开始的分权式改革，伴随着 1981 年干部"四化"方针的实行，加快了这一进程。

需要指出的是，本章仅仅得出了政府对执行者能力的需求，并未对高能力执行者的供给进行讨论，而是隐含假定这一点始终得到了保证。总体而言，中国各级政府在提供给执行者职业满足感的同时，大体能够让他们获得满意的综合收入，从而能够保证高能力公务源源不断的供给，近些年的考执行者热潮就证明了这一点。

然而，2013 年启动的新一轮的简政放权改革，强调政府的职能转变。李克强总理宣称在本届政府任期内，国务院部门实施的行政审批事项要减少 1/3 以上。同时，党和政府以前所未有的力度控制"三公"消费，打击贪腐。可以预见，如果这两项措施进一步扩展至全国各级政府并且持续相当时日，高能力执行者的需求和供给都将下降。

附录　各命题的证明

命题 4-1 的证明：如果执行者知晓 θ_1 的实现值，根据 Melumad & Shibano（1991）和 Martimort & Semenov（2006）的证明，政府承诺的最优信息沟通规则是弱递增的，区间 $[-\alpha, \alpha]$ 最多被划分为三个子区间 $[-\alpha, \alpha_1]$、$[\alpha_1, \alpha_2]$ 和 $[\alpha_2, \alpha]$。在子区间 $[-\alpha, \alpha_1]$ 上，决策 $d_{1,1} = \alpha_1 + b$；在子区间 $[\alpha_1, \alpha_2]$ 上，决策 $d_{1,2} = \theta_1 + b$；在子区间 $[\alpha_2, \alpha]$ 上，决策 $d_{1,3} = \alpha_2 + b$。于是，政府的规划问题可被表达为：

$$\max_{\alpha_1,\alpha_2} -\int_{-\alpha}^{\alpha_1}(\alpha_1+b-\theta_1)^2 d\theta_1 - \int_{\alpha_1}^{\alpha_2}b^2 d\theta_1 - \int_{\alpha_2}^{\alpha}(\alpha_2+b-\theta_1)^2 d\theta_1$$

$$s.t. \quad \alpha_2 \geqslant \alpha_1$$

$$\alpha_1, \alpha_2 \in [-\alpha, \alpha]$$

对目标函数分别就 α_1 和 α_2 求一阶偏导数并令其等于 0，结合 $b<\alpha$ 的假设，可得最优的 $\alpha_1^* = -\alpha-b$（小于 $-\alpha$，故取 $\alpha_1^* = -\alpha$）以及 $\alpha_2^* = \alpha-b$。

如果执行者没有认识到 θ_1 的实现值，便会承认这一点，政府会选择决策 $E\theta_1+b=b$。为了激励执行者诚实报告（否则可谎称 $\theta_1=0$ 以诱致政策为 b），政府不会偏离此决策。

命题 4-2 的证明：如果执行者知晓 θ_2 的实现值，Crawford & Sobel (1982) 证明，至少存在一个贝叶斯纳什均衡，该均衡要求执行者汇报外部环境的策略 $r(\theta_2):[-\alpha, \alpha] \to [-\alpha, \alpha]$ 以及政府的决策规则 $d_2(\cdot)$ 同时被决定，亦即 $r = \arg\max_{r\in[-\alpha,\alpha]} -(d_2(r)-\theta_2-b)^2$ 和 $d_2(r) = \arg\max_{d_2\in[-\alpha,\alpha]} -\int_{-\alpha}^{\alpha}(d_2(r)-\theta_2)^2 g(\theta_2|r) d\theta_2$ 同时成立，其中 $g(\theta_2|r)$ 是政府依据执行者汇报形成的对 θ_2 的后验判断。区间 $[-\alpha, \alpha]$ 被划分为最多 $1\leqslant N\leqslant N(b)$ 个子区间；执行者并不汇报 θ_2 的精确实现值，而只是汇报其所位于的区间 (α_{i-1}, α_i)，$i = 1, \cdots, N$，其中 $\alpha_0 = -\alpha$，$\alpha_N = \alpha$；在收到汇报 $r\in[\alpha_{i-1}, \alpha_i]$ 之后，委托人依据该子区间上的条件均匀分布对外部环境进行后验判断，亦即 $g(\theta_2|r) = (\alpha_i-\alpha_{i-1})/2\alpha$。

若执行者对环境的观察值为 $\theta_2=\alpha_i$，那么他在报告 $r\in[\alpha_{i-1}, \alpha_i]$ 或 $r\in[\alpha_i, \alpha_{i+1}]$ 之间应该无差异，亦即 $-\left(\dfrac{\alpha_{i-1}+\alpha_i}{2}-\theta_2-b\right)^2 = -\left(\dfrac{\alpha_i+\alpha_{i+1}}{2}-\theta_2-b\right)^2$，化简得到 $\alpha_{i+1}-\alpha_i = \alpha_i-\alpha_{i-1}+4b$。结合 $\alpha_0 = -\alpha$ 和 $\alpha_N = \alpha$ 的初始条件，该二阶线性差分方程的通解是 $\alpha_i = -\alpha+2\left(\dfrac{\alpha}{N}-bN\right)i+2bi^2$。同时，可以写出 $\alpha_i = \alpha_1 i+(i-1)\alpha+2i(i-1)b$，令 $i=N$ 以及 $\alpha_1\to -\alpha$ 可解得 $N^* = \dfrac{1}{2}+\dfrac{1}{2}\sqrt{1+\dfrac{4\alpha}{b}}$。但由于 N 只能取正整数，故有 $N(b) = \left\langle -\dfrac{1}{2}+\dfrac{1}{2}\sqrt{1+\dfrac{4\alpha}{b}} \right\rangle$。另外，政府的决策函数

为 $d_{2,i} = \arg\max\limits_{d_{2,i}} \int_{\alpha_{i-1}}^{\alpha_i} \frac{\alpha_i - \alpha_{i-1}}{2\alpha} (d_{2,i} - \theta_2)^2 d\theta_2 = \frac{\alpha_{i-1} + \alpha_i}{2}$。

如果执行者 2 并不知晓 θ_2 的实现值，又想通过选择混同（pooling）汇报策略以蒙蔽政府，就应该选择报告使得其期望效用最大同时政府不会觉察有异的区间。给定政府的决策 $d_{2,i}$，执行者的期望效用为：

$$u^{A,Pool}(d_{2,i}) = -\int_{-\alpha}^{\alpha} \frac{1}{2\alpha} (d_{2,i} - \theta_2 - b)^2 d\theta_2 = -(d_{2,i} - b)^2 - \frac{1}{3}\alpha^2$$

另外，如果执行者 2 没有认识到 θ_2 的实现值，同时愿意通过选择分离（separating）策略让政府知晓这一点，那么由于政府会随之选择 $d_2^0 = E\theta_2 = 0$，执行者期望效用为 $u^{A,Sepa}(d_2^0) = -(Var\theta_2 + b^2) = -\frac{\alpha^2}{3} - b^2$。令 $u^{A,Pool}(d_{2,i}) \geq u^{A,Sepa}(d_2^0)$ 可知，在执行者并不知晓环境状态的情况下，当且仅当由其报告引致的政府决策满足条件 $0 \leq d_{2,i} \leq 2b$，执行者会选择掩盖这一事实；否则，执行者会对此加以承认。

在执行者并不知晓环境状态的情况下，当决策为 b 时，其期望效用达到最大。但是，若要蒙蔽政府关于自己对环境一无所知的事实，执行者必须在自己拥有信息时的划分均衡里选择一个子区间来报告 r 就在其中，因此不一定恰巧存在满足其相应决策为 b 的 i。执行者于是会报告称 θ_2 位于相应决策与点 b 最为接近的区间。

根据通解，$\alpha_i - \alpha_{i-1} = 2\alpha/N - 2b(N+1) + 4bi$，只要 $N \geq 2$，对于任意 $i \geq 2$，都有 $\alpha_i - \alpha_{i-1} > 4b$。因此，给定点 b 所在的区间 $[\alpha_{i^*-1}, \alpha_{i^*}]$，若 $\alpha_{i^*-1} \geq 0$，必有 $d_{2,i^*} = \frac{\alpha_{i^*-1} + \alpha_{i^*}}{2} > \frac{\alpha_{i^*-1} + 4b + \alpha_{i^*-1}}{2} \geq 2b$。距离点 b 第二近的点是 d_{2,i^*-1}，但由于同样的原因，不管 $N=2$ 还是 $N>2$，都会有 $d_{2,i^*-1} = \frac{\alpha_{i^*-2} + \alpha_{i^*-1}}{2} < 0$。于是，执行者一旦不知晓环境状态就会选择主动承认，以引致政府决策 $d_2^0 = 0$。

最后，关于 i^* 的确定，将通解 $\alpha_i = -\alpha + 2\left(\frac{\alpha}{N} - bN\right)i + 2bi^2$ 代入 $\alpha_{i^*-1} \leq b \leq \alpha_{i^*}$，可得（舍去负值）

$$\sqrt{\frac{1}{4}\left(\frac{\beta}{b_2 N}-N\right)^2+\frac{\beta}{2b_2}+\frac{1}{2}}-\frac{1}{2}\left(\frac{\alpha}{bN}-N\right) \leqslant i^* \leqslant \sqrt{\frac{1}{4}\left(\frac{\alpha}{bN}-N\right)^2+\frac{\alpha}{2b}+\frac{1}{2}}-$$

$\dfrac{1}{2}\left(\dfrac{\alpha}{bN}-N\right)+1$ 亦即，$i^* = \left\langle \sqrt{\dfrac{1}{4}\left(\dfrac{\alpha}{bN}-N\right)^2+\dfrac{\alpha}{2b}+\dfrac{1}{2}}-\dfrac{1}{2}\left(\dfrac{\alpha}{bN}-N\right)\right\rangle$。

命题 4-3 的证明：（见正文）。

命题 4-4 的证明：（1）令 $U_1^{P,Comm} > U_1^P(d_1^0)$ 可得 $p_1 > \dfrac{3}{b/\alpha+(\alpha/b)^2}$。令

$\dfrac{3}{b/\alpha+(\alpha/b)^2}=1$ 和 $x\equiv\alpha/b$，该方程的唯一实数根是 $\bar{x}=2\sqrt[3]{-1/2}<0$。根据模

型设定，$\alpha/b>0>\bar{x}$，于是必定有 $\dfrac{3}{b/\alpha+(\alpha/b)^2}<1$；（2）就式（4-10）对 p_1

求偏导数即得。

推论 4-1 的证明：令 $x\equiv\alpha/b$，则 $\dfrac{d}{dx}\left(\dfrac{3}{1/x+x^2}\right)=\dfrac{6(1/2-x^3)}{x^2(1/x+x^2)^2}$。根据设

定，$\alpha/b\geqslant1$，于是 $x\equiv\alpha/b>(1/2)^{1/3}$，该导数符号为负。当 $\alpha/b\to\infty$ 时，

$\bar{p}_1\to0$，比较式（4-6）和式（4-10）可得 $U_1^{P,Comm}=U_1^{P,Dele}\geqslant U_1^P(d_1^0)$。

引理 4-1：对于 $N(b)=\left\langle -\dfrac{1}{2}+\dfrac{1}{2}\sqrt{1+\dfrac{4\alpha}{b}}\right\rangle$，当 $N(N-1)<\alpha/b\leqslant$

$N(N+1)$ 时，$N(b)=N$。

证明：令 $N(b)=\left\langle -\dfrac{1}{2}+\dfrac{1}{2}\sqrt{1+\dfrac{4\alpha}{b}}\right\rangle=N$，可得 $-\dfrac{1}{2}+\dfrac{1}{2}\sqrt{1+\dfrac{4\alpha}{b}}\leqslant N\leqslant$

$-\dfrac{1}{2}+\dfrac{1}{2}\sqrt{1+\dfrac{4\alpha}{b}}+1$，整理后即得结论。

命题 4-5 的证明：（1）比较式（4-7）和式（4-16）可得，当且仅当

$p_2\geqslant3/(\alpha/b)^2$ 时有 $U_2^{P,Dele}\geqslant U_2^P(d_2^0)$。

比较式（4-7）和式（4-15）可得，当且仅当 $\dfrac{p_2}{3}\left[(\alpha/N)^2-\alpha^2+b^2(N^2-1)\right]$

$\leqslant0$ 时，$U_2^{P,Comm,Sepa}\geqslant U_2^P(d_2^0)$。根据引理 4-1，$N-1<\alpha/Nb\leqslant N+1$。若 $p_2=0$ 或者

$N=1$，$\dfrac{p_2}{3}\left[(\alpha/N)^2-\alpha^2+b^2(N^2-1)\right]=0$；若 $N\geqslant2$，则 $1<\alpha/Nb$，于是同样有

$\dfrac{p_2}{3}\left[\left(\alpha/N\right)^2-\alpha^2+b^2\left(N^2-1\right)\right]=\dfrac{p_2 b^2}{3}\left(N^2-1\right)\left(1+\dfrac{\alpha}{Nb}\right)\left(1-\dfrac{\alpha}{Nb}\right)<0$。因此，对于所有的 $p_2\geq0$ 和 $N\geq1$，均有 $U_2^{P,Comm,Sepa}\geq U_2^{P}(d_2^0)$。

比较式（4-15）和式（4-16）可得，当且仅当 $\dfrac{p_2}{3}\left[\left(\alpha/N\right)^2-\alpha^2+b^2\left(N^2-1\right)\right]$

$-\dfrac{\alpha^2}{3}<b^2+\left(1-p_2\right)\dfrac{\alpha^2}{3}$ 时，有 $U_2^{P,Comm,Sepa}>U_2^{P,Dele}$。化简得 $p_2<\dfrac{3}{N^2-1+\left(\alpha/Nb\right)^2}$。又

由于 $\dfrac{3}{\left(\alpha/b\right)^2}\leq\dfrac{3}{N^2-1+\left(\alpha/Nb\right)^2}$（$N=1$ 时等号成立，$N\geq2$ 时 $\alpha/b>N-1\geq1$，不等号也成立），于是 $U_2^{P,Comm,Sepa}>U_2^{P,Dele}\geq U_2^{P}(d_2^0)$。

（2）由命题 4-2 的证明可知，当执行者掩盖其不知情的事实时，会导致政府政策 $0\leq d_{2,i*}\leq2b$。当执行者承认其不知情的事实时，政府政策为 $d_2^0=0$。根据政府的效用函数，后一种情况下的政策对政府更为有利，于是 $U_2^{P,Comm,Pool}=p_2\cdot u^P(d_{2,i})+(1-p_2)u^{P,Pool}(d_{2,i*})\geq p_2\cdot u^P(d_{2,i})+(1-p_2)u^{P,Sepa}(0)=U_2^{P,Comm,Sepa}$。

（3）分别由式（4-15）和式（4-16）显见 $U_2^{P,Comm,Sepa}$ 和 $U_2^{P,Dele}$ 都与 p_2 正相关。

推论 4-2 的证明：直接分别就两个临界值对 α/b 求导即得。当 $\alpha/b\rightarrow\infty$ 时，根据命题 4-5 证明的第（3）部分，此时 $\underline{p_2}=\bar{p_2}=0$，于是 $U_2^{P,Comm,Sepa}=U_2^{P,Dele}$。另外，此时执行者即便掩盖其不知情的事实，也只会导致政府选择 $d_{2,i*}=0=d_2^0$，于是 $U_2^{P,Comm,Pool}=U_2^{P,Comm,Sepa}$。

推论 4-3 的证明：直接比较 $\bar{p_1}$ 和 $\underline{p_2}$ 的表达式即得。

第五章　顶层设计下的简政放权

第一节　引言

政府各种决策的出台，大到战略、方针、政策以及法律法规，小到针对各种具体事务的条例、意见、办法等，都要以对相关各方面信息的调查收集为基础。在决策执行的过程中，如果社会环境发生了变化，或者出现了之前未预计到的情况，就应该对决策进行适当调整。然而，由于许多相关信息都是难以验证的"软"信息，政府要正确研判社会环境究竟是否变化或者发生如何变化，往往并不容易（Tirole，1994；王永钦、丁菊红，2007）。例如，国际局势是否变化，国内宏观经济是否过热，某项改革是否符合社会主流意识形态，违法者在主观上是否故意以及违法情节的严重程度，待审批项目对社会经济发展的短期和长远意义，待办事项的轻重缓急等问题，往往难有一致公认的结果。

为了收集相关信息，使得决策制定或调整与社会环境相适应，政府可以雇用专门的机构、委员会或个人（例如，新闻机构、统计局、审计署、专家委员会以及市场上的各类专业调查咨询公司等）进行相关的调查研究（见图 5-1），也可以将此任务交给决策的执行者，亦即行政职能部门（见图 5-2）。例如，在判断国内经济形势时，依赖职能部门报告抑或统计局的调查数据；在制定法规时，听取专家意见或者相关职能部门的意见；在执行法规时，既可由法院来决定法规的适用以及解释，也可由执行部门来决定；在决定行政处罚的程度时，既可委托某个第三方机构对违法事实（如影响的恶劣程度）进行认定，也可交由职能部门自主判断，等等。

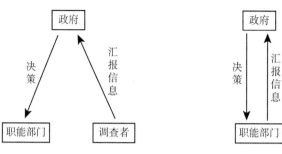

图5-1　专门调查者收集信息　　　图5-2　职能部门收集信息

从中国的实践来看，各级政府在决策所需信息的收集上，高度依赖相关行政职能部门的层层汇报。1953 年 3 月 10 日公布的《中共中央关于加强中央人民政府系统各部门向中央请示报告制度及加强中央对于政府工作领导的决定（草案）》，要求政府各部门提交诸如定期综合报告，针对某些重大问题或专门问题的专项报告，定期或不定期的简报或情报，会议纪要以及统计数据资料等。在此指导思想下，各行政职能部门纷纷成立自己的研究部（院、所、室等），负责组织实施相关政策和法规出台前的调查研究活动。

本章试图论证，中国政府在信息获取上对行政职能部门的高度依赖导致从大政方针到各种具体事务处理办法的制定与修改都受到行政职能部门的极大影响，各级行政职能部门扩权倾向严重。现实中，中央各部委在对地方的专项财政转移支付的分配中几乎拥有完全的决策权（范子英、李欣，2014），在立法实践中主要委托部门立法而非专家立法，各种行政审批和行政许可，乃至地方法规政策与中央冲突等现象，都与此有关。这种情况不改变，本轮简政放权改革的长期效果就难以保证。为此，本章拓展Tirole（1986，1992）的框架，模型化政府在专门调查机构和行政职能部门这两种信息收集渠道之间的选择，从而阐明简政放权改革的信息基础。

政府作为决策者，将信息收集工作交给职能部门或是专门调查机构各有利弊。职能部门从事实际工作，对所在领域非常熟悉，往往能够准确掌握相关信息。但是，也正因为此，职能部门对决策本身往往具有自己的偏好，并且通常与政府偏好存在一定偏差，也就是通常所说的部门利益问题。在这种情况下，虽然政府要求职能部门如实汇报自己所掌握的信息，后者却有动机操纵信息汇报，诱使政府做出有利于本部门却偏离政府利益的决策。相较而言，调查部门并不实际从事相关领域的工作，对最终决策本身也没有偏好，便不用考虑所获信息会对决策制定产生什么样的影响，因而能够超脱部门利益，如实报告相关信息。但是，不实际从事相关工作也使得调查部门难以全面了解具体情况，从而可能在信息收集上一无所获。更重要的是，专门的调查部门也有可能被职能部门收买，从而无法保证自己真正具有独立性并如实汇报信息。

本章模型表明，调查部门的独立性程度是决定政府信息渠道选择的关键因素。如此一来，政府在制度设计时，将不得不额外考虑为了防范调查部门被职能部门收买而需要支付的成本。当这一防范成本足够高时，在经济上就反倒不如索性让职能部门去进行信息收集，宁愿忍受其在信息汇报时的操纵行为。同时，专门调查部门探知信息的技术水平越低，政府会越倾向于依赖职能部门收集信息。另外，与直觉不太相符的是，社会环境越稳定，由职能部门收集信息对政府的吸引力反倒会增强。

拉丰和梯若尔（2004）以及拉丰（2013）运用 Tirole（1986，1992）的合谋（collusion）理论框架，分析了调查机构在汇报可验证的"硬"信息时被收买的可能性对产业规制政策的影响。毛寿龙（2012）从政治学的视角建议在行政管理组织内部实现决策、执行和监督的分离，抑制执行部门自然扩张的倾向，最终与司法和立法形成合理制衡。李石强和杨晓维（2013）讨论了职能部门的裁量权力，但主要关注政府将决策权授予职能部门的条件及其变化，而非政府在决策所需信息的获取渠道的选择。聂辉华和李金波（2006）、聂辉华和蒋敏杰（2011）研究了在信息可验证的情况下中国地方政府与企业之间的合谋行为。尹振东（2011）研究了中央政府在对监管机构进行属地管理还是垂直管理的选择及其对地方政府寻找经济发展项目的激励。在他的设定中，地方政府等同于职能部门，在属地管理下能够直接命令调查（监督）机构，在垂直管理下则完全不能影响后者。

本章的特点在于始终假定政府拥有决策权（调查部门与职能部门平级，都是当地政府的代理人），而将分析集中于政府对决策所需信息来源渠道的选择，关注政府在管理公共事务时大量遇到的信息不可验证的情况，以及职能部门自身的部门利益考量。本章的分析解释了为什么中国各级政府能够容忍作为政策执行者的职能部门却在事实上对决策制定拥有巨大的影响力。本章的分析也意味着，简政放权改革要想长期有效，政府在进行各种决策制定时应该更多地通过专门机构进行信息收集，提高他们获得有效信号的技术或能力水平，并且尽力维护这些机构的独立性。

本章余下部分安排如下：第二节是模型设定，第三节求解模型，得出政府对于不同信息渠道的选择条件，第四节进行比较静态分析，讨论中国行政职能部门的扩权倾向，最后是结语。

第二节　模型设定

考虑三个行为主体：政府（P）、职能部门（A）和调查部门（S）。设想如下场景：政府拥有制定决策（如政策、法规和办法等）的权力，现在需要委托某个部门去调查社会环境是否发生了变化，从而决定是否要改变关于某事务的既定政策。政府 P 面临的问题是，应该委托专门的调查部门 S 进行这种信息收集，还是将这项工作委托给负责政策执行的职能部门 A。

一　信息

用随机变量 θ 代表与决策相关的环境状态。假设 θ 只有两个可能取值，$\theta \in \{0, \beta\}$。其中，$\theta=0$ 表示环境没有发生变化，$\theta=\beta$ 则代表环境发生了变化（不妨假设 $\beta > 0$）[1]。假设 θ 的概率分布为 $Prob(\theta=\beta)=\mu$ 和 $Prob(\theta=0)=1-\mu$，其中 $\mu \in (0, 1)$，该概率分布是参与各方的共同信息。

假设由于从事实际工作，职能部门始终确定地知道 θ 的取值，而调查部门只能以一定的概率接收到一个关于 θ 的信号 $\sigma \in \{0, \varnothing\}$。当 $\theta=0$ 时，调查部门获知这一点（亦即收到取值为 0 的信号 σ）的概率为 $Prob$

---

[1] 当然，这一解释只是为了叙述方便，并不是必需的。

$(\sigma=0)=\alpha$，其中 $\alpha \in [0, 1]$；而当 $\theta=\beta$ 时，调查部门一无所知，接收到的信号 $\sigma=\varnothing$，其概率为 $Prob(\sigma=\varnothing)=1-\alpha$。假设职能部门了解调查部门所获得的信号 σ。

考虑到政府事务的特点，假设环境 θ 以及信号 σ 都是不可验证的"软"信息。这意味着，不管信息收集者是调查部门还是职能部门，在向政府进行汇报时都无法提供相应的直接证据以供查证。于是，在信息汇报时，调查部门或职能部门除了可以像在可验证信息的情况下选择实报（如实汇报 θ 或 σ）或瞒报（例如，职能部门不管 θ 如何取值都汇报自己不知情亦即汇报 $\sigma=\varnothing$，或是调查部门在 $\sigma=0$ 时汇报 $\sigma=\varnothing$）以外，还可以选择谎报（例如，在 $\theta=0$ 时汇报 $\theta=\beta$，或是在 $\sigma=\varnothing$ 时汇报 $\sigma=0$）。

二 偏好

用 d 代表政府选择的决策值。假定政府和职能部门的效用函数分别为：

$$u^P(d, \theta, t)=K^P-(d-\theta)^2-t \qquad (5-1)$$
$$u^A(d, \theta, w)=K^A-(d-\theta-b)^2+w$$

其中，K^P 和 K^A 都是足够大的正数，能够保证 u^P 和 u^A 始终为正。t 是政府对职能部门或者调查部门的转移支付，w 是职能部门获得的转移支付。b 表示职能部门自身在决策偏好上与政府之间的差异。为了简便，直接假设 $b=\beta$。于是：

$$u^A(d, \theta, w)=K^A-(d-\theta-\beta)^2+w \qquad (5-2)$$

分别就式（5-1）和式（5-2）对 d 求偏导数再令其等于零，可得政府和职能部门对于最优决策的各自看法。政府希望决策恰好等于环境的取值，亦即 $d_P^*=\theta$；职能部门则希望决策值与环境值相差 β，亦即 $d_A^*=\theta+\beta$ $>d_P^*$。

调查部门对决策本身没有偏好，只考虑自己从信息收集和汇报工作中获得的报酬，并不关心其报告的信息会对最终的决策制定产生何种影响。假设调查部门是风险中性的，效用函数为

$$u^S(s) = s \qquad (5-3)$$

其中，s 是调查部门获得的转移支付。

为了简便，假设职能部门和调查部门的保留工资都是 0。

三　契约

考虑决策所需信息的两种来源（契约）：第一，政府与职能部门和调查部门同时签订一个总契约，规定转移支付和决策如何依赖于信息报告。其中，调查机构专门负责信息的收集和汇报，职能部门则专门负责决策执行。不过，在总契约签订之后，调查机构与职能部门之间可能还会签订一个私下契约①，就与信息汇报相关的私下支付达成协议。假设契约由调查机构提出，职能部门要么接受要么拒绝。第二，政府撇开调查部门，仅仅与职能部门签约，要求职能部门不仅要负责决策后的执行，也要负责决策前的信息收集汇报。

假设如果政府放弃就信息调查与职能部门或调查部门签约，就只能沿用原有的既定政策（status quo），亦即 $d^0 = 0$，由职能部门负责执行。在这种情况下，政府无须进行转移支付。此时，政府和职能部门将分别获得预期效用：

$$Eu^P(0) = K^P - \mu\beta^2 \qquad (5-4)$$
$$Eu^A(0) = K^A - (1+3\mu)\beta^2 \qquad (5-5)$$

最后，博弈的时间顺序为：（1）A 私下获悉 θ，A 和 S 都收到信号 σ；（2）P 选择与 S 和 A 签订一个总契约，或者单独与 A 签约；（3）如果 P 选择与 S 和 A 签订一个总契约，S 和 A 可以再签订一个私下契约，规定与信号 σ 相关的私下转移支付；（4）契约履行。

---

① 本章不考虑政府与职能部门或调查部门私下签约的情况。

第三节　政府的信息渠道选择

一　职能部门收集信息

首先考虑政府单独和行政职能部门签约的情况。政府委托职能部门收集信息，然后向自己汇报请示，做出决策后再交由职能部门加以执行。

由于职能部门对决策的偏好始终比政府大 β 单位，当环境没有发生变化（$\theta=0$）时，职能部门在向政府汇报时倾向于夸大事实（汇报 $r=\beta$），当环境发生变化（$\theta=\beta$）时则选择如实汇报。如果环境变量 θ 是可验证的硬信息，根据显示原理（Revelation Principle），政府可以许诺如果收到汇报 $r=0$ 就对职能部门进行一定的奖励，以此激励职能部门始终选择如实汇报（Tirole，1986，1992；Baliga，1999）。但是，如果环境 θ 是不可验证的"软"信息，这一"讲真话"机制就是不可自我执行的[①]。以下命题给出了此时政府的决策选择（所有命题的证明均见本章附录）。

命题 5-1：在信息不可验证的情况下，如果职能部门既是信息调查者又是决策执行者，将不存在一个可自我执行的"讲真话"信息汇报机制。在精炼贝叶斯均衡（PBE）中，职能部门始终汇报 $r_{\theta=0}=r_{\theta=\beta}=\beta$，政府后验判断 $Prob(\theta=\beta \mid r=\beta)=\mu$，制定决策 $d_{r=\beta}^{*}=\mu\beta$，转移支付 $t_{\theta=\beta}=0$，获得的预期效用为：

$$Eu_{r=\beta}^{P}=K^{P}-\mu(1-\mu)\beta^{2} \tag{5-6}$$

命题 5-1 表明，如果相关信息不可验证，政府由于无法要求职能部门在汇报时提供相应证据，就无法避免职能部门在信息调查结果汇报上的夸大行为。最终，政府始终选择决策 $d_{r=\beta}^{*}=\mu\beta>0$。这意味着，在环境并没有发生变化（$\theta=0$）的时候，职能部门也成功影响了政府决策，使其相对于该事项的既定政策（$d^{0}=0$）向对自己有利的方向偏离。

---

① 关于代理人就不可验证的"软"信息对委托人的最优汇报策略，参见 Crawford & Sobel（1982）、Melumad & Shibano（1991）。

二　调查部门收集信息

现在，考虑政府与调查部门和职能部门签订总契约。基于调查机构的信息汇报，政府制定决策，然后交由职能部门加以执行。

由于职能部门知晓环境变量以及调查部门接受到什么样的信号，当$\theta = 0$同时调查部门获得信号$\sigma = 0$时，职能部门就有动力与其签订一个私下契约，对其进行收买，让其对政府汇报收到信号$r_{\sigma=0} = \varnothing$。此时，由于政府无法分辨调查部门做出该汇报究竟是由于被收买还是真的观察到了信号$\varnothing$，对环境只能做出后验判断$Prob\,(\theta = \beta \mid r = \varnothing) = \dfrac{\mu}{\Delta}$，其中$\Delta \equiv \mu + (1-\mu)(1-\alpha)$。最大化政府自身的预期效用，可得政府在收到汇报$r = \varnothing$时的最优决策：

$$d_{r=\varnothing}^{*} = E(d_{P}^{*} \mid r = \varnothing) = \frac{\mu\beta}{\Delta} \tag{5-7}$$

为达此目的，职能部门愿意向调查部门私下支付一定的数额，该数额最大可达职能部门从这一信息操纵（而非让调查机构如实汇报$r_{\sigma=0} = \sigma = 0$）中获得的最大好处：

$$B = u^{A}(d_{r=\varnothing}^{*} \mid \sigma = 0,\ r = \varnothing) - u^{A}(0 \mid \sigma = 0,\ r = 0) = \beta^{2} - \left(\frac{\mu\beta}{\Delta} - \beta\right)^{2} = \frac{\mu(2\Delta - \mu)}{\Delta^{2}}\beta^{2} \tag{5-8}$$

假设在职能部门用于收买调查机构所支付的B中，调查机构只能获得其中的kB部分，其中$k \in [0,\ 1]$。k反映了职能部门和调查部门之间私下交易的效率，其取值大小受到与二者私下联系相关的交易费用，或者政府对这种私下联合行为的查处可能性的影响。从另一个角度来看，k的取值反映了调查部门的独立性程度。k越小，职能部门每单位转移支付中能为调查部门所得的比例越低，表示这种私下联合的交易费用越高，或者政府的查处越严厉，也就意味着调查部门的独立性越强。极端地，当$k = 0$时，调查部门完全独立，丝毫不受职能部门的影响，不可能为后者所收买。反之，k越大，职能部门和调查部门之间的转移支付越容易，联系越顺畅，调查部门的独立性就越弱，合谋操纵信息汇报也就越容易实现。当 $k=1$ 时，调查部门没有任何独立性可言，与职能部门私下联系密切，轻易就能形成合谋。

然而，由于环境变量是不可验证的，即便调查者获得的信号是 $\sigma=\varnothing$，也可以威胁说要汇报 $r=0$，借此迫使职能部门向其支付 B（从中获得 kB）[①]。以下命题在 Baliga（1999）的基础上表明，在这种情况下，通过让调查部门和职能部门同时汇报信息进行"对质"，辅以一定的奖励机制，可以获得一个可自我执行的"讲真话"精炼贝叶斯均衡。

命题 5-2：在信息不可验证的情况下，当职能部门有可能收买调查部门（$k>0$）的时候，通过让二者同时分别报告 $m_A \in \{0, \varnothing\}$ 和 $m_S \in \{0, \varnothing\}$，当 $m_A \neq m_S$ 或者 $m_A = m_S = \varnothing$ 时，$t=w=s=0$，政府选择决策 $d(m_A \neq m_S)=0$，$d(m_A=m_S=\varnothing)=\mu\beta/\Delta$；当 $m_A=m_S=0$ 时，$t=s=kB$，$w=0$，政府选择决策 $d(m_A=m_S=0)=0$。调查部门会如实汇报，政府由此将获得预期效用：

$$Eu_C^P = \mu u^P(d_{r=\varnothing}^* \mid \theta=\beta) + (1-\mu)\{\alpha[u^P(0 \mid \theta=0) - kB] + (1-\alpha)u^P(d_{r=\varnothing}^* \mid \theta=0)\}$$

$$= K^P - \mu(1-\mu)\frac{(1-\alpha)\Delta + k\alpha(2\Delta-\mu)}{\Delta^2}\beta^2 \qquad (5-9)$$

其中，$\Delta \equiv \mu + (1-\mu)(1-\alpha)$。

另外，根据第二节的设定，如果调查部门完全独立或者政府能够无成本地阻止其与职能部门的私下联系，从而不会受到来自职能部门的任何干扰，便会如实汇报自己调查所得的信号（$r=\sigma$）。不论汇报结果如何，政府都对其支付固定报酬（为了方便，将该固定报酬标准化为 0）。这样，政府的预期效用为：

$$Eu_{NC}^P = \mu u^P(d_{r=\varnothing}^* \mid \theta=\beta) + (1-\mu)[\alpha u^P(0 \mid \theta=0) + (1-\alpha)u^P(d_{r=\varnothing}^* \mid \theta=0)]$$

---

① 根据之前的假设，契约由 S 提出，A 要么接受要么拒绝，于是 A 必须付出大小为 B 的代价。对二者的相对谈判力作此设定只是为了简便，避免因为讨论租金分配而使问题变得更加复杂。

$$=K^P-\frac{\mu(1-\mu)(1-\alpha)}{\Delta}\beta^2 \qquad\qquad (5\text{-}10)$$

注意到，$Eu_C^P=Eu_{NC}^P-(1-\mu)\alpha kB$。

三　政府的选择

政府面临的选择是，与职能部门和调查部门签订总契约，由调查部门进行信息收集，还是仅仅与职能部门签约，由其同时负责信息收集。显然，选择何种信息渠道，取决于在给定调查部门独立性程度的情况下，政府从两种方式中分别能够获得的预期效用。考虑到 $\mu\in(0,1)$，将式（4-6）分别与式（4-9）和式（4-10）进行比较，化简即得如下本章的核心结论：

命题5-3：（1）如果调查部门有可能被职能部门收买（$k>0$），当 $k>k^*\equiv\dfrac{\mu\ 大\ \Delta}{2\Delta-\mu}$ 时，政府选择通过职能部门收集信息；当 $k<k^*$ 时，政府选择通过调查部门收集信息；当 $k=k^*$ 时，政府在两种信息渠道之间无差异。（2）如果职能部门无法收买调查部门（$k=0$），只要 $\alpha>0$，政府选择通过调查部门收集信息；当 $\alpha=0$ 时，政府在两种信息渠道之间无差异。

该命题意味着，在给定环境信息分布（μ）和调查机构捕捉信号的技术或能力（α）的情况下，政府是否选择依靠专门的调查机构来收集信息主要取决于调查机构的独立性程度，亦即 k 值的大小。k 值越大，调查部门的独立性越低，其与职能部门进行私下交易的效率越高，政府对这种合谋行为的查处越不易，政府在制度设计中要防范这种私下交易所需的成本（kB）就越高。当 k 值超过临界值 k^* 时，政府就宁愿将信息收集任务直接交给职能部门。这样做虽然要忍受职能部门在汇报信息时的一味浮夸，却能够节省为了防范其和调查机构联合起来实施信息操纵所需支付的成本。从命题的第（2）部分可以清楚看出政府在这一选择背后的苦衷：只要调查机构能够与职能部门保持独立，那么但凡其有一点点哪怕是微弱的信息调查能力（$\alpha>0$），政府都愿意将信息收集的任务交给它。

第四节　职能部门的扩权倾向

中国的政治体制是在党的领导下运行的。1953 年 3 月 10 日，中共中央公布了《关于加强中央人民政府系统各部门向中央请示报告制度及加强中央对于政府工作领导的决定（草案）》。该决定草案明确提出："今后政府工作中一切主要的和重要的方针、政策、计划和重大事项，均须事先请示中央，并经过中央讨论和决定或批准以后，始得执行。政府各部门对于中央的决议和指示的执行情况及工作中的重大问题，均须定期地和及时地向中央报告或请示，以便能取得中央经常的、直接的领导。"

但是，该请示报告制度又极为依赖行政职能部门的信息汇报，要求政府各部门一般两周提交一次定期综合报告，针对某些重大问题或专门问题提交不定期专项报告，编印定期或不定期的简报或情报，提交会议纪要以及上报"带统计性质的、必要的数字资料"等，要求报告要有内容，能够充分反映问题。根据本章的论证，这一选择又会削弱决策者（党中央）限制执行者（各级政府及其行政职能部门）权力的能力。

根据命题 5-1，如果让职能部门同时负责调查信息，将不存在一个可自我执行的"讲真话"信息汇报机制。由于党中央往往无法了解具体的实际情况，职能部门在向其提交的报告中必然掺杂自己的部门乃至个人利益，从而可能通过选择性汇报、瞒报乃至谎报的方式，诱导上级政府选择对本部门有利的处理办法。例如，"大跃进"时代的浮夸风，长期存在的地方政府向中央汇报时的"报喜不报忧"，国有企业夸大亏损程度或夸大本行业的战略意义以换取中央的支持政策、补贴、产业保护乃至个人升迁等。

同时，请示报告制度规定政府各方面工作的具体负责同志"应就自己分工范围内，确定哪些事件应向中央报告请示，哪些事件应责成各部门负责进行，哪些事件应按政府系统报告请示，哪些事件可以自行处理，以及承办中央所交付的有关任务和有关工作"。但是，究竟哪些事件是"主要的""重要的""重大""新"或"事关全局"，哪些事件"时间紧急"，哪些事件不属于"纯业务性或技术性质的"，通常并没有一个清晰明确的标准。这样，不论是长期政策乃至法规的制定和修改，还是对政策日常执行的具体解释，或是在出现各种例外情况时的相机处理，职能部门（乃至具体的办事人员）都可以利用相关信息不可验证的特点，尽量将越来越多的事项纳入由自己处理的范围之内①。

1978 年改革开放以后，中国开始了政治体制改革，实行党政分开，各级政府逐渐拥有了许多决策权力。然而，党政分开仅仅是围绕着决策权力在党和政府之间的划分问题，依赖职能部门进行信息汇报和请示的状况并没有改变。于是，在随之开始的全国法律体系的构建过程中，各级政府委托部门立法占据主导地位，大量立法草案由部门起草提交人大审议。

在起草法律草案的时候，职能部门极易在其中掺杂部门利益，注重部门行政监管权限和利益的配置，扩张如审批权、许可权、处罚权和收费权等部门权力（王利明，2014）。时至今日，在当前的法律体系下，几乎所有的行政机关都享有不同程度和不同表现形式的行政裁量权②。从 1953 年出台请示报告制度至今，决策者（各级党委和政府）对于这种职能部门拥有大量裁量权，部门立法居主导地位的局面，长期采取默许或容忍的态度，表现为长期实行的"法律不宜太细"的立法思路。毕竟，如果法律制定细致缜密，就没有多少事项是需要请求决策者指示的了③。对中国中央财政专项转移支付的研究也从侧面证明了这种情况。范子英和李欣（2015）指出，中央对地方的专项财政转移支付的分配几乎涵盖了所有部委，其中正部长几乎拥有完全的决策权，这种分配并没有明确的规则，而是与正部长的来源地和相关政治联系高度相关。

因此，问题的实质在于，同样是职能部门负责决策执行，为什么不管是党中央、各级党委还是各级政府在收集决策所需信息的时候，都选择高度依赖行政职能部门的报告和请示，而不是专门独立的调查机构？

本章的分析对此提供了一个解释：根据命题 5-3，如果调查部门可能

---

①　职能部门扩权的一个重要后果是机构膨胀。1982 年，中国开始第一次机构改革，主要目标就是精简机构和人员。实际上，这也是后来历次机构改革的主线（周天勇，2008）。

②　袁丽丽（2014）归纳了现实中行政裁量权的几种形式。

③　事实上，各级党委、政府和职能部门在请示报告和自主决断之间始终存在着微妙的平衡。在司法实践中，即便是在行政裁量权的范围内，执法部门也不完全是自行决策，而是极为重视向上级法院、相应层级的党委或政法委员会进行请示和汇报。本书第二章则讨论了决策者对于职能部门裁量权的另一方面态度，即为什么也会有相当部分的决策权授予了职能部门，而不需后者的请示汇报。

与职能部门联合起来操纵信息汇报，那些 $k \in [0, k^*]$ 的情况应该交由调查部门收集信息；而那些 $k \in [k^*, 1]$ 的情况则交由职能部门收集信息。这样，第一，给定临界值 k^*，如果社会上的调查机构的 k 值主要分布在区间 $[k^*, 1]$，亦即社会上的调查机构的独立性普遍较低，职能部门向其进行私下转移支付非常容易，政府就很难防范二者联合操纵信息汇报的行为。在这种情况下，将大多数信息收集工作交由职能部门就成为决策者的理性选择。在中国 1949 年后的制度框架下，几乎不存在具有较高独立性的调查机构。各部委自己设立的研究院、所、处、室等自不必说，诸如法院、检察院、统计局、审计署乃至纪委和监察委等都由各自对应层级的财政供养，与同级政府的其他职能部门都是兄弟单位，相互联系密切，同为无产阶级专政服务，独立性自然大打折扣。在 1978 年改革开放以后，虽然推行了党政分开、政企分开、司法独立等改革，也都远不彻底①。事实上，牵涉到各地调查部门自身的腐败案件也屡见不鲜。即便是垂直管理的信息收集机构，以及市场化程度相对较高的各类评级机构乃至新闻媒体，都极易被客户的各类公关活动所收买②。也正是出于对这种横向私下联系的担忧，中共中央在 2013 年 11 月通过的《关于全面深化改革若干重大问题的决定》中规定，"查办腐败案件以上级纪委领导为主，线索处置和案件查办在向同级党委报告的同时必须向上级纪委报告"。这样，在中国的体制下，给定参数 α 和 μ 从而给定 k^* 的值，k 值长期处于较高水平，促使政府在信息获取上长期倚重下属的职能部门。

第二，如果 k 值在区间 $[0, 1]$ 上服从均匀分布，在给定的参数 α 和 μ 下，若 k^* 值很小甚至接近于 0，亦即政府防范职能部门收买调查部门的能力非常弱，那么政府也会在大多数事项上倾向于依靠职能部门收集信息。根据命题 3 所得出的 k^* 的表达式，容易得出参数 α 和 μ 对于 k^* 的影响。

① 例如，"公检法联合办案"机制在刑事司法系统中长期存在（郭欣阳、张李丽，2009）。
② 事实上，对调查部门实行垂直化管理已经是较为有效的增强其独立性的方法，例如新华社和国家安全局系统。到目前为止，全国省级纪检监察机构已经基本实现了垂直化管理。从 1999 年开始，全国对省以下质量技术监督系统实行垂直管理。从 2005 年开始，国家统计局开始逐渐引入垂直管理，在全国各省份陆续建立直属的地方调查总队，试图增强地方统计数据的抗干扰能力。

推论 5-1：$\dfrac{\partial k^{*}}{\partial \mu}=\dfrac{2\Delta^{2}-\mu^{2}\alpha}{(2\Delta-\mu)^{2}}>0$。

参数 μ 是环境发生变化（$\theta=\beta$）的概率。μ 越大，环境发生变化的可能性越大，政府防范调查部门被职能部门收买的预期成本（$(1-\mu)\alpha kB$）越小，这会使得 k^{*} 随之增大，调查部门的吸引力增强。反之，μ 越小，环境变化的可能性越低，k^{*} 随之减小，政府更倾向于依靠职能部门收集信息。1949 年至 1978 年，中国在经济上实行计划经济，政府对社会经济实行高度控制，社会环境较为稳定，μ 值较小的效果。1978 年改革开放以后，政府放松了对社会经济的控制，开始以经济建设为中心。在这个过程中，市场瞬息万变，也带动整个社会的巨大转变，μ 值就可能逐渐增大。μ 值的这种变化意味着 k^{*} 的逐渐增大，政府会日益倾向于依靠调查部门收集信息，这与中国的现实发展较为符合。

值得指出的是，根据命题 5-3，在确定性环境这种极端情况下，例如当 $\mu=0$ 时，不管 α 如何取值都有 $k^{*}=0$，可以全部依赖职能部门自行收集信息。当 $\mu=1$ 时，不管 α 如何取值都有 $k^{*}=1$，应该几乎完全通过调查部门收集信息（此时，对于 $k=k^{*}=1$ 的情况，职能部门能够完全影响调查部门的汇报，政府在两种信息渠道之间于是并无差异）。然而实际上，在确定性的环境下，政府在事前即可依据 $d_{P}^{*}=\theta$ 制定明确的最优政策，不再需要职能部门或调查部门进行信息汇报。

推论 5-2：$\dfrac{\partial k^{*}}{\partial \alpha}=\dfrac{\mu^{2}(1-\mu)}{(2\Delta-\mu)^{2}}>0$。

参数 α 是环境没有发生变化（$\theta=0$）时被调查部门获知的概率，它表达了调查部门获取信息的技术或能力。α 越大，虽然政府防范调查部门被职能部门收买的预期成本越大，但是调查部门探知到社会环境没有发生变化的可能性越大，其吸引力最终增强，表现为 k^{*} 随之越大。反之，α 越小（例如职能部门能够进行有效的信息掩盖或封闭），职能部门更加了解环境的优势便逐渐凸显，k^{*} 随之减小，此时政府便可考虑增加由职能部门自行收集信息的情况。

该推论告诉我们，仅仅提高调查部门的独立性（降低 k）并不足以增强政府通过调查部门获取信息的倾向，而是需要辅以相应的信息调查技术。例如，强制性的信息披露制度，适当的保密法，以及调查人员的专业素养等。极端地，当 $\alpha=0$ 时，$k^*=\dfrac{\mu}{2-\mu}$，此时只要 $\mu>0$ 就有 $k^*>0$。这意味着，即便调查部门完全无法获得关于环境的任何信号，只要环境发生改变的可能性存在，调查部门就有存在的意义，但仅限于那些 $\left(0,\dfrac{\mu}{2-\mu}\right)$ 的情况。而当 $\alpha=1$ 时，调查部门相对于职能部门没有任何信息劣势，并且不管 μ 如何取值都有 $k^*=1$。此时，即便调查部门的独立性很弱（k 较大乃至接近 1），也应该几乎完全通过调查部门收集信息。仅仅在调查部门毫无独立性可言的极端情况下（$k=1$），两种信息渠道对于政府来说是等价的。

第五节　本章小结

中国共产党和政府长期依赖行政职能部门作为决策所需信息的获取渠道。根据本章的分析，党和政府主要依赖职能部门作为决策所需信息来源的原因是在中国 1949 年以来的制度设计中没有给予各类调查机构或个人足够的独立性，调查部门获得相关信息的难度非常大，同时自身持有社会环境非常稳定的先验信念。

毫无疑问，这种方式让党和政府能够充分利用行政职能部门在具体事务上的信息优势，但也导致从中央到地方各级职能部门对于全国和地方政策以及法律法规的制定和修改有着巨大影响力，职能部门权力扩张，机构膨胀。不论是长期政策乃至法规的制定和修改，还是对政策日常执行的具体解释，或是在出现各种例外情况时的相机处理，职能部门（乃至具体的办事人员）都可以通过对相关信息进行选择性汇报、瞒报乃至谎报，诱导上级政府选择对本部门有利的处理办法。在这一过程中，行政职能部门事实上获得了一定的决策权力。决策在名义上虽然仍然由政府做出，在事实上却可能受到职能部门的很大影响而偏离社会公共利益。

中国 2013 年以来开始的简政放权改革，已经是 1982 年以来的第五轮改革。本轮改革要求中央各部委建立权力清单，下放审批事项，依法行政，全面推进依法治国。但是，如果继续倚重行政职能部门收集信息为决策提供支持，政府将无法长期抑制职能部门的扩权倾向。只有改变这种做法，改为委派专门的第三方调查机构或个人从事各类信息的收集工作，同时通过信息公开、网络信息技术等方式，提高调查部门信息获取的技术和能力，并且通过水平或垂直监督来防止职能部门与调查部门的私下联系以维护后者的独立性，才能使得简政放权改革取得持久效果。

附录　各命题的证明

命题 5-1 的证明：首先，不管政府如何设计契约，职能部门始终可以采用 $r_{\theta=0}=r_{\theta=\beta}=\beta$ 的汇报策略，让政府形成后验判断 $Prob(\theta=\beta\mid r=\beta)=\mu$（与先验信念相同），从而引致决策 $d_{r=\beta}^{*}=\mu\beta$。由于政府没有获得任何新信息，也就不必支付转移支付，$t_{r=\beta}=0$。这样，双方的预期效用分别为：

$$Eu_{r=\beta}^{P}=Eu^{P}(\mu\beta)=K^{P}-\mu(\mu\beta-\beta)^{2}-(1-\mu)(\mu\beta-0)^{2}=K^{P}-\mu(1-\mu)\beta^{2}$$

$$Eu_{r=\beta}^{A}=Eu^{A}(\mu\beta)=K^{A}-\mu(\mu\beta-\beta-\beta)^{2}-(1-\mu)(\mu\beta-0-\beta)^{2}=K^{A}-(1-\mu^{2}+\mu)\beta^{2}$$

其中，$Eu_{r=\beta}^{A}$ 也是职能部门在这种契约下所能得到的最低预期效用。

其次，考虑如下"讲真话"机制：职能部门如实汇报自己掌握的环境信息。政府在收到汇报 $r=0$ 时，制定决策 $d_{r=0}=0$，对职能部门支付奖励 $t_{r=0}=\mu^{2}\beta^{2}$（这是政府为决策从 $d_{r=\beta}^{*}$ 改善至 $d_{r=0}$ 而愿意付出的最大代价）；在收到汇报 $r=\beta$ 时，制定决策 $d_{r=\beta}=\beta$，不对职能部门进行奖励，$t_{r=\beta}=0$。在此机制下，政府和职能部门将分别获得预期效用。

$$Eu_{P-A}^{P}=K^{P}-\mu(d_{r=\beta}-\beta)^{2}-(1-\mu)(d_{r=0}-0)^{2}-(1-\mu)t_{r=0}=K^{P}-\mu^{2}(1-\mu)\beta^{2}$$

$$Eu_{P-A}^{A}=K^{A}-\mu(d_{r=\beta}-\beta-\beta)^{2}-(1-\mu)(d_{r=0}-0-\beta)^{2}+(1-\mu)t_{r=0}$$

$$=K^{A}-(1-\mu^{2}+\mu^{3})\beta^{2}$$

由于 $0<\mu<1$，必然有 $Eu_{P-A}^{P}>Eu_{r=\beta}^{P}$ 以及 $Eu_{P-A}^{A}>Eu_{r=\beta}^{A}$，"讲真话"机制严格占优于职能部门始终汇报 $r=\beta$ 的情况。

然而，职能部门存在偏离"讲真话"均衡的动力。这是因为，如果在 $\theta=0$ 时汇报 $r=\beta$，职能部门虽然放弃了政府的奖励，却会获得 $K^{A}-\mu(d_{r=\beta}-\beta-\beta)^{2}-(1-\mu)(d_{r=\beta}-0-\beta)^{2}=K^{A}-\mu\beta^{2}>Eu_{P-A}^{A}$。因此，这一"讲真话"机制不可自我执行。

命题 5-2 的证明：首先，当 $\theta=0$ 时，如果调查部门 S 接收到信号 $\sigma=0$（以概率 α），S 和职能部门 A 不同的汇报组合会引致的决策分别为：（1）$d(m_S=0, m_A=0)=0, t=s=kB, w=0$；（2）$d(m_S=0, m_A=\varnothing)=0, t=s=w=0$；（3）$d(m_S=\varnothing, m_A=0)=0, t=s=w=0$；（4）$d(m_S=\varnothing, m_A=\varnothing)=\mu\beta/\Delta, t=s=w=0$。如果不考虑 A 收买 S 的可能性，A 在（1）、（2）和（3）之间无差异，均严格劣于（4）；S 在（2）、（3）和（4）之间无差异，均严格劣于（1）。如果 A 试图收买 S 以共同汇报 $m_S=m_A=\varnothing$，需要支付 B。然而 B 正是通过决策 $d_{r=\varnothing}^*=\mu\beta/\Delta$ 计算出来的［正文中的式(4-7)］，与 A 从 $d(m_S=\varnothing, m_A=\varnothing)=\mu\beta$ 中获得的好处相同，没有严格的效用增进。于是，考虑到收买的可能性，对 A 而言四种汇报策略组合都是无差异的。这样，说实话的（1）是弱占优策略组合。

类似地，如果 S 接收到信号 $\sigma=\varnothing$（以概率 $1-\alpha$），诚实汇报策略组合 $(m_S=\varnothing, m_A=\varnothing)$ 会使得 A 获得效用 kB，因此即便 S 将与 A 联合而骗取政府的 $t=s=kB$ 全部支付给 A 也无法严格增进 A 的收益。最终，说实话的 $(m_S=\varnothing, m_A=\varnothing)$ 是弱占优策略组合。

当 $\theta=\beta$ 时，S 只会收到信号 $\sigma=\varnothing$。类似地，均衡策略仍然是说实话的 $(m_S=\varnothing, m_A=\varnothing)$。

其次，由正文中的式（5-7），$d=\mu\beta/\Delta$ 是在汇报策略组合 $(m_S=\varnothing, m_A=\varnothing)$ 下的最优决策；类似地，根据贝叶斯法则，在汇报策略组合 $(m_S=0, m_A=0)$ 下，政府应该得出 $\theta=0$ 的后验推断，最优决策是 $d=0$。

因此，命题中给出的机制是一个 PBE，能够保证调查部门和职能部门都如实汇报自己得到的信号。

第六章　顶层设计下的立法委托

第一节　引言

20世纪80年代，中国开始在全国范围内构建现代法律体系。在立法权限上，1982年宪法规定，全国人民代表大会及其常务委员会行使国家立法权，国务院有权根据宪法和法律制定行政法规，全国人大及其常委会也可授权国务院就某个或某方面事务进行立法。三十余年来，中国的立法实践形成了"先行政或地方立法，后制定法律"的模式，全国人大通过的法律中有75%—85%都是由国务院下属的相关部门起草的（汤耀国，2007）。对于这种行政部门长期主导立法的现象，学术界和实务界都不乏诟病，认为这造成了部门利益法制化、行政扩张、法律冲突严重等问题，并将其归结为部门利益的驱动[①]。但是，由于没有首先解释中国长期允许政府部门主导立法的现实合理性，这些批评实际上缺乏坚实的基础，从而难以揭示立法实践向全国人大主导立法转变所需要的制度和环境条件[②]。

从组织经济学的视角来看，一个国家在不同历史时期对立法权限的配置以及相应的立法委托选择，一定是在当时国家治理体系各方面现实约束条件下的最优选择。讨论中国立法委托实践的缘起和转变，应该在国家治

---

① 例如，李平（1992）、陈端洪（1995）、盛洪（2012）、毛寿龙（2012）和王利明（2014）。

② 就笔者所知，唯一的例外是黄文艺（2009）。

理体系的框架下，着眼于相关约束条件的变化。2013 年 11 月，党的十八届三中全会提出："全面深化改革的总目标是完善和发展中国特色社会主义制度，推进国家治理体系和治理能力现代化。"习近平总书记指出："国家治理体系是在党领导下管理国家的制度体系，包括经济、政治、文化、社会、生态文明和党的建设等各领域体制机制、法律法规安排，也就是一整套紧密相连、相互协调的国家制度。"①

本章首先一般性地阐述立法委托选择的理论分析框架，然后通过比较行政部门立法和第三方立法在结果上的差异，揭示选择委托部门立法所需的条件，从而论述中国长期大量委托行政部门立法在实践上的合理性。最后，本章认为，基于当前制度和环境条件的转变，由行政部门主导立法向人大主导立法转变是国家治理体系现代化的必然结果。

第二节　分析框架

不管制定何种法律法规，都要以对社会环境相关各方面信息的调查收集为准备，包括当前的社会关系、政治环境、文化习俗、意识形态、对公平正义的价值观念等。为了最大化社会公共利益，法律应该与当前社会环境各方面充分适应，符合实际。在执行法律的过程中，如果相关环境发生变化或者出现了立法时未考虑到的情况，就应该依据相应程序和新的信息，对既有法律进行适当地解释乃至修订。

在这些相关信息中，有些能够清楚明确地加以描述，并且能被法院或监督机构等第三方所验证，例如履约与否、损失金额、产权归属等。另外，也有一些相关信息难以准确定义，不可为第三方所验证，很难在相关变量是否发生变化以及如何发生变化上取得一致结论②，例如国际国内局势的变化、国内经济形势是否过热、某事件是否符合主流价值观等。

同时，由于受到自身时间、精力以及专业知识等条件的限制，立法权力机关通常难以及时全面地掌握每部法律在制定或修改过程中所需的所有

---

　　① 习近平：《切实把思想统一到党的十八届三中全会精神上来》，《人民日报》2014 年 1 月 1 日。

　　② 信息的不可验证导致了法律的不完备，参见许成钢（2001）。

相关信息。因此，立法权力机关经常需要将法律起草工作委托给某个立法主体，由其来收集信息，做出判断，拟定法律草案或修改建议，再提交给自己审议。在实践中，立法权力机关既可将法律起草工作委托给如专家委员会、行业协会、律师事务所、咨询公司等专业的第三方机构，也可以委托给具体负责相关领域工作的行政部门①。

问题在于，受到委托的立法主体由于自身显著的信息优势，在立法行为上很容易通过信息操纵而脱离权力机关的控制。不管是第三方还是行政部门，既可以在自己关于立法依据的陈述中如实报告真实信息，也可能瞒报或漏报（例如，不管社会环境如何变化都汇报自己不知情）。在涉及不可验证信息时，由于权力机关无法进行查证，立法主体甚至可能谎报（例如，在社会环境并未变化时却宣称发生了变化）。这样，最终获得通过的法律实际上可能会偏离立法权力机关所希望实现的社会公共利益。

另外，立法权力机关作为委托人，在面对这种由于自身信息劣势所致的控制权损失的时候，可以通过某些形式的激励和监督机制加以部分弥补（博尔顿和德瓦特里庞，2008）。代理人的偏好与委托人越接近，或者其决策越不易受外界影响，委托人为了激励其如实运用相关信息所需付出的成本就越低（Gibbons et al.，2013；李石强，2015）。针对不同类型的信息，委托人所采取的激励监督机制也会有所不同。

最终，立法结果就表现为双方在相关约束条件下的博弈均衡，对其社会收益与成本的评价回过头来决定了委托人在一开始对立法委托对象的选择。

第三节 两种立法方式的比较

在一个国家任何时期的治理体系下，"行政部门"或者"第三方"作为代理人，相互之间在信息掌握程度、与立法权力机关的偏好差异等方面都有较大不同。对于第三方而言，还涉及自身独立性的问题。如果二者都受委托就同一部法律分别提交各自的草案，会出现迥然不同的结果。

---

① 当然，立法权力机关也可以决定抛开第三方和行政部门的争议，简单沿用原有的既定法律不做修改，交由执法部门执行即可。这意味着立法工作的停止，因此本章不予考虑。

一 行政部门立法

行政职能部门长期在实践第一线工作，对相关情况非常了解，容易收集和积累相关数据，往往了解问题的现实根源所在，能充分考虑法律的现实可操作性。

但是，在长期的工作实践中，行政部门容易发展出对于法律条文的自身偏好。这可能源于行政部门自身在执法实践中逐渐形成的对最优法律是什么这一问题的自我认识，也可能来自其自身的物质利益诉求。当这种立法偏好与立法权力机关所代表的社会公共利益出现偏差时，就是所谓的"部门利益"。由于部门利益的存在，行政部门对于法律条文应该如何制定会有不同于立法权力机关的看法，从而有动机操纵信息，提交符合本部门利益却偏离社会公共利益的法律草案。例如，在社会环境实际上并未变化故而本不必修改法律的时候，行政部门却可能提议对已有法律进行修订，以满足自身的诉求。或者，即便需要修订法律，却对社会环境的变化进行有意隐瞒甚至歪曲。

如果立法权力机关是理性的，就会充分考虑到行政部门操纵信息的可能性，并采取相应的办法加以应对。根据相关信息是否可验证，立法权力机关需要采取的对策会有所不同。如果相关信息可以验证，立法权力机关可以在审议法律草案的时候直接要求行政部门提供相应的依据。立法权力机关只需保持这种威慑的可能性即可，不必真的要求行政部门提交证据。这时，根据博弈论里的显示原理（Revelation Principle），立法权力机关可以设计某种"讲真话"（truth-telling）的激励机制，使得行政部门主动基于真实信息来拟定法律草案。

然而，如果社会环境信息不可验证，立法权力机关就无法要求行政部门在提交法律草案的同时提供相关证据，这种威慑的丧失将导致以上激励机制不再有效。因为此时立法权力机关无法分辨法律草案究竟是基于社会环境的真实情况还是基于信息操纵来制定的。在这种不利情况下，立法权力机关还是可以要求行政部门对立法依据进行陈述，然后对其进行审议。但是，如果立法权力机关对行政部门所提交法律草案的审议仅仅是形式上的，总是"橡皮图章"式地无一例外地通过，行政部门对信息的操纵将最为严重。这时，行政部门即使发现社会环境并未发生变化，也可以按照环境已然变化来提交法律草案。如果社会环境真的发生了变化，行政部门会更加积极地提交法律修订草案，同时会故意夸大或压低（取决于与权力机关的立法偏好差异）其所应当的修订幅度和力度。反之，如果立法权力机关能够对法律草案进行实质有效的审议，切实提出修改要求，甚至亲自进行修改，行政部门就往往会退而求其次，采取一种较为中庸的陈述策略（Crawford & Sobel，1982）。

二 第三方立法

立法权力机关也可以委托某个第三方来进行法律的起草工作，例如行业协会、律师事务所、咨询公司、科研院校的专家学者等。专业性的第三方一般身份较为中立，能够综合考虑各方利益。只要受托的第三方是独立的，在立法偏好上就会与权力机关较为接近，都希望法律规则的制定或修改能够恰好适应当时的社会环境，实现全体社会民众的共同利益①。不过，在相关信息的获取上，这种专业性的第三方虽然强于立法权力机关，但由于往往不会在某个具体领域长期工作，相对于行政部门就不占优势。

重要的是，第三方机构或个人在实践中可能无法维持其中立地位。获得立法委托后，第三方可能会受到行政部门的影响甚至收买，导致有利于行政部门的立法结果。举例来说，第三方通过调查研究，既可能发现社会环境并未变化，也可能发现社会环境已经变化，也可能没有得出任何结论（调查一无所获）。如果行政部门了解到专业机构发现环境没有变化或是没得出任何结论，就会愿意向其支付一定的报偿，让其按照社会环境已然变化来拟定法律草案。如果第三方发现社会环境已经变化，行政部门也有动力促使其按照自己而非立法权力机关的偏好来运用（亦即夸大或压低）该信息。其中，行政部门愿意支付的报酬不会超过其从成功影响法律修订中所能够获得的好处。

行政部门与第三方之间的这种私下交易能否达成，受到国家人事制度与监察监督机制的影响。行政部门和第三方之间在人事组织上越紧密，越

---

① 值得注意的是，第三方机构或个人可能拥有的立法技术等专业知识并不能作为其受委托立法的考虑因素，因为行政部门完全可以自行聘请专家学者，授意其按照部门利益来起草法律。

容易实现私下联合，第三方的独立性就越低。另外，给定处罚力度，社会监督力度越低，私下联系就越不容易被外界察觉，监察部门对这种合谋行为的查处越不易，双方私下联合的预期损失（查处概率与处罚力度的乘积）就越低，于是越容易实现私下联合。

行政部门与第三方之间的这种私下交易破坏了第三方的独立性，委托第三方立法就失去了原本的意义。因此，立法权力机关如果想要委托第三方立法，必须采取措施尽量避免杜绝私下交易。如果相关信息可以验证，立法权力机关仍然可以通过要求提交相关证据来解决信息操纵问题。为了节约提交立法证据的相关成本（如文本和审查等），立法权力机关也可以设计一些激励机制，使得第三方能够抵制行政部门的影响（Tirole，1985，1992）。如果相关信息不可验证，立法权力机关可以考虑同时委托第三方和行政部门分别为同一部法律提交草案，然后在审议阶段组织双方之间的讨论或交叉问询等环节，并且辅以与质询结果关联的奖励机制（Baliga，1999）。

三　立法委托选择

可以看出，从作为委托人的立法权力机关的角度出发，行政部门立法和第三方立法这两种方式各有利弊。两种委托立法方式的社会成本与收益的相对大小，由当前国际治理体系下受托立法主体与立法权力机关之间的偏好差异大小、信息公开程度、第三方的独立性以及立法权力机关运用激励手段的能力这四方面因素所决定。一般性地，有如下结论。

第一，行政部门与立法权力机关的偏好越接近，其部门利益越小，所提交的法律草案偏离社会公共利益的程度就越低[①]，立法权力机关为激励行政部门诚实汇报所需支付的代价也越低，行政部门就越容易获得立法委托。

第二，社会信息公开程度越低，第三方调查获得社会环境准确信息的难度就越大，行政部门的信息优势就越突出，也就越容易获得立法委托。

第三，第三方的独立性越低，越容易与行政部门达成私下联合，第三

[①]　在政治学研究中，这种关系被称为"同盟原则"（Ally Principle）。

方立法越可能丧失其原本意义。立法权力机关即便能够通过某种激励机制阻止这种合谋行为，所需支付的代价也非常高昂，就越倾向于选择委托部门立法。

第四，立法权力机关属于公共部门，其使用货币性激励手段的能力会受到财政预算的限制[1]。如果立法权力机关运用激励手段的能力较弱，就难以解决获得立法委托的行政部门对信息的操纵扭曲，也难以阻止第三方与行政部门之间的私下交易[2]。这样，委托第三方立法就没有多少优势可言。

第四节　实践："部门主导立法"

一　中国"部门主导立法"的法律源头

在中国 1954 年《宪法》中，并未规定国务院拥有立法权。但是，国务院制定的行政措施，发布的决议和命令在事实上都被视为国家法规，并被收集在《中华人民共和国法规汇编》当中。这种政策治国（policy-ruling）的现象在"文化大革命"期间达到顶峰，中国在其间变成了一个主要依靠行政手段进行治理的国家。

1978 年改革开放以后，中国开始了自身的法律体系建设。在"先行政或地方立法，后制定法律"的指导思想下，全国各级行政部门继续在国家立法中发挥主导作用。与行政部门在立法上的这种主导地位相适应的，则是党中央长期采取的"法律不宜太细"的立法思路。许多法律在制定时就有意留下了许多空间，从而可以留待执法部门根据具体情况制定实施细则、办法和建议等。在制度设计上，1982 年《宪法》为中国行政部门主导立法确立了两个法律源头。

一是授权立法。全国人大及其常委会可以授权国务院、经济特区所在

---

① 这是公共组织区别于企业组织的最重要特征之一（Tirole，1994；王永钦和丁菊红，2007）。

② 相比于立法权力机关，行政部门在货币激励以外，往往还有更多的办法去对第三方机构或个人施加影响。

地的省、市人大及其常委会制定法律。例如，为了应对在由计划经济向市场经济转型过程中无时无刻不在发生的社会环境变化，全国人大授权国务院修改和补充职工退休退职办法，改革工商税制，在经济体制改革和对外开放方面制定暂时规定或者条例，授权公安部起草治安管理处罚条例①。

二是行政立法。国务院有权制定行政法规。虽然法学界对这种由宪法赋予的行政立法权与全国人大授权立法在本质上是否相同存在一定争论②，就本章而言，这两种方式都是行政部门立法的表现形式。1989 年《行政诉讼法》规定人民法院审理行政案件可以参照国务院部门规章，是对其法律效力的再次确认。

在 2000 年的《立法法》中，中国行政部门的立法权限得到全面确认和规定：全国人民代表大会及其常委会行使国家立法权，但可以授权国务院各部委、中国人民银行、审计署和具有行政管理职能的直属机构就有关事项制定行政法规和规章。同时，国家机关可以依据宪法和法律制定行政法规。

二　中国"部门主导立法"的合理性

结合中国 1949 年以来的社会历史变迁和国家治理体系的基本特征，中国长期大量委托行政部门立法实际上是在四个条件下合乎逻辑的结果。

1. 行政部门与党领导下的全国人大及其常委会在立法偏好上较为接近

中国的行政体系是在党的绝对领导下运行的，政府及其各部委在某种意义上可以被看作中央政策的执行机构。这一格局从 1953 年 3 月 10 日公布《关于加强中央人民政府系统各部门向中央请示报告制度及加强中央对于政府工作领导的决定（草案）》之后就逐渐形成了。另外，党也通过对各级党政官员的各种频繁轮训、会议以及晋升激励等方式，保证各级党政官员在思想上与中央保持一致。

---

① 《关于授权国务院对职工退休退职办法进行部分修改和补充的决定》（1983 年），《关于授权国务院改革工商税制和发布试行有关税收条例（草案）的决定》（1984 年），《关于授权国务院在经济体制改革和对外开放方面可以制定暂时的规定或者条例的决定》（1985 年），《治安管理处罚条例》（1986 年）。

② 反对者如周旺生（2005），他进一步将行政立法权按照立法主体区分为职权立法和职责立法。赞成者如黄曙海和朱维究（1986）以及李林（1998）。

党的这种最高权威无疑会反映在立法过程之中。按照彭真的表述，"法律是党和国家的方针、政策定型化的表现，是把实践证明比较成熟的党和国家的方针、政策用法律的形式固定下来"（彭真，1989），"党的政策要经过国家的形式而成为国家的政策"（彭真，1989），这一"国家的形式"主要就是立法。1991 年党中央《关于加强对国家立法工作领导的若干意见》是确定全国人大与党中央关系的第一份程序性文件。在实践中，党通过直接向全国人大提出立法建议和人事任免建议以及全国人大常委会党组的党内督导工作，充分实现了这一目标[①]。

这样，党通过对全国人大及其常委会以及国务院各部委实行组织领导，就能大致确保行政部门会按照中央的意图来制定各种法律法规，委托第三方立法的必要性就不是那么迫切。

2. 行政部门信息优势巨大

1949 年以后，中国在党的领导下建立了中央、省、市、县和乡的五级政府管理体系，政府组织对社会的控制力大为增强。各级政府长期从事大量社会事务的实际管理工作，行政部门对社会环境的实际情况非常了解，相对于党和全国人大都有较大的信息优势。

行政部门的这种信息优势相对于第三方机构或个人则更为显著。1951 年《保守国家秘密暂行条例》以及 1989 年实行的《保密法》的保护，使得中国各级行政部门能够将自身掌握的许多信息以国家机密的名义不向社会公众和专业机构公开。后果就是，第三方机构或个人对社会基层环境的了解程度远远不及行政部门。

3. 第三方的独立性不足

中华人民共和国成立初期，中国政府在党的领导下于 1953 年完成对国民经济的社会主义改造，开始实行计划经济[②]。在这种体制下，"全国一盘棋"，各类社会组织全部纳入政府行政序列，不再存在具有较高独立性的第三方机构或个人。各部委自己设立的研究院、所、处、室等自不必说，诸如法院、检察院、统计局、审计署乃至纪检监察等都由各自对应层级的财政供养，相互之间都是联系密切的兄弟单位。在 1978 年改革开放以后，

---

① 对党领导国家立法的描述，参见蔡定剑（1998）和韩丽（2001）。
② 相关著作非常丰富，例如林毅夫（2012）等。

虽然推行了党政分开、政企分开、司法独立等改革，但都远不彻底。同时，信息公开程度和社会监督不足，也使得律师、专家学者、媒体、公证机构等中介机构或个人极易与政府部门达成默契或私下协议。这样，将立法委托给第三方的意义就大为削弱。

4. 立法权力机关运用激励手段的能力较弱

立法权力机关（全国人大及其常委会）的财政供养属性也导致其运用货币激励的空间非常有限。事实上，直到 20 世纪 90 年代中期城市社会经济改革以前，中国社会各领域全都采用统一的固定工资序列，个人的固定货币工资与其资历和级别严格对应，可变的奖金性质的收入几乎没有。这样，不管是对行政部门还是专业机构，全国人大及其常委会都无法有效地运用货币激励方式①，也难以防止二者之间的私下联合。

第五节　实践："人大主导立法"

从 1978 年改革开放以来，中国的社会环境已经发生了翻天覆地的变化，原本使得委托行政部门立法成为最优选择的社会历史条件开始逐渐丧失。国家治理体系和治理能力的现代化，要求对国家的行政制度、决策制度、司法制度、预算制度、监督制度等各方面进行改革（俞可平，2014）。在此过程中，决定立法委托选择的四方面因素都会发生有利的变化，促使中国由行政部门主导立法转向全国人大主导下的委托第三方立法。

第一，行政部门在市场经济中可能存在大量部门利益。

行政部门本身就要负责执行法律，如果再负责法律的起草乃至制定，就极易掺杂部门利益。在市场经济中，这种部门利益可能非常巨大。不论是长期政策或法规的制定和修改，还是短期中对政策日常执行的具体解释，或是在出现各种例外情况时的相机处理，行政部门（乃至具体的办事员）都可以通过选择性汇报、瞒报乃至谎报的方式，诱导全国人大接受对本部门有利的立法建议，尽量获得更多的立法授权，然后通过行政法规、暂行规定或条例、法律实施细则以及部门规章制度等形式制定大量的"准

---

① 这一特点造成了中国政府治理中的许多问题，参见第二章。

法律"（郭道晖，1988）。

通过扩张如审批权、许可权、处罚权和收费权等行政监管权力，行政部门为自己设置了大量行政裁量权，逐渐形成"部门利益法定化"的状况（高凛，2013；毛寿龙，2012；盛洪，2012；汤耀国，2007；王利明，2014）。时至今日，在当前的法律体系下，几乎所有的行政机关都享有不同程度和不同表现形式的行政裁量权（袁丽丽，2014）。

第二，社会信息透明度逐步提高。

2008年《政府信息公开条例》施行后，个人或社会团体依法获取政府有关信息的能力已经有了很大提高。政府信息越透明，专业机构对于相关信息的调查难度就越低（不论是直接深入一线调查还是向政府部门索取），其作为立法主体的吸引力就越强。对于可验证的信息而言，这一点尤为突出。即便是那些不可验证的信息，信息公开制度也给了社会公众对相关信息的多方求证比对的机会，从而增强其可信度。

第三，第三方的独立性不断提高。

随着法律体系建设的进行，全国人大法律委员会、全国人大常委会法制工作委员会、高等院校的知名学者、一些优秀研究机构等，其工作中的专业性和超脱性都日益增强。同时，随着社会信息公开程度的提高以及社会监督的进步，行政部门出于自身利益对专业机构施加影响的难度也在不断增大。

第四，立法权力机关运用货币激励的能力日益增强。

在市场经济下，中国政府不断加大向社会组织购买服务的力度，立法权力机关通过采购的方式向第三方的立法服务提供激励报酬的能力越来越强。

第六节　本章小结

立法权力机关的目标是在相关成本的约束下，让法律制定与当前社会环境各方面充分适应，实现社会公共利益的最大化。因此，选择将法律起草工作委托给行政部门还是第三方，取决于在当前的社会环境下，两种立法方式各自的社会成本与收益的比较。其中，社会收益用正式颁布的法律所能实现的社会公共利益来表示，社会成本则由法律与社会公共利益偏离的负面效果及相关立法成本构成。

中国长期以来由行政部门主导立法，是党和政府在国家治理体系下行政部门与立法权力机关偏好接近、行政部门信息优势巨大、第三方缺乏独立性以及立法权力机关难以运用激励手段这些条件下的理性选择。但是，这种方式也导致中国社会治理对行政法规的高度依赖，从中央到地方各级政府部门对于全国和地方法律法规以及政策的制定和修改有着巨大影响力，行政部门权力扩张。在一定程度上，这已经偏离了党和中央政府力图代表和实现社会公共利益的初衷。

在党的十八届三中全会通过《关于全面深化改革若干重大问题的决定》之后，中国开始了全面深化改革和国家治理体系现代化的建设，其中一个重要方面就是新一轮的简政放权改革。本轮简化放权改革要求中央各部委以及地方各级政府建立权力清单，下放审批事项，这会逐渐减少各级行政部门扩张自身管辖范围的可能，减少为自己设置行政裁量权的空间。另外，全国人大已于2015年3月审议通过了《立法法》修正案，规定授权决定应明确授权的目的、事项、范围、期限、被授权机关实施授权决定的方式和应当遵循的原则等，同时规定"授权期限不得超过五年"，这些都在朝着党的十八届四中全会提出的要逐步实现"人大主导立法"的方向进步。可以预见，随着行政部门主导立法的国家治理条件逐渐丧失，中国会逐步扭转部门主导立法的状况，减少行政立法和授权立法，增加在全国人大主导下的委托第三方机构立法，逐渐进入"人大主导立法"的时代。

第七章 顶层设计下的"防火墙"制度

第一节 引言

当组织（企业或政府）需要搜集一项不可验证信息来为相关决策提供支持时，应该如何安排调查（information gathering）、决策（decision）和执行（execution）这三项任务的组织形式？本章从执行部门对调查部门施加影响的难度——"防火墙"——的角度来回答该问题，试图更好地理解当下中国国家治理体系中的一些制度安排现象。

本章将讨论范围限定在以下三类基本形式：（1）委托人将调查和决策任务都交给执行者，授予其全面负责的权力。（2）委托人保留决策权，让执行者兼任调查者，要求其在搜集信息后向自己汇报，再领命执行。（3）委托人同样保留决策权，但委托一个专门从事信息搜集任务的调查者向自己汇报调查结果，做出决策后交由执行者实施。该调查者既可以是常设的，如会计、审计、纪检监察、战略规划、客户调查等，也可以是临时设立的，如针对某特定事项成立的调查委员会或小组；既可以是组织内部设立的，也可以是市场上的机构、委员会或个人（例如，会计师事务所、新闻调查机构、数据公司、专家委员会、咨询公司等）。在实践中，这三种形式都较为常见。当一些偶然性的重大事件发生时，则往往会临时组建专门的调查委员会或专家组进行专项调查。

组织形式的重要性在于会从"质"和"量"两个方面都对不可被第三

方验证的"软"信息的收集产生影响，最终影响组织决策。从"量"的方面，根据不完全合同（incomplete contract）理论（Hart，1995），调查者在信息搜集上付出的努力或事前专用性投资会受到组织形式的影响，进而影响成功获取信息的概率，这反过来又会影响委托人在事前对组织形式的设计（Aghion & Tirole，1997；Schmitz，2006；Gibbons，et al.，2012）。然而，当我们开始考虑组织在制定决策时对信息的依赖或"适应"（adaptation）时，就要关注委托人所能接收到的信息的准确度或者说"质"的方面。在这一点上，信息调查者受执行者影响的可能性及其难易程度会起到关键作用，而标准的不完全合同（Grossman-Hart-Moore）模型并不适用。

在信息不可验证的情况下，调查者可能受到执行者的影响或操控，在向委托人汇报或传递（communication）信息时出现人为的偏差或模糊，诱导委托人做出有利于执行者利益的决策。之所以会这样，是因为委托人无法通过在事前承诺一个依据信息汇报及其对应决策值的状态依存转移支付规则来保证调查者"说真话"。至于执行者为什么有动力通过各种办法对组织决策施加影响，则源于他关于决策的偏好与委托人往往存在偏差（bias），亦即存在所谓的部门利益。

执行者这种类似于"寻租"（rent-seeking）的行为被 Milgrom（1988）和 Milgrom & Roberts（1990）首次称为"影响活动"（influence activity），并讨论了其导致的"影响成本"（influence costs）会对组织结构产生的影响。Powell（2015）考虑影响活动直接改变代理人所观察到的信号取值，进而讨论成本最低的组织形式。Laffont & Martimort（1997，1998，2000）和 Faure-Grimaud，et al.（2003）将 Tirole（1986，1992）和 Laffont & Tirole（1991）的合谋（collusion）思路扩展到代理人相关信息是软信息的情况，关注在这种情况下委托人有可能采用授权监督者与代理人独立签约的分权结构，而不是与监督者和代理人分别签约的集权结构。Burlando & Motta（2015）则关注委托人设计合同以防范合谋的组织结构选择含义，讨论代理人通过与监督者合谋隐瞒代理人能力信息的可能性对委托人是否选择外包（outsourcing）的影响。

Crawford & Sobel（1982）为不可验证信息在存在利益冲突的委托人和

代理人之间传递的质量提供了贝叶斯精炼纳什均衡（PBE）的概念。在他们的分析中，调查者同时兼任执行任务，委托人根据调查者的汇报制定决策，信息传递的质量主要受到委托人和代理人之间利益冲突严重程度的影响。Dessein（2002）将该均衡与委托人将调查、决策和执行三种权力全部授予代理人这种方式进行了比较。

　　本章则再进一步，将执行者和调查者分开，考虑执行者通过对调查者施加影响来改变委托人在不同组织方式之间的选择。不同于 Milgrom（1988）和 Milgrom & Roberts（1990），本章考虑的这种影响行为旨在通过改变调查者的偏好来影响其信息汇报质量，并且不仅会在组织内部出现，还可能发生在组织之间。这样，委托人对调查、决策和执行这三项任务的组织形式安排可以分别用图 7-1 至图 7-3 表示（虚线箭头表示执行者对调查者施加影响的可能性）：

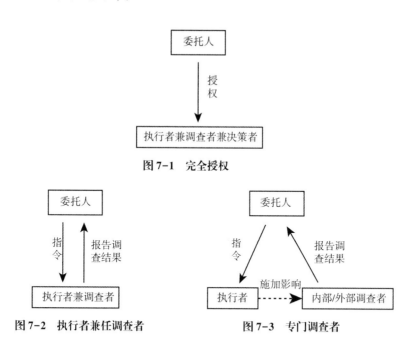

图 7-1　完全授权

图 7-2　执行者兼任调查者　　　图 7-3　专门调查者

　　模型表明，给定委托人与执行者关于最终决策的偏好差异，委托人对独立的高质量信息来源始终是欢迎的，而执行者却希望委托人将调查和决策任务全部授予自己。为了达此目的，若委托人委派了一个专门调查者，执行者就会考虑去施加影响，使其汇报给委托人的调查结果的精确度下降，直至委托人发现还不如直接授权给执行者。因此，问题的关键是执行者对调查者施加影响的难易程度，亦即执行者与调查者之间"防火墙"的高低。若这道防火墙较低，调查者无法保持独立性，委托人会采取图 7-1 或者图 7-2 的组织形式，让执行者同时也兼任调查者。不过，若这道防火墙足够高，委托人就会选择图 7-3 的组织形式。

本章余下部分安排如下：第二节是模型设定，第三节求解不同组织形式下的委托人决策，第四节对三种组织形式进行比较，得出委托人的选择条件，第五节对国家治理体系实践中如何构筑防火墙以及相应的制度安排进行讨论，最后是本章小结。

第二节　模型设定

考虑一个待决策的事项，用 d 表示其取值。用 θ 表示与决策相关的经济或社会环境。θ 服从区间 $[-\alpha, \alpha]$ 上的均匀分布，其中 $\alpha>0$。假设 θ 在某些方面无法详细准确地描述和规定，不可被第三方验证，从而是不可缔约的。假设委托人不了解 θ 的具体实现值，只知道其分布函数，从而需要通过某种方式让组织获得信息，为决策提供支持。

一　委托人

委托人（P）希望决策能够与环境充分适应。实际采用的决策与环境取值的偏离越小，委托人的效用越高。信息的不可验证性使得委托人无法对执行者或调查者进行依赖于结果的区别性付费，而是只能支付固定报酬[1]。为了简化，将这种固定报酬标准化为 0。这样，委托人的（Bernoulli）效用函数可以设定为如下形式：

$$u^P = -(d-\theta)^2$$

---

[1]　在实践中，无（结果依赖的）转移支付的情况在企业中十分常见（Alonso & Matouschek, 2008），更是政府组织的一项典型特征（Tirole, 1994）。

二 执行者

假设对于环境 θ 的每一个实现值，执行者（A）心目中的最优决策值都相对于委托人偏离了 $\bar{b}$ 个单位。不失一般性地，假设 $\bar{b} \geq 0$。如果执行者想要影响调查者关于信息调查结果的汇报，需要付出成本 $\beta_s m$。这样，执行者的效用函数可以设定为：

$$u^A = -(d-\theta-\bar{b})^2 - \beta_s m$$

其中，$m>0$ 表示调查者获得的转移支付；参数 β_s 表示委托人对调查者的组织方式，$s \in \{D, E, I\}$。

在授权方式（$s=D$）下，委托人授权执行者全权负责调查、决策和执行（见图 7-1），允许执行者在获知外部环境后完全按照自己的意愿来行动。由于不须请示汇报，也就谈不上影响成本，可以认为 $\beta_D = 0$。在执行者兼任调查者的方式（$s=E$）下，委托人保留决策权，但让执行者同时负责对 θ 的实现值进行调查和汇报 r，在此基础上做出决策 $d(r)$ 并交其执行（见图 7-2）。此时，执行者虽然身兼二职，认真履行调查汇报职责的义务却是实实在在的，两个身份应该各司其职，与授权方式存在本质上的不同。我们认为要让调查者角色克服自身职责约束而按照执行者角色所希望的方式进行汇报，也会发生影响成本，只不过是"从左口袋进右口袋"，亦即 $\beta_E = 1$。最后，在专门调查者这种组织方式（$s=I$）下，委托人设立一个调查部门（见图 7-3），根据其汇报的调查结果做出决策，交由执行者执行。这时，若执行者想要对调查者施加影响，一般会有一个类似于"交易费用"的阻碍。我们通过设定 $\beta_I > 1$ 来表达这一想法。执行者付出成本 $\beta_I m > m$，调查者却只能获得 m，二者之间的差异就表示这种影响活动的额外损失。

三 调查者

当委托人委托一位专门的调查者（I）时，这位调查者由于受人之托，对最后的决策取值应该是没有任何自身偏好的。因此，如果没有任何因素干扰，可将调查者的效用函数设定为与委托人完全相同。但是，执行者会尝试影响调查者，使其政策偏好发生偏离，从而在向委托人汇报的时候更有利于自己。具体地，假设如果执行者放弃影响调查者的尝试，则有 $b(0)=0$，调查者与委托人完全保持一致，没有任何偏好偏离；如果执行者付出成本 $\beta_s m$，可以将调查者的决策偏好从 0 偏离至 $b(m)>0$；执行者投入的成本越大，能使调查者偏好偏离得越远，亦即 $b'(m)>0$。另外，假设调查者收集信息的成本是一个常数，与信息本身无关，并且将其标准化为 0。这样，可以将调查者的效用函数设定为：

$$u^I = -(d-\theta-b(m))^2+m$$

第三节　三种组织形式

我们将委托人保留决策权同时由执行者兼任调查者（$s=E$）这种情况视为基准（benchmark），在此基础上考察两个方向的变化：一是权力进一步向执行者集中，把决策权也交给他，亦即授权；二是权力进一步分散，把调查职能从执行者手中剥离，委派给专人负责。

一　基准：执行者兼任调查者

在执行者兼任调查者这一方式下，在报告调查结果的时候就按照自己作为执行者的决策偏好来进行。相当于二者完全一条心，执行者不需要花费任何影响成本就能让调查者完全为己所用。

由于环境信息 θ 是不可验证的，委托人无法在事前可信地对依据调查者汇报做出决策的规则 $d(r)$ 做出承诺（commitment），从而无法让执行/调查者相信他不会在获取信息汇报后"背信弃义"，也就无法运用该规则来制定激励相容约束[1]。

我们将 Crawford & Sobel（1982）对这种无承诺信息交流博弈的精炼贝叶斯纳什均衡[2]的研究作为本章的基准。在该均衡下，执行/调查者对子区间的划分方式 α_i、汇报环境取值的策略 $r(\theta)=\arg\max\limits_r u^E(d(r),\theta,\bar{b})$ 和委

---

[1] 文献里称这种无承诺的信息传递交流为"空谈"（cheap-talk）。

[2] 也被称为"划分（partition）均衡"。

托人基于报告所做出的决策 $d(r)=arg\max\limits_{d}\int_{-\alpha}^{\alpha}u^P(d(r),\theta)p(\theta\mid r)d\theta$ 同时被决定,其中 $p(\theta\mid r)$ 是委托人依据代理人汇报对外部环境状态做出的后验判断。具体地,我们有(所有命题的证明均见本章附录):

命题 7-1:在委托人和执行兼调查者之间关于信息的汇报 $r(\theta)$ 及相应的决策制定 $d(r)$ 上至少存在一个精炼贝叶斯纳什均衡。区间 $[-\alpha,\alpha]$ 被划分为最多 $N(\bar{b})=-\dfrac{1}{2}+\dfrac{1}{2}\sqrt{1+\dfrac{4\alpha}{\bar{b}}}$ 个子区间,每个子区间的边界点由 $\alpha_i=-\alpha+2\left(\dfrac{\alpha}{N}-\bar{b}N\right)i+2\bar{b}i^2$ 确定,其中 $i=1,\cdots,N$,z 表示不小于 z 的最小正整数。给定执行兼调查者观察到 $\theta\in[\alpha_{i-1},\alpha_i]$,将不会如实报告其精确值,而是仅仅报告其服从区间 $[\alpha_{i-1},\alpha_i]$ 上的均匀分布。相应地,委托人后验推断 $p(\theta\mid r)=\dfrac{1}{\alpha_i-\alpha_{i-1}}$,并选择 $d_i=\dfrac{\alpha_i+\alpha_{i-1}}{2}$。

可见,兼任调查者的执行者会通过操纵信息汇报来对委托人决策施加影响,使得最终决策向着有利于自己的方向偏离。具体方法是,执行/调查者将外部环境的完整取值区间划分为若干个子区间,仅仅将调查结果位于哪一个区间汇报给委托人。这样,委托人的决策 $d(r)$ 是不连续的,执行/调查者通过在其汇报的信息中引入噪声,将准确结果"隐藏"了起来。

命题 7-2:在执行者兼任调查者这种方式下,委托人获得期望效用 $Eu_E^P=-\dfrac{1}{3}\left[\left(\dfrac{\alpha}{N}\right)^2+\bar{b}^2(N^2-1)\right]$,执行者获得期望效用 $Eu_E^A=Eu_E^P-\bar{b}^2$。委托人(以及执行/调查者)期望效用与 $\bar{b}$ 负相关。极端地,当 $\bar{b}\to0$ 时,$N(\bar{b})\to\infty$,$Eu_E^P\to0$;当 $\bar{b}>\dfrac{\alpha}{2}$ 时,$N(\bar{b})=1$,$Eu_E^P=-\dfrac{\alpha^2}{3}$。

委托人和执行者之间的偏好差异 $\bar{b}$ 越小,$N(\bar{b})$ 越大,每个子区间越小,信息汇报就越精确，委托人预期效用越高。反之，$\bar{b}$ 越大，$N(\bar{b})$ 越小，信息汇报中的噪声就越多，委托人预期效用越低。值得说明的是，当 $N(\bar{b}) = 1$ 时，兼任调查者的执行者始终报告说环境变量在区间 $[-\alpha, \alpha]$ 上均匀分布。由于这是事前公开信息，等于什么都没有说，没有任何实质性的信息传递。委托人在没有得到任何新信息的情况下，只能依据事前的先验信念制定决策 $d^0 = arg\ maxEu^P = 0$，信息传递名存实亡。

二 授权

现在考虑委托人将决策权也授予执行兼调查者。在这种方式下，执行者不必汇报，可以自由决策，因此一定会在获知环境信息后采取最符合自己决策偏好的行动。

命题 7-3：在授权下，执行者将选择 $y^D = \theta + \bar{b}$，获得期望效用 $Eu_D^A = 0$；相应地，委托人获得 $Eu_D^P = -\bar{b}^2$；

显然，获得授权是执行者最希望的结果。

三 专门调查者

现在，我们考虑第三种组织方式：委托人委派一位专门的调查者负责对外部环境进行调查并汇报结果，委托人在此基础上制定决策，交由执行者实施。前面的结果已经提示我们，如果执行者和调查者是分开的，执行者就会有动机付出一定成本去影响调查者，改变其信息汇报的方式，进而改变委托人的决策乃至关于组织形式的选择。

命题 7-4：在委派专门调查者的情况下，如果调查者完全独立，委托人获得 $Eu_{I,I}^P = 0$；执行者获得 $Eu_{I,I}^A = -\bar{b}^2$。但是，如果调查者受到执行者的影响，委托人会获得期望效用 $E\ u_{I,NI}^P = -\frac{1}{3}\left[\left(\frac{\alpha}{N}\right)^2 + (b(m))^2(N^2-1)\right]$，执行者获得期望效用 $Eu_{I,NI}^A = Eu_{I,NI}^P - \bar{b}^2 - \beta_I m$，

二者都随着 $b(m)$ 的增大而减小。

可以看到，尽管执行者在这种方式下去影响调查者对自己并无益处，但如果真的这么做直至调查者关于决策的偏好偏离扩大到与执行者一样（$b(m)=\bar{b}$）的话，调查者就将完全按照执行者希望的方式向委托人报告，委派专门调查者在实际效果上就与执行者兼任调查者这种方式变得等价了。

这进一步提示我们，虽然执行者在给定专门调查者这种方式下不愿付出成本去对调查者施加影响，但如果这种做法能够改变委托人对组织形式的选择，取消专门调查者而退回到执行者兼任调查者甚至授权执行者的话，就变得有利可图了。于是，最后的问题便是，在调查者有可能受到执行者影响的情况下，执行者会不会选择去影响调查者，委托人的选择最终又会如何？

第四节　委托人的选择

结合命题 7-2 至命题 7-4，我们可以在三种组织方式之间进行比较，揭示不可验证信息下调查者是否能够保持独立性对组织形式的影响。令 $\bar{m}\equiv arg[b(m)=\bar{b}]$，我们有：

命题 7-5：（1）$Eu_E^P \leqslant Eu_{I,NI}^P < Eu_{I,I}^P$。当 $b(m)=\bar{b}$ 时，第一个不等式等号成立。

（2）当 $\bar{b} \leqslant \dfrac{\alpha}{\sqrt{3}}$ 时，$Eu_{I,I}^P > Eu_D^P \geqslant Eu_E^P$。此时若同时有 $\beta_I > \dfrac{\bar{b}^2}{\bar{m}}$，执行者会放弃对调查者施加影响（选择 $m=0$），委托人选择专门调查者；否则，若 $\beta_I \leqslant \dfrac{\bar{b}^2}{\bar{m}}$，执行者将投入 $m=\bar{m}$，迫使委托人放弃专门调查者而选择授权。

（3）当 $\bar{b} > \dfrac{\alpha}{\sqrt{3}}$ 时，$Eu_D^P < Eu_E^P < Eu_{I,I}^P$，执行者也会放弃对调查者施加影响（$m=0$），委托人选择专门调查者。

该命题回答了本章提出的基本问题：委托人在考虑信息来源的时候，要不要寻求专门的信息调查者？

首先，从委托人的角度，为了让决策尽可能地适应环境，他不仅希望信息收集充分，还希望自己接收到的信息汇报足够准确。于是，如果能够保证调查者能够如实汇报环境信息，委托人将总是愿意采取委托专门调查者这种方式的。

其次，从执行者的角度，则希望委托人将事项的调查、决策连同执行全部授予自己。在执行者关于决策的偏好相对于委托人差异不太大（$\bar{b} \leqslant \dfrac{\alpha}{\sqrt{3}}$）的时候，如果只有授权和执行者兼任调查者这两种方式可选，委托人往往也乐于（无奈？）授权（Holmström，1984；Dessein，2002）。

专门的调查者为委托人提供了另一种可选的方式。但是，委托人最终是否选择该方式，还要取决于调查者能否保持独立。如果调查者无法保持独立（$\beta_l \leqslant \dfrac{\bar{b}^2}{m}$），执行者用相对较低的成本就能将其政策偏好改变来与自己相同，降低其汇报的准确性，直至委托人发现委托专门调查者的效果与直接授权执行者没有差异，就会退而选择授权。反之，如果调查者能够保持独立性，就能排除掉执行者的干扰，不负委托，如实向委托人报告调查所得，委托人达到最佳状况。调查者之所以得以保持独立性，是因为如下两个渠道之一发挥了作用：（1）施加影响的交易成本可能太高（β_l太大）；（2）施加影响在技术上边际效率太低，执行者要将调查者偏好改变到与自己相同需要很大的$\bar{m}$，从而付出很大的代价。

这一结论还为如下问题提供了部分回答：如果委托人想要一个专门的调查者，应该将其放在组织内部还是诉诸于市场？以$\bar{b} \leqslant \dfrac{\alpha}{\sqrt{3}}$的情况为例。这时只要满足$\beta_l > \dfrac{\bar{b}^2}{m}$，委托人就会选择专门调查者。但是，这仅仅是个必要条件，并不充分。如果委托人同时面对两个都符合条件的调查者，委托人的选择将取决于模型以外的因素（如信任、历史关系等）。事实上，根据命题 4，我们有 $\dfrac{\partial Eu^{P}_{I,NI}}{\partial \beta_{I}}=0$ 和 $\dfrac{\partial Eu^{P}_{I,NI}}{\partial \bar{m}}=0$，委托人只在意独立性条件是否满足，并不在意 β_{I} 或 $\bar{m}$ 值高到什么程度。这进一步意味着，即便在市场上存在某个 β_{I} 或 $\bar{m}$ 值很高的调查机构，委托人也完全可能选择在组织内部设立调查部门，仅仅要求其 β_{I} 值符合条件即可。

最后，当执行者决策偏好与委托人相差太大（$\bar{b}>\dfrac{\alpha}{\sqrt{3}}$）时，委托人可以说不"信任"执行者，无论如何都不会选择授权这种方式。在这种情况下，执行者即便将调查者偏好改变至与自己相同也无济于事，反倒降低自己的预期效用（命题 7-4），便会彻底断绝通过影响调查者而促使委托人选择授权的念头。一般而言，委托人在能够自由选择执行者的时候，不会去雇用与自己偏好差别很大的执行者。不过，对于例如奉行终身雇用制或者委托人由于刚刚上任而暂时无法对下属进行调整的间歇期，这种情况还是可能出现的。

接下来，我们考察独立性条件在现实中的表现，并对中国国家治理体系建设实践中的一些现象进行解释。

第五节　实践："防火墙"制度

一　何谓"防火墙"?

"防火墙"（firewall）一词源于计算机科学，被借用于指称对各类企业自身风险控制的一种防范措施，通过制度建设来防止不同部门或机构之间联合行动以损害组织利益的道德风险行为。在本章中，执行者对调查者施加影响的困难程度就构成了制度建设中的防火墙，它决定了调查者的独立程度。

根据条件 $\beta_{I}>\dfrac{\bar{b}^{2}}{\bar{m}}$，防火墙的构筑不外乎涉及三个方面：执行者对调查者施加影响的交易费用（用 β_{I} 度量），改变调查者偏好的难度（用 $\bar{m}$ 度量），以及执行者决策偏好相对于委托人的偏离程度（用 $\bar{b}$ 度量）。

组织之间的防火墙主要是由市场体系中的各种机制提供的。例如产权、信息披露、投资者保护、声誉等，都会通过较大的β_1和$\bar{m}$而有助于保证调查机构的独立性。如果丧失独立性与客户违规联合，一旦被发现，代价会非常大[①]。就组织内部而言，防火墙则主要依靠管理体制、组织文化、学习培训、选拔体制等制度建设来构筑。

对调查部门实行垂直化管理是较为有效的增强其独立性的方法，这样可以将某些政府职能部门从地方各级政府序列中分离出来，加大地方政府行政干预的难度。对应于本章的模型，就是$\bar{m}$值较大，使得独立性条件更易于被满足。例如，中国人民银行、国家统计局、新华社、审计、纪检监察、国土资源、工商、税务、省以下环保、省以下质量技术监督等。这些部门在"十二金"工程中对海量信息进行收集和整理的时候，已经能够在"人、财、物、事"上逐渐摆脱同级政府的干扰。从2005年开始，国家统计局开始逐渐引入垂直管理，在全国各省份陆续建立直属的地方调查总队，试图增强地方统计数据的抗干扰能力。在纪检监察方面，中共中央在2013年11月通过的《关于全面深化改革若干重大问题的决定》中规定，"查办腐败案件以上级纪委领导为主，线索处置和案件查办在向同级党委报告的同时必须向上级纪委报告"，这样便有利于进一步限制行政部门之间可能的横向私下联系以及同级政府对纪检调查的行政干预。

在监督层面，若能直接增大β_1的取值，也有利于独立性条件的满足。监督力度越大，执行部门和调查部门的私下联系越容易被监察部门发现，相应的查处就越容易。这反过来意味着，躲避这种监督所需要花费的额外成本越大，β_1值越大，执行者投入的每单位资源能够到达调查者手里的份额越低，对调查者施加影响的成本就越高，专业机构独立性越容易保持。

组织文化、学习培训、选拔体制会通过选择尽可能小的$\bar{b}$来努力保证独立性条件的满足。在组织保障的同时，党中央还通过对各级政府官员的各种轮训、会议、文件学习乃至晋升激励等方式，保证各级政府官员在思想上与中央保持一致。这样，通过对全国人大及其常委会以及国务院各部委实行组织领导，党就能大致确保行政部门会按照中央的意图来制定各种

---

① 最近的一个例子是瑞华会计师事务所与上市公司联合财务作假。参见《这家会计师事务所又爆雷了，手上31个IPO项目全被叫停!》，《中国经营报》2019年7月29日。

法律法规，委托第三方立法的必要性就不是那么迫切。2020 年 1 月 13 日，习近平总书记在党的十九届中央纪委四中全会上强调，要推进学习教育制度化常态化，不断坚定同心共筑中国梦的理想信念。企业文化的作用也类似于此。

二　防火墙与组织结构

委托人始终愿意拥有独立而不受干扰的信息来源。但是，执行者在本身与委托人的偏好分歧并不太大的前提下，会考虑对调查者施加影响，降低其信息汇报的质量，来争取委托人放弃调查者而改为向自己授权。反之，若存在横亘于执行者和调查者之间的防火墙，阻断执行者对调查者的这种影响，委托人就可以委托专门的调查者。

在现实中，很多企业都自己设有内部调查部门，如内控、审计、市场调查、战略规划、监事会、独立董事等。各级政府内部也都常设监察委员会、政策研究室、规划处等。从中央政府来说，统计局、审计署、新华社、国家监察委等就发挥着调查者的作用。企业和政府都还可能针对某些突发性事件临时设立各类专家委员会或调查组等。同时，在市场上也有许多专业的调查者存在，例如各类新闻机构、研究机构、会计师事务所、调查咨询公司等。

值得注意的是，明明在市场上存在类似的甚至看起来更为独立的调查机构，一些企业和政府还是会自己设立相应的部门。根据本章的逻辑，这样做的原因是委托人相信自己的调查部门已经足够保持独立性了，其提供的信息可靠。的确，若制度建设有效，组织内的部门未必缺乏独立性。否则，若缺乏防火墙建设，就算去委托组织外的专业调查者，也可能轻易就受到影响而不值得获得委托。

我国的实践还有一个特殊之处，就是经历了一个由计划经济向有中国特色社会主义市场经济转型的过程。在过去计划经济体制下，各类社会组织都被纳入政府行政序列，不存在具有较高独立性的第三方机构或个人。各部委自己设立的研究院、所、处、室等自不必说，诸如法院、检察院、统计局、审计署乃至纪检监察等都由各自对应层级的财政供养，相互之间都是联系密切的兄弟单位。这就势必出现政府执行部门权力很大的情况①。1978 年改革开放以后，我国推行了党政分开、政企分开、司法独立、垂直化管理等改革措施，各类调查机构的独立性开始逐渐提高。这种历史改革路径的一个后果就是，一旦这类部门的独立性提高到满足命题 7-5 所需的条件以后，政府就有意愿将其继续留在政府体系中发挥作用，而没必要去市场上寻求②。

例如，我国实行的是以内部监督为主、外部监督为辅的国家监督体系。在监督体系制度建设中，不论是加强思想政治工作，还是对纪检监察部门管理方式的不断改进，都是试图在体系内部构筑坚实的防火墙。习近平 2020 年 1 月 13 日在中央纪律委员会第四次全体会议上强调，要完善党和国家监督体系，使监督体系契合党的领导体制，融入国家治理体系，要以党内监督为主导，推动人大监督、民主监督、行政监督、司法监督、审计监督、财会监督、统计监督、群众监督、舆论监督有机贯通、相互协调。外部监督手段始终处于辅助的地位。

另一个典型例子是立法体系中的行政部门主导立法。理论上，政府作为行政部门，应该是法律的执行者。但是，在我国的实践中，行政部门作为执法者却同时承担了大量的立法职能，中国在立法实践上长期采取了"先行政或地方立法，后制定法律"的原则。1982 年《宪法》就对授权立法进行了正式规定："全国人大及其常委会可以授权国务院、经济特区所在地的省、市人大及其常委会制定法律。"2000 年的《立法法》又对中国行政部门的立法权限进行了确认："全国人民代表大会及其常委会行使国家立法权，但可以授权国务院各部委、中国人民银行、审计署和具有行政管理职能的直属机构就有关事项制定行政法规和规章。同时，国家机关也可以依据宪法和法律制定行政法规。"三十余年来，全国人大通过的法律中有 75%—85%都是由国务院下属的相关部门起草的（汤耀国，2007）③。

---

① 相比之下，西方成熟市场经济国家的政府在决策时更多依赖高度独立和专门的调查机构，立法和执法严格分开，职能部门基本只负责政策的执行，严格照章办事，对政府决策的影响非常有限（Wilson，2000）。

② 这意味着一种较为负面的可能性：精简部门的意愿削弱，"简政放权"改革的动力不足。

③ 一个新近的例子是《关于延长授权国务院在实施股票发行注册制改革中调整适用〈中华人民共和国证券法〉有关规定期限的决定（草案）》（2018 年）。

这一倾向如今仍然存在。党的十九届四中全会报告中指出,要建立由政府立法机构组织起草法律法规的工作机制,既要注意赋予行政机关依法行使职权的必要权力和手段,又要加强对行政权力的规范、制约和监督。同时,也指出要重视政府体系之外专门调查机构的作用。要依法建立健全专门委员会、工作委员会立法专家顾问制度,开展立法协商,探索建立有关国家机关、社会团体、专家学者对立法中涉及的重大利益调整的论证咨询机制。

第六节　本章小结

当一个组织(企业或政府)所需要的中间产品或服务是一项不可验证信息时,将围绕两个问题来决定组织形式的选择。第一,要不要寻求专门的调查者?第二,如果需要一个专门的调查者,将其放在组织内部还是诉诸于市场?

本章对第一个问题给出了完整的回答。由于委托人偏好自己拥有准确信息从而自行决策,执行者则偏好授权,二者存在矛盾冲突。委托人会优先寻找自己信赖的专门调查者,只有在找不到具有足够独立性的调查者的情况下,才会选择授权。反之,如果存在一道防火墙来保证调查者的独立性,委托人就会加以选择。本章所建立的框架及获得的结论对企业和政府组织都适用,可以解释我国国家治理体系中的许多相关现象。

对于第二个问题,本章给出了部分的回答。当同时存在分别位于组织内部和外部的两个合格的竞争性调查者时,委托人应该如何选择?本章的回答是两者皆可。事实上,这也正是我国当前国家治理体系中许多内部和外部调查者并行不悖的原因。对此的进一步探讨将为经典的"制造抑或购买"问题(Dessein,2014)提供新的素材,是有意义的未来研究方向。

本章的一个重要简化是只考虑了两个层级。如果执行者在对上获得委托人授权的同时,仍然要对下考虑信息来源问题,就更加贴近于现实。不论对上如何汇报,执行者自身在获取信息时仍然是更偏好于准确独立的信息,是否要向下委托专门调查者仍然取决于本章的独立性条件。

最后,本章将调查者的偏好内生化了,但是执行者和委托人之间的偏好差异仍然是外生的。对此的进一步研究，有助于我们更好地理解代理人（例如，地方政府）行为模式背后的原因。

附录　各命题的证明

命题 7-1 的证明：假设区间 $[-\alpha, \alpha]$ 被划分为 $1 \leqslant N \leqslant N(\bar{b})$ 个形式为 (α_{i-1}, α_i) 的子区间，$i = 1, 2, \cdots, N$，其中 $\alpha_0 = -\alpha$，$\alpha_N = \alpha$；在收到的汇报 r 为 "$\theta \in [\alpha_{i-1}, \alpha_i]$" 之后，委托人依据该子区间上的条件均匀分布对外部环境进行后验判断，亦即 $p(\theta \mid r) = \dfrac{1}{\alpha_i - \alpha_{i-1}}$。为了确定子区间的边界点，考虑若执行/调查者对环境的观察值为 $\theta = \alpha_i$，那么他在报告 r 为 "$\theta \in [\alpha_{i-1}, \alpha_i]$" 或 "$\theta \in [\alpha_i, \alpha_{i+1}]$" 之间应该无差异，亦即 $-\left(\dfrac{\alpha_{i-1}+\alpha_i}{2} - \alpha_i - \bar{b}\right)^2 = -\left(\dfrac{\alpha_i + \alpha_{i+1}}{2} - \alpha_i - \bar{b}\right)^2$，化简得到 $\alpha_{i+1} - \alpha_i = \alpha_i - \alpha_{i-1} + 4\bar{b}$。结合 $\alpha_0 = -\alpha$ 和 $\alpha_N = \alpha$ 的初始条件，该二阶线性差分方程的通解是 $\alpha_i = -\alpha + 2\left(\dfrac{\alpha}{N} - \bar{b}N\right)i + 2\bar{b}i^2$。同时，可以写出 $\alpha_i = \alpha_1 i + (i-1)\alpha + 2i(i-1)\bar{b}$。根据 Crawford & Sobel（1982），只需要关注具有最大 N 值的均衡。令 $i = N$ 以及 $\alpha_1 \to -\alpha$ 可解得 $N^* = -\dfrac{1}{2} + \dfrac{1}{2}\sqrt{1 + \dfrac{4\alpha}{\bar{b}}}$。由于 N 只能取正整数，故有 $N(\bar{b}) = -\dfrac{1}{2} + \dfrac{1}{2}\sqrt{1 + \dfrac{4\alpha}{\bar{b}}}$。最后，委托人的决策函数为 $d_i = arg\max\limits_{d_i} \int_{\alpha_{i-1}}^{\alpha_i} \dfrac{1}{\alpha_i - \alpha_{i-1}}(d_i - \theta)^2 d\theta = \dfrac{\alpha_i + \alpha_{i-1}}{2}$。

命题 7-2 的证明：委托人最终获得的期望效用为：

$$Eu_E^P(d_i) = \sum_{i=1}^N \frac{\alpha_i - \alpha_{i-1}}{2\alpha} \int_{\alpha_{i-1}}^{\alpha_i} \frac{1}{\alpha_i - \alpha_{i-1}}\left(\frac{\alpha_i + \alpha_{i-1}}{2} - \theta\right)^2 d\theta = -\frac{1}{24\alpha}\sum_{i=1}^N (\alpha_i - \alpha_{i-1})^3$$

$$= -\frac{1}{24\alpha}\sum_{i=1}^N \left(\frac{2\alpha}{N} - 2\bar{b}(N+1) + 4\bar{b}i\right)^3 = -\frac{1}{3}\left[\left(\frac{\alpha}{N}\right)^2 + \bar{b}^2(N^2 - 1)\right]$$

进一步，$\dfrac{\partial Eu_E^P}{\partial N} = -\dfrac{1}{3}\left(-\dfrac{2\alpha^2}{N^3} + 2\bar{b}^2 N\right)$。令其大于 0，可得 $N < \sqrt{\dfrac{\alpha}{\bar{b}}}$。再考

虑到 $N=-\dfrac{1}{2}+\dfrac{1}{2}\sqrt{1+\dfrac{4\alpha}{\bar{b}}}$ 意味着 $0<\sqrt{\dfrac{\alpha}{\bar{b}}}$，而这一定成立。令 $\bar{b}\to0$ 可得 $N(\bar{b})$

$\to\infty$ 和 $Eu_E^P\to0$。另外，根据 z 的定义，当 $N=-\dfrac{1}{2}+\dfrac{1}{2}\sqrt{1+\dfrac{4\alpha}{\bar{b}}}\geq2$ 时，意味着

$-\dfrac{1}{2}+\dfrac{1}{2}\sqrt{1+\dfrac{4\alpha}{\bar{b}}}>1$，可得 $\bar{b}\leq\dfrac{\alpha}{2}$。反之，当 $\bar{b}>\dfrac{\alpha}{2}$ 时，$N(\bar{b})=1$，代入可得此

时 $Eu_E^P=-\dfrac{\alpha^2}{3}$。

命题 7-3 的证明：在授权下有 $\beta_D=1$，执行者的效用函数为 $u^A=$ $-(d-\theta-\bar{b})^2-m$。最大化该函数即得执行者的最优行动是 $y^D=\theta+\bar{b}$。由于他兼任调查者，转移支付 m 左口袋进右口袋，相互抵消，于是他的期望效用为 $Eu_D^A=-\int_{-\alpha}^{\alpha}(d^D-\theta-\bar{b})^2d\theta=0$，委托人期望效用则为 $Eu_D^P=-\int_{-\alpha}^{\alpha}(d^D-\theta)^2d\theta=$ $-\bar{b}^2$。

命题 7-4 的证明：第 1 步，当调查者完全独立时，会将每次调查得到的准确结果如实报告给委托人，使得委托人能够实现完全信息，从而得以制定完美的决策，获得预期效用为 $Eu_{I,I}^P=0$，执行者则获得 $Eu_{I,I}^A=Eu_{I,I}^P-\bar{b}^2$ $=-\bar{b}^2$。

第 2 步，当调查者可能受到执行者影响，例如执行者付出 $\beta_I m$ 就可将调查者决策偏好偏离至 $b(m)$ 时，调查者的报告模式将类似于执行者兼任调查者的情况。根据命题 7-2，此时委托人将获得预期效用 $Eu_{I,NI}^P=$ $-\dfrac{1}{3}\left[\left(\dfrac{\alpha}{N}\right)^2+(b(m))^2(N^2-1)\right]$，执行者获得 $Eu_{I,NI}^A=Eu_{I,NI}^P-\bar{b}^2$。

第 3 步，根据命题 7-2，当 $b(m)\leq\bar{b}$ 时，有 $N(b(m))\geq N(\bar{b})$。令 $f(b)=b^2(N^2-1)$，其中 $N=-\dfrac{1}{2}+\dfrac{1}{2}\sqrt{1+\dfrac{4\alpha}{b}}$。就该函数对 b 求导，得 $f'(b)=$

$2b(N^2-1)+2b^2N\dfrac{dN}{db}=2b(N^2-1)-\alpha\left(-1+\dfrac{1}{\sqrt{1+\dfrac{4\alpha}{b}}}\right)$。根据模型的设定，必定

有 $\frac{4\alpha}{b}>0$ 从而 $N\geq 1$，所以有 $f'(b)>0$。同时考虑到 $\frac{dN}{db}<0$，从而 $\frac{d}{db}\left(\frac{\alpha}{N}\right)^2>0$。

于是，$\frac{dEu_{I,NI}^P}{db}<0$，委托人（相应地，执行者）期望效用随调查者决策偏好偏离的增大而减小。

命题 7-5 的证明：（1）根据命题 7-4 的证明，$\frac{dEu_{I,NI}^P}{db}<0$，而 $\bar{b}\geq b(m)$，于是可得结论。

（2）令 $Eu_D^P=-\bar{b}^2\geq -\frac{\alpha^2}{3}=Eu_E^P$，得 $\bar{b}\leq \frac{\alpha}{\sqrt{3}}$。反之，当 $\bar{b}>\frac{\alpha}{\sqrt{3}}$ 时，有 $Eu_D^P<Eu_E^P$。

回顾在授权方式下，执行者偏好偏离为 $\bar{b}\geq b(m)$，$Eu_D^A=0$，$Eu_D^P=-\bar{b}^2$。根据命题 7-4 第 3 步的结论，可以判断 $Eu_{I,NI}^P(b(m))\geq Eu_D^P$ 和 $Eu_{I,NI}^A=Eu_{I,NI}^P-\bar{b}^2\leq Eu_D^A$。这意味着，委托人会继续委托专业调查者而不会授权。但是，执行者有动力对调查者施加更大的影响。这是因为，随着 m 增大，$b(m)$ 增大，$Eu_{I,NI}^P$ 逐渐下降，直到 $b(m)=\bar{b}$ 为止。这时，委托人预期效用降至 $Eu_{I,NI}^P(\bar{b})=Eu_E^P$，与执行者兼任调查者的情况相同。为达此目的，执行者需要付出 $\beta_I\bar{m}=\beta_I arg[b(m)=\bar{b}]$。根据命题 7-4 第 1 步，若 $\bar{b}=b(m)\leq \frac{\alpha}{\sqrt{3}}$，委托人就将放弃委托人专业调查者并听取其报告的方式，改为授权执行者全权负责。另外，由于 $Eu_{I,I}^A=-\bar{b}^2\leq 0=Eu_D^A$，从独立的专业调查者到授权方式的转变中的效用增幅决定了执行者愿意为此付出的最大代价。根据执行者的效用函数，这意味着 $\beta_I\bar{m}=\bar{b}^2$。因此，若 $\bar{m}=\frac{\bar{b}^2}{\beta_I}<arg[b(m)=\bar{b}]$ 亦即 $\beta_I>\frac{\bar{b}^2}{\bar{m}}$，执行者将放弃影响调查者。

（3）根据命题 7-5，若 $\bar{b}>\frac{\alpha}{\sqrt{3}}$，委托人永远都不会选择授权的方式。这样，执行者也就没有必要付出成本对调查者施加影响了。

第八章　顶层设计下的突发事件治理

第一节　引言

2019 年年底在湖北省武汉市发现并报告的新型冠状病毒肺炎（COVID-19）疫情，借助春运返乡潮和现代化交通工具，在 2020 年初蔓延全国。同时，全球多个国家和地区多点暴发疫情，感染人数快速上升。现在来看，新型冠状病毒肺炎经历数次变异，是近百年来人类遭遇的影响范围最广的全球性大流行病，给各国社会和经济都造成了重大损失，并且对未来也会产生深远影响。

经过艰苦卓绝的努力，中国有力扭转了疫情局势，用一个多月的时间初步遏制了疫情蔓延势头，用两个月左右的时间将本土每日新增病例控制在个位数以内，用三个月左右的时间取得了武汉保卫战、湖北保卫战的决定性成果。时至今日，我国在抗击新冠肺炎疫情中取得了显著成效，已经与国外疫情的严重情况形成了鲜明对比。

我国在新冠肺炎疫情防治上相对于其他国家的另一个显著之处是，从中央到地方各级政府以及社会各界也对这次疫情的公共治理各环节（尤其是爆发和早期扩散时期）进行了方方面面的反思，并对疫情防控过程中抗疫不力的官员进行持续的严肃问责。2020 年 1 月 19 日，青海省纪委监察网站第一次通报了由于违反疫情防控纪律而被问责的官员信息。2020 年 1 月 30 日，中央纪委国家监委下发《关于贯彻党中央部署要求、做好新型冠状病毒感染肺炎疫情防控监督工作的通知》文件。到目前为止，已有许多省市的政府官员因为抗疫不力而被问责①。

尤为引人关注的是，在从 2019 年 12 月 8 日官方通报首例不明原因肺炎病例到 2020 年 1 月 23 日武汉封城这一个月左右的疫情初期，湖北省和武汉市两级政府及卫生健康委员会（下属疾病预防控制中心，CDC）关于疫情信息是否存在瞒报、漏报、缓报或者谎报的情况，是否延误了国家卫建委专家组的疫情判断，并最终导致了相关防控决策的延误？这些讨论尽管是针对在武汉市首先发现和报告的突发性疫情而提出的，但许多问题在我国其他省市的疫情具有普遍意义，能够为我国在顶层设计下针对突发性事件的国家治理体系和治理能力的现代化建设提供有益借鉴。甚至，对于国际上其他国家的疫情防治体系的改革和完善也具有借鉴意义。

尤其需要注意的是，本次疫情是由一种突发性的新型冠状病毒引起的，具有高度的不确定性。该病毒的毒性如何，如何诊断，传播性如何，是否会发展为全国乃至全球疫情，如何治疗，是否会在传播过程中变异等，很难有一致公认的结论，需要进行反复的调查、研究、反馈和修正，在 2020 年初的疫情初期尤为如此。

问题的复杂之处则在于我国的公共卫生管理体制，这也是本章旨在讨论的主题。根据《传染病防治法》，我国目前的传染性疾病预防控制工作是由国务院直属的国家卫健委和各级地方政府下属的卫生健康委员会负责的，实行属地管理。在这个管理体制下，地方卫健委除了在业务上隶属国家卫健委以外，在行政上要同时受相应层级地方政府的领导。各级卫健委在收到疾控中心报告后，既要向上级卫健委报告直至国家卫健委，又要向地方政府报告。最后，中央政府在同时听取地方政府和国家卫健委报告之后，对疫情发展情况进行研究判断，制定防控决策。

很明显，地方卫健委的双重角色存在矛盾之处。从国家卫建委的角度，为了让传染病疫情报告更为及时，在 2003 年 SARS 疫情过后，中央和地方共同出资建立了全球最大的"中国传染病疫情和突发公共卫生事件网

---

① 《官员如何被问责？疫情防控外公众最关切》，《中国新闻周刊》2020 年 3 月 9 日。《问责疫情防控，张家界、郑州等地至少 24 人被处理》，《中国新闻周刊》2021 年 8 月 7 日。《聚焦疫情防控失职失责　多地问责近百名党员领导干部》，《中国纪检监察报》2021 年 8 月 19 日。

络直报系统"。基层医疗机构发现相关传染病例后，只要在系统里上报信息，国家疾控中心就能实时收到。2007 年，原卫生部发布的《全国不明原因肺炎病例监测、排查和管理方案》规定，"临床医务人员发现符合不明原因肺炎定义的病例后，应立即报告医院相关部门，由医院组织本医院专家组进行会诊和排查，仍不能明确诊断的，应立即填写传染病报告卡，注明'不明原因肺炎'进行网络直报，并电话报告县级卫生行政部门，不需要其他层级的审核和会诊"。原国家卫计委 2015 年制定的《传染病信息报告管理规范》规定，"首诊医生在诊疗过程中发现传染病病人、疑似病人和规定报告的病原携带者后，应按照要求填写《传染病报告卡》或通过电子病历、电子健康档案自动抽取符合交换文档标准的电子传染病报告卡……其他暴发、流行或原因不明的传染病也应填报传染病报告卡信息"。但是，地方政府有可能以不能在民众中制造恐慌为理由，要求地方卫健委不要将暂无确凿证据表明会扩散至全国的疫情向国家卫健委报告，而是试图在辖区内解决。这就会导致网络直报系统名存实亡，国家卫建委掌握的信息非常有限。

除了依赖于网络直报系统和地方卫健委（疾控中心）日常汇报以外，国家卫建委还可以派遣专家组实地入驻调查。然而，专家组能否调查了解到真实情况，除了取决于自身的专业水平以外，也会受制于地方卫健委及其背后地方政府的配合力度。

于是，要对这次新冠肺炎疫情初期的调查、报送及相应的决策质量进行评价（例如，1 月 23 日武汉市封城是否及时，对医护人员的防护警示是否充分），应该关注如下三方面问题：（1）湖北省政府对中央政府（国家卫建委）是否在疫情上有所隐瞒？（2）武汉市和湖北省卫健委在工作汇报时是否更优先向武汉市和湖北省政府汇报，而没有向国家卫健委及时汇报？（3）国家卫健委派出的前两批专家组有没有受到湖北省和武汉市政府的影响或干扰，在疫情调查上出现了瞒报或者判断失误？不论疫情信息受到了隐瞒还是专家组的判断出现失误，都会延误全国性重大疫情的防控部署工作。

本章余下部分安排如下：第二节是理论背景和文献梳理，第三节进行模型设定，第四节分析三种组织结构下的信息传递行为，第五节归纳不同组织结构下的决策质量及其决定因素，第六节梳理新冠肺炎疫情初期相关信息的调查和报告情况，最后是本章小结。

第二节　理论背景

中央政府的各种决策，大到国家战略、方针和政策，小到针对各种具体事务的条例、意见、办法等，都要以对各省市地方相关信息的调查收集为基础。如果外部环境发生了变化，或者出现了意外情况，就应该对决策进行适当调整。如果真实信息在传递过程中被隐藏了起来，决策的质量就会下降，甚至被人为扭曲。

收集信息需要付出成本。在这一点上，中央政府相对于地方政府或专业机构而言，处于明显的劣势地位①。一个比较自然同时也被大量采用的方式是将此任务交给负责决策执行的地方政府（见图8-1）。这样做的一个显著理由是，地方政府对辖区情况非常熟悉，易于组织各类基层深入调查，往往能够准确掌握相关信息。

然而，如果中央完全依赖地方政府的汇报来做出决策，很可能被误导。这是因为，地方政府对决策本身往往有自己的偏好，并且通常与中央存在一定偏差，也就是通常所说的地方利益问题。考虑到这一点，虽然中央要求地方政府如实汇报自己所掌握的信息，后者却有动机操纵信息汇报，以求对中央政府各种政策的制定施加影响（Gibbons et al., 2013）。

许多观察者认为，委托专门的调查机构来从事信息收集工作（见图8-2和图8-3）可以解决这个问题，如国家卫健委（疾控中心）专家组、新华社、统计局、审计署乃至市场上的各类专业调查咨询公司等。以国家卫健委专家组为例，一般不在当地从事相关领域的工作，只对专业问题负责，并不关心中央决策制定会对当地产生什么样的影响，就愿意如实报告调查所得。但是，一方面，不在当地实际从事相关工作可能使得专家组难以深入了解某些具体情况。另一方面，专家组有可能会受到地方政府的干预，从而并不能保证自己真正具有独立性并如实汇报调查所得。最后，专

---

① 为了叙述的简便，本章省略了武汉市政府向湖北省政府以及国家卫建委向中央政府的汇报环节，只讨论湖北省政府或者专家组与中央政府的两级结构。

家组的调查过程可能得不到有效配合，从而难以做出准确判断。

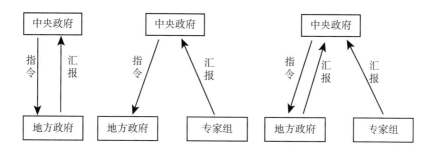

图8-1　地方政府收集信息　图8-2　专家组收集信息　图8-3　地方政府和专家组都收集信息

　　对这个架构的理论分析可以追溯到 Laffont & Tirole（1986，1991）和 Tirole（1986）的分析。该框架最初是研究委托人委托监督者去收集关于代理人的某项可验证的"硬"信息，但是代理人却有动力去收买监督者，使其向委托人提供对自己有利的信息。Laffont & Martimort（1997，1998，2000）和 Faure-Grimaud et al.（2003）又将分析扩展到了代理人相关信息是不可验证的"软"信息的情况。这时，委托人有可能改变组织架构，让监督者成为中间代理人与代理人独立签约，而不是让监督者与代理人分别与委托人签约。Burlando & Motta（2015）综合了这两种思路。他们考虑代理人通过与监督者合谋使其在向委托人汇报时隐瞒代理人的可验证的能力信息，然后进一步讨论这种合谋可能性的存在对委托人在不同组织形式之间选择的影响。在应用上，拉丰和梯若尔（2004）以及拉丰（2013）分析了监管机构与代理人合谋的可能性对政府产业规制政策的影响。聂辉华和李金波（2006）、聂辉华和蒋敏杰（2011）运用此框架研究了中国地方政府为了实现地方经济增长而与企业之间出现的合谋行为。这些分析都不要求代理人（地方政府）同时也向委托人（中央政府）进行汇报。

　　最后，除了委派专家组负责信息收集和报告以外，中央政府也可以同时听取地方政府的汇报，制定决策后交由地方政府执行（见图8-3）。这种方式在我国的实践中也经常被采用，也正是我国当前关于全国性传染病疫情防控的决策制定模式。在此架构下的信息报告问题是由 Baliga（1999）首次分析的，其目的是借助被监督者的参与来引导监督者在不可验证信息上的如实汇报，从而解决监督者可能利用自己的身份来敲诈代理人的问题。

本章在以上描述的"中央政府—国家卫健委（专家组）—地方政府"架构中，分析不同组织形式下疫情信息的传递以及相应的决策质量。模型表明，中央政府可以通过组织结构设计解决专家组的独立性问题。在此基础上，决策质量依赖于专家组能否正确判断疫情，这取决于专家组的专业水平和在调查过程中获得的地方卫健委及其背后地方政府的支持力度，相应的政策建议也源于此。

第三节　模型设定

考虑三个行为主体：中央政府（P）、地方政府（A）和国家卫健委（专家组）（S）。中央政府拥有决策权，但需要委托地方政府或专家组去调查相关信息，从而决定是否要改变某项既定政策。

一　信息

用随机变量 θ 代表与决策相关的环境状态。假设 θ 只有两个可能取值：0 或者 β。其中，$\theta=0$ 表示环境没有发生变化（未发生疫情），$\theta=\beta$ 则表示环境发生了变化（发生了疫情），不妨假设 $\beta>0$。假设 θ 的概率分布为 $Pr(\theta=0)=\mu$，$Pr(\theta=\beta)=1-\mu$，其中 $0<\mu<1$，该概率分布是参与各方的共同信息。

假设由于从事实际工作（医院第一手病例信息），地方政府始终确切知道 θ 的取值[①]，而专家组只能以一定的概率接收到一个关于 θ 的信号 $\sigma\in\{\beta,\varnothing\}$。当 $\theta=\beta$ 时，专家组能够以概率 α 获知这一点（亦即收到信号 $\sigma=\beta$，例如专家组调查到"人传人"病例），但也有可能不知情（用"接收到信号 $\sigma=\varnothing$"来表示这种情况，概率为 $1-\alpha$）；当 $\theta=0$ 时，专家组的信息调查将确定一无所获，只是接收到信号 $\sigma=\varnothing$。这样，α 的大小就反映了专家组获得信息的技术能力水平，假设 $0\leqslant\alpha\leqslant1$。假设地方政府始终

---

① 这样做是为了简便。更为一般性的设定是地方政府（至少在疫情初期）以一个更高的概率了解真实情况。

了解专家组所获得的信号 σ。

假设环境 θ 和信号 σ 都是不可验证的 "软" 信息[①]。这意味着，不管信息收集者是专家组还是地方政府，在向中央政府进行汇报时都无法提供相应的直接证据以供查证。于是，在信息汇报时，专家组既可以实报（如实汇报信号 σ），也可以瞒报（即便观察到了 $\sigma = \beta$ 也汇报自己不知情，亦即 $r_{\sigma=\beta}^{S} = \varnothing$），还可能误报（在 $\sigma = \varnothing$ 时汇报 $r_{\sigma=\varnothing}^{S} = \beta$）。地方政府则可以在明明知道真实信息的情况下随意汇报 θ 的取值，或者直接声称自己不了解任何情况（亦即 $r_{\theta=0}^{A} = r_{\theta=\beta}^{A} = \varnothing$）。

二　偏好

假定中央政府关心决策的质量及其相关的转移支付。决策质量是用实际采用的决策与理想决策（真实环境）之间的差距来定义的，该差距越大，决策质量就越低，中央政府的效用水平越低。可以将中央政府的效用函数设定为：

$$u^{P}(d, \theta, t) = -(d-\theta)^{2} - t \tag{8-1}$$

其中，d 代表中央政府的决策值，t 是中央政府的转移支付。

地方政府的效用函数为：

$$u^{A}(d, \theta, w) = -(d-\theta-b)^{2} + w$$

其中，w 是地方政府获得的转移支付。b 表示地方政府自身在决策偏好上与中央政府之间的差异。不妨假设 $b = -\beta$，于是：

$$u^{A}(d, \theta, w) = -(d-\theta+\beta)^{2} + w \tag{8-2}$$

分别就式（8-1）和式（8-2）对 d 求偏导数再令其等于零，可得中央政府和地方政府对于最优决策的各自看法：中央政府希望决策恰好等于

[①] 事实上，政府需要处理的大量问题都涉及不可验证信息（Tirole，1994；王永钦、丁菊红，2007）。例如，自然灾害的严重程度，产业技术路径能否符合社会发展方向，国际政治局势是否发生变化，国内宏观经济是否过热，某项改革是否符合社会主流意识形态，待审批项目对社会经济发展的短期和长远意义等，在一开始往往难以确定。在企业中，此种情况同样存在（Alonso & Matouschek，2008）。

环境的取值，亦即 $d_P^*=\theta$（出现疫情就第一时间处理）；地方政府则希望决策值与环境值相差 β 个单位，亦即 $d_A^*=\theta-\beta<d_P^*$（即使出现疫情也不愿及时公开处理）。地方政府与中央政府在决策偏好上的这种差异被一些学者称为组织内的"官僚人格"（bureaucratic personality）（Merton，1940；Thompson，1961）[①]，对此有不同的解释。就本章而言，这种偏好差异可能来源于地方政府承平日久所产生的惰性。在长时间未发生大规模传染病疫情之后，地方政府可能会对疫情防控警惕性下降和疏于防备。另外，这种差异也可能来源于地方政府担心疫情对一方经济发展的影响，从而不愿意升级防控措施。

专家组（卫健委）对决策本身没有偏好，只考虑自己从信息收集汇报的工作中获得的报酬，并不关心其报告的信息会对最终的决策制定产生何种影响。假设专家组是风险中性的，效用函数为：

$$u^s(s)=s \tag{8-3}$$

其中，s 是专家组获得的转移支付。

为了简便，假设地方政府和专家组的保留工资都是 0。

最后，博弈的时间顺序为：（1）地方政府获悉 θ，专家组收到信号 σ；（2）中央政府选择与专家组和地方政府签订一个总契约，或者单独与地方政府签约；（3）如果中央政府选择与专家组和地方政府签订一个总契约，专家组和地方政府可能再签订一个私下契约；（4）契约履行。

第四节　信息传递

一　地方政府收集信息

在这种方式下，中央政府要求地方政府收集信息后进行汇报请示，自己做出决策后再交由地方政府加以执行。

由于地方政府对决策的偏好始终比中央政府小 β 个单位，当环境没有

---

① Bozeman & Rainey（1998）运用美国的数据发现这种特点在公共部门里尤为明显。

发生变化（$\theta=0$）时，地方政府会选择如实汇报（$r^A_{\theta=0}=0$）；当环境发生变化（$\theta=\beta$）时则倾向于隐瞒事实而汇报$r^A_{\theta=\beta}=0$（掩盖或缓报疫情）。如果环境变量θ是可验证的硬信息，根据显示原理（Revelation Principle），中央政府可以许诺如果收到汇报$r^A=\beta$就予以一定的奖励，以此激励地方政府始终选择如实汇报（Tirole，1986，1992）。但是，如果环境θ是不可验证的软信息，这一"讲真话"机制就是不可自我执行（self-enforcing）的。具体地，我们有如下结论（所有命题的证明均见本章附录）：

命题8-1：如果地方政府同时负责不可验证信息的调查，将不存在一个可自我执行的"讲真话"信息汇报机制。在精炼贝叶斯均衡（PBE）中，地方政府始终汇报$r^A_{\theta=0}=r^A_{\theta=\beta}=0$，中央政府无法更新后验判断，$Pr(\theta=\beta \mid r^A \equiv 0)=1-\mu$，制定决策$d^*_{r^A=0}=(1-\mu)\beta$，转移支付$t_{r^A=0}=0$，获得的预期效用为：

$$Eu^P_{r^A=0}=-\mu(1-\mu)\beta^2 \tag{8-4}$$

在相关信息不可验证的情况下，中央政府无法要求地方政府在汇报时提供相应证据，也就无法避免地方政府在信息调查结果汇报上的隐藏行为。命题1表明，中央政府只能先验性地选择决策$d^*_{r^A=0}=(1-\mu)\beta<\beta$。这意味着，当疫情确实发生时（$\theta=\beta$），地方政府的瞒报行为会延误中央决策及时做出恰当反应。中央政策将继续维持在常规防疫的状态，而非调整到适应当下疫情的社会最佳政策（$d^*_P=\theta=\beta$）。

二　专家组收集信息

考虑中央政府委托一个专门的专家组负责信息收集并向其报告，在此基础上制定决策，然后交由地方政府执行。在这种方式下，专家组是否独立将决定中央政府对信息报告的后验判断，最终影响决策的制定。

1. 专家组独立

如果专家组完全独立或者中央政府能够无成本地阻止其与地方政府的任何私下联系，地方政府就无法对其施加任何干扰。当中央政府确信这一点后，如果收到专家组的报告$r^S_{Hon}=\varnothing$，便知道真实情况要么是$\theta=0$要么是

$\theta=\beta$ 但 $\sigma=\varnothing$，对环境的判断就可以进行后验更新：$Pr(\theta=\beta \mid r_{Hon}^{S}=\varnothing)=$ $1-\dfrac{\mu}{\Delta}$，其中 $\Delta \equiv \mu+(1-\mu)(1-\alpha)=1-\alpha+\mu\alpha$。

命题 8-2：如果专家组完全独立，便会如实汇报自己的调查所得 $(r_{Hon}^{S}=\sigma)$。不论汇报结果如何，中央政府都对其支付固定报酬（标准化为 0）。中央政府选择 $d_{r_{Hon}^{S}=\beta}^{**}=\beta$ 和 $d_{r_{Hon}^{S}=\varnothing}^{**}=\left(1-\dfrac{\mu}{\Delta}\right)\beta$，获得预期效用：

$$Eu_{Hon,S}^{P}=-\frac{\mu(1-\mu)(1-\alpha)}{\Delta}\beta^{2} \tag{8-5}$$

要注意的是，在这种情况下，地方政府仍然有影响决策的方式，那就是通过隐瞒、干扰乃至阻挠的方法，为专家组的调查设置障碍，降低调查成功的概率 α。就中央政府后验概率对 α 求偏导数可得，α 越小，在收到报告 $r_{Hon}^{S}=\varnothing$ 的情况下判断环境为 $\theta=\beta$ 的概率就越低。

2. 专家组非独立

地方政府知晓环境变量和专家组接受到的信号。如果知道专家组并不具备完全的独立性，地方政府除了通过降低调查成功的概率 α 以外，还可以采取收买贿赂的方式尝试对其施加影响。

当 $\theta=0$ 时，地方政府本就会如实汇报[①]，便没有动力去对专家组施加影响，于是专家组在得到信号 $\sigma=\varnothing$ 后就如实汇报 $r_{\sigma=\varnothing}^{S}=\varnothing$。但是，当 $\theta=\beta$ 并且专家组获得信号 $\sigma=\beta$ 时，地方政府就有动力与其签订一个私下契约，希望其向中央政府隐瞒而做出报告 $r_{\sigma=\beta}^{S}=\varnothing$。这样，中央政府永远只能收到汇报 $r^{S}\equiv\varnothing$，便无法分辨专家组做出该汇报的真实原因，也就无法更新对环境的后验判断，只能依据对环境的先验判断制定决策，专家组也完全失去了存在的意义。中央政府的最终决策与命题 1 中的情况完全相同：

$$d_{r^{S}\equiv\varnothing}^{**}=d_{r^{A}\equiv0}^{*}=(1-\mu)\beta$$

地方政府为了达此目的，当 $\theta=\beta$ 并且专家组获得信号 $\sigma=\beta$ 时，便愿

---

① 因为不能汇报 $-\beta$，否则中央政府能根据 θ 的概率分布判断这是谎报。

意向专家组私下支付一定的金额，该数额最大可达地方政府从这一信息操纵（而非让专家组如实汇报 $r^S_{\sigma=\beta}=\beta$）中获得的最大好处：

$$B \equiv u^A(d^{**}_{r^S\equiv\varnothing} \mid \sigma=\beta) - u^A(d^{**}_{r^S=\beta} \mid \sigma=\beta) = (1-\mu^2)\beta^2 \qquad (8-6)$$

假设在地方政府用于收买专家组所支付的 B 中，专家组只能获得其中的 kB 部分，其中 $k \in [0, 1]$。k 反映了地方政府和专家组之间私下交易的效率，其取值大小受到与二者私下联系相关的交易费用（例如，中央政府对这种私下联合行为的查处威胁）的影响。从另一个角度来看，k 的取值大小实际上反映了专家组的独立性程度。k 越小，地方政府每单位转移支付中能为专家组所得的比例越低，表示这种私下联合的交易费用越高，也就意味着专家组的独立性越强。极端地，当 $k=0$ 时，专家组完全独立，丝毫不受地方政府的影响，不可能被其收买。反之，k 越大，地方政府和专家组之间的转移支付越容易，联系越顺畅，专家组的独立性就越弱。当 $k=1$ 时，专家组没有任何独立性可言，与地方政府私下联系密切，轻易就能形成联合。

三　地方政府和专家组分别收集信息

环境变量的不可验证性使得地方政府或专家组在报告时都有了很大的选择空间。专家组可以在 σ 的两个取值里汇报，地方政府除了在 θ 的两个取值中选择以外，也可以直接说自己完全不知情（$r^A=\varnothing$）[①]。这时，如果专家组不具备完全的独立性，与地方政府可能建立的私下联系可以是双向的，既可能是地方政府寻求对专家组施加影响，也可能是专家对地方政府实施敲诈。后一种情况可能出现的原因是，虽然专家组对决策本身没有偏好，但考虑到地方政府可能有求于自己，即便自己获得的信号是 $\sigma=\varnothing$，也可以威胁要误报 $r^S_{\sigma=\varnothing}=\beta$，以此来迫使地方政府向其支付贿赂[②]。

为了让专家组始终如实汇报调查所得，可以让专家组和地方政府同时汇报信息，进行某种意义上的"交叉比对"，辅以一定的奖励机制，就可

---

① 在依靠地方政府汇报的情况下，地方政府报告 $r^A=\varnothing$ 的效果与直接报告 $r^A=0$ 相同。

② 为了简便，不论哪种情况，都假设专家组拥有全部谈判力，从而避免讨论租金分配而使问题变得复杂。

以获得一个可自我执行的专家组诚实汇报的精炼贝叶斯均衡。这个机制发挥作用的核心就是中央政府把专家组与地方政府私下联合可能所得的最大值（kB'）主动给他。这样，地方政府没有激励去收买专家组，后者也没有"敲诈"前者的空间。

命题8-3：当地方政府有可能收买专家组（$k>0$）的时候，可以让二者同时分别报告 $r^A \in \{\beta, 0, \varnothing\}$ 和 $r^S \in \{\beta, \varnothing\}$。当 $r^A \neq r^S$ 时，中央政府选择 $d^{***}_{r^A \neq r^S} = \beta$，$t = w = s = 0$；当 $r^A = r^S = \varnothing$ 时，中央政府判断 $Pr(\theta = \beta \mid r^S_{Hon} = \varnothing) = 1 - \dfrac{\mu}{\Delta}$，选择 $d^{***}_{r^A = r^S = \varnothing} = \left(1 - \dfrac{\mu}{\Delta}\right)\beta$，$t = w = s = 0$；当 $r^A = r^S = \beta$ 时，中央政府判断 $Pr(\theta = \beta \mid r^S_{Hon} = \beta) = 1$，选择 $d^{***}_{r^A = r^S = \beta} = \beta$，$t = s = kB'$，$w = 0$，其中，$B' \equiv \left(1 - \dfrac{\mu^2}{\Delta^2}\right)\beta^2$。在该机制下，专家组会如实汇报调查所得，中央政府获得预期效用。

$$Eu^P_{NonC} = -(1-\mu)\left[\frac{\mu(1-\alpha)}{\Delta} + \alpha k\left(1 - \frac{\mu^2}{\Delta^2}\right)\right]\beta^2 \tag{8-7}$$

值得注意的是，在这种架构下，地方政府的均衡汇报策略其实是"跟随"专家组的。专家组报告什么，地方政府也就报告什么。

第五节　决策质量

现在可以来总结以上三种组织架构下地方政府的汇报方式以及相应的决策质量了。由第四节的三个命题可以看到，由于独立性问题（用 k 衡量）可以通过组织结构的选择来解决，中央政府的决策如果出现扭曲，只能来自专家组成功发现疫情的可能性（用 α 衡量）不够大，这或者是因为专家组的专业能力水平不足，或者是由于专家组在调查过程中得到的支持力度不够，甚至遭到了干扰和阻碍。我们将命题8-1至命题8-3关于中央政府在不同情况下做出的决策总结如表8-1所示。

表 8-1 不同组织结构下的决策对比

环境	$\theta=\beta$			$\theta=0$	
理想决策	$d_P^*=\beta,\ d_A^*=0$			$d_P^*=0,\ d_A^*=-\beta$	
报告内容	$r=0$	$r=\beta$	$r=\Delta$	$r=0$	$r=\varnothing$
地方政府调查	$d^*=(1-\mu)\beta$	—	—	$d^*=(1-\mu)\beta$	—
专家组，$k=0$	—	$d^{**}=\beta$	$d^{**}=\left(1-\dfrac{\mu}{\Delta}\right)\beta$	—	$d^{**}=\left(1-\dfrac{\mu}{\Delta}\right)\beta$
专家组，$k>0$	—	—	$d^*=(1-\mu)\beta$	—	$d^*=(1-\mu)\beta$
二者分别调查，$k\geq0$	—	$d^{***}=\beta$	$d^{***}=\left(1-\dfrac{\mu}{\Delta}\right)\beta$	—	$d^{***}=\left(1-\dfrac{\mu}{\Delta}\right)\beta$

从分析目的出发，我们主要关心在疫情发生时（$\theta=\beta$）不同组织结构下的信息传递及中央政府所选择决策的质量。可以看到，要实现对疫情的及时应对（$d=\theta=\beta$），必要条件是专家组能够调查成功，及时发现疫情。否则，在专家组收集信息的方式下，即便具有完全的独立性（$k=0$），信息的收集也可能由于能力水平不足或者调查活动受到妨碍而出现偏差（疫情发生却没有调查出来）。在专家组与地方政府交叉比对的方式下，疫情发生时若专家组没有发现信号，真实信息也无法传递到中央政府。专家组的独立性程度决定了中央政府需要付出的治理成本（kB'）①。专家组独立性越高（k 越小），为了激励专家组如实汇报调查所得所需的治理成本就越低。

如果专家组具有完全的独立性（$k=0$），完全不受地方政府的影响，将是中央政府作为委托人所乐见的。在这种情况下，技术上已经不再需要地方政府的汇报。专家组只可能由于自身专业能力水平的局限而没有获取信息，不会在报告时进行隐藏，最终决策仍然可能偏离实际环境，却不会出现人为因素导致的扭曲。专家组能力水平越高，决策的质量越高。极端地，若有 $\alpha=1$，一旦发生疫情就会被专家组及时发现，中央决策将会充分

① 进而决定了中央政府对不同组织结构的选择。将式（8-7）分别与式（8-4）和式（8-5）进行比较，可以证明，若 $k=0$，有 $Eu_{r'=0}^P<Eu_{NonC}^P=Eu_{Hon,S}^P$；若 $0<k\leq\dfrac{\Delta\mu^2}{\Delta^2-\mu^2}$，有 $Eu_{r'=0}^P\leq Eu_{NonC}^P$；当 $\dfrac{\Delta\mu^2}{\Delta^2-\mu^2}<k\leq1$ 时，有 $Eu_{NonC}^P<Eu_{r'=0}^P$。

符合实际环境，没有任何扭曲。

即便专家组很难避免与地方政府发生某些联系，中央政府也可以采取同时听取地方政府与专家组汇报的办法。不过，该方法虽然能保证专家组如实汇报调查所得，但无法保证地方政府主动揭示自己掌握的信息。根据命题 8-3，若专家组观察到信号 $\sigma = \beta$ 时，决策将达到社会最优（$d_{r^A = r^S = \beta}^{***} = \beta$）。但是，当专家组接收到的信号是 $r^S = \varnothing$ 时，地方政府也会跟着报告 $r^A = \varnothing$。这样，信息就被隐藏了起来，最终的决策会偏离真实环境（$d_{r^A = r^S = \varnothing}^{***} = \left(1 - \dfrac{\mu}{\Delta}\right)\beta < \beta$）。这时，决策质量仍将取决于专家组的能力水平。例如，能力水平越高，当疫情发生时专家组发现疫情的可能性越大，决策就越可能达到社会最优。当 $\alpha = 1$ 时，$\Delta = \mu$，中央决策也没有任何扭曲，分别为 $d_{r^A = r^S = \varnothing}^{***} = 0$ 和 $d_{r^A = r^S = \beta}^{***} = \beta$。

某些情况下，将信息收集任务直接交给地方政府可能在治理成本上更为经济，却要付出地方政府在汇报信息时的保守（隐瞒）行为所导致决策扭曲的代价。此时，中央政府不再能接收到任何新的信息（根据命题 8-1，$r^A \equiv \varnothing$），决策的质量将是三种方式里最低的。

反过来，地方政府为了让中央政府制定的决策更有利于自己，会愿意付出成本从两个方面去影响专家组。一是直接私下联合专家组隐瞒疫情，汇报 $r^A = r^S = \varnothing$；一是不配合专家组的调查，甚至设置各种障碍（例如隐藏病例、要求相关人员躲避访谈等），以求降低专家组成功发现疫情的概率。极端地，在 $\theta = \beta$ 时，如果地方政府通过各种方法造成了 $\alpha = 0$，就会有 $\Delta = 1$，那么不论专家组是否独立，都会有 $d^{**} = d^{***} = (1 - \mu)\beta$，与自己单独汇报的情况相同。

最后，中央政府要想提高决策的质量，也应该从提高 α 和 k 这两个参数入手。一方面，通过提高从业人员的专业化水平或调查能力，提高专家组调查权限，建立信息披露制度，排除调查障碍等方式，提高专家组获取信息的技术或能力。另一方面，通过加大纪检监察力度、对专家组实行垂直化管理等制度建设的方式来提高专家组的独立性[1]。

---

[1] 另外，通过意识形态教育减小地方政府与中央的偏好偏离程度，可以提高中央在每一种组织方式下的决策质量。

第六节　实践：突发事件治理

回到第一节提出的三个问题。本章的分析框架告诉我们，要对这次新冠病毒肺炎疫情初期的情势研判和决策质量进行评价，应该将焦点集中在三个方面：疫情初期相关信息的难以验证性，武汉市和湖北省卫健委在属地管理体制下的行为方式，以及三个批次专家组调查过程中所获得的地方卫健委的配合程度。

一　对病毒的认识

卫健委在关于病毒认知的纯技术层面表现非常好。从 2019 年 12 月 27 日湖北省新华医院张继先首次上报的四个病例开始，病症被称为"不明原因的病毒性肺炎"。到 1 月 5 日，上海市公共卫生中心就对病毒进行了基因测序，并上报了上海卫健委和国家卫健委。钟南山院士后来也讲到，各级疾控中心 12 月 31 日已了解疫情是一种新型冠状病毒导致的，中科院武汉病毒研究所于 2020 年 1 月 3 日就分离出了病毒，1 月 7 日上报联合国①。2020 年 1 月 9 日，武汉病毒性肺炎病原检测结果初步评估专家组正式将该疾病宣布为"新型冠状病毒肺炎"。

但是，对于病毒是否能够人传人以及传播途径，经历了一个过程才逐渐确认。相应的诊疗标准，从武汉市卫健委最初发布的《不明原因的病毒性肺炎入排标准》，到 3 月 3 日国家卫健委发布《新型冠状病毒肺炎诊疗方案（试行第七版）》，也一直处于摸索改进当中。

从疾控中心对疫情判断的推进过程来看，武汉卫健委去年 12 月 31 日发布的第一份通报显示"调查未发现明显人传人现象，未发现医务人员感染"②。1 月 3 日和 5 日，武汉市卫健委继续通报疫情信息，均称"未发现

---

① 财新网：《疫情暴露疾控体系短板，钟南山建议赋予行政权》，http：//china. caixin. com/2020-02-27/101521311. html。

② 武汉市卫健委：《关于不明原因的病毒性肺炎情况通报》，2019 年 12 月 31 日，http：//wjw. wuhan. gov. cn/front/web/showDetail/2019123108989。

明显的人传人证据，未发现医务人员感染"①。1月11日，武汉市卫健委仍然通报"未发现明确的人传人证据"②。从国家卫健委调查的情况来看，第一批专家组于12月31日到达武汉进行调查。返京后的1月4日，国家疾控中心传染病预防控制所所长徐建国（第一批专家组成员）接受媒体采访时表示"未发现明显的人传人证据"③。1月8日，国家卫健委第二批专家组到达武汉，10日的发布会上也宣称"整体疫情可控，没有出现参与救治的医护人员感染情况"。这样，疫情初期的防控工作都是按照"动物传人"来部署的，关闭了华南海鲜市场。

直到1月15日，疾控中心的这一认识才开始转变，武汉市卫健委当日通报"不能排除有限人传人的可能，但持续人传人的风险较低"④。1月18日，钟南山院士领导的国家卫健委高级别专家组（即第三批专家组）到达武汉，1月20日公开确认可以人传人。

二 地方卫健委在疫情初期对相关信息的报送

在疫情信息的报送上，武汉市和湖北省卫健委在疫情初期是优先对武汉市和湖北省政府负责的，而不是国家卫建委，以至于可以将地方卫健委与地方政府视为一体。

国家卫健委第一批专家组到达武汉后，与地方专家组一起于1月3日前后共同起草了《不明原因的病毒性肺炎医疗救治工作手册》，其中对"病例的发现与报告"一项规定：各级各类医疗机构的医务人员发现符合疾病定义的病例后，应立即报告医疗机构相关部门，由医疗机构在12小时内组织本单位专家组进行会诊和排查，仍不能明确诊断的，应立即填写传

---

① 武汉市卫健委：《关于不明原因的病毒性肺炎情况通报》，2020年1月3日，http：//wjw. wuhan. gov. cn/front/web/showDetail/2020010309017；武汉市卫健委："关于不明原因的病毒性肺炎情况通报"，2020年1月5日，http：//wjw. wuhan. gov. cn/gsgg/202004/t20200430_ 1199589. shtml。

② 武汉市卫健委：《关于不明原因的病毒性肺炎情况通报》，2020年1月11日，http：//wjw. wuhan. gov. cn/front/web/showDetail/2020011109035。

③ 大公网：《专家：汉港病例未见直接关系》，http：//www. takungpao. com/news/232108/2020/0105/400593. html#10006-weixin-1-52626-6b3bffd01fdde4900130bc2a5751b6d1。

④ 武汉市卫健委：《新型冠状病毒感染的肺炎疫情知识问答（2020年1月14日）》，2020年1月15日，http：//wjw. wuhan. gov. cn/front/web/showDetail/2020011509040。

染病报告卡，注明"不明原因的病毒性肺炎"并进行网络直报①。

在《不明原因的病毒性肺炎医疗救治工作手册》中有一份《不明原因的病毒性肺炎诊疗方案（试行）》，其中制定的确诊标准则并不要求必须有华南海鲜市场接触史。但是，元旦假期前后武汉市卫健委发布的《不明原因的病毒性肺炎入排标准》则要求必须有华南海鲜市场接触史才能上报②。这导致了大量无华南海鲜市场接触史的疑似病例没有上报，许多初期的"人传人"病例被漏诊。直到 1 月 16 日，国家卫健委发布《新型冠状病毒肺炎诊疗方案（试行第一版）》后，武汉市的试行方案才停止执行。

1 月 6—11 日，武汉召开"两会"，武汉卫健委在 1 月 6—10 日期间停止发布关于不明原因肺炎的疫情通报。1 月 11 日武汉市卫健委通报里提到"早发现、早诊断、早隔离、早治疗"③，用"早诊断"代替了 2003 年 SARS 疫情后国家要求的"四早"原则中的"早报告"原则。由于早期缺乏试剂盒，病例难以确诊，也就无法上报。然后，1 月 11—15 日，湖北省召开"两会"，武汉市卫健委的通报结果是这几日间连续无新增病例④。

根据《中国青年报》、中国青年网记者和财新网记者分别对武汉市中心医院公共卫生科的采访调查⑤，武汉市和湖北省卫健委在疫情初期对医院通过网络直报系统上报病例设置了重重规定，加大了病例上报的难度。1 月 5 日，该医院所在的辖区卫健委要求在市级指导手册的基础上，加入"区级组织专家会诊"的流程，仍然不能排除其他疾病后才能上报传染病报告卡。1 月 12 日上午，湖北省卫健委执法监督处处长带队到该院，要求省市联合确定后才能上报。1 月 13 日上午，武汉市卫健委疾控处处长带领区卫健委疾控科工作人员到该院，再次要求慎重上报不明原因肺炎病例，发现的病例要经过院内各项检验检查、院内专家组会诊、报区卫健委会诊

---

① 《武汉早期疫情上报为何一度中断》，《中国青年报》2020 年 3 月 5 日。
② 《白皮手册与绿皮手册：新冠肺炎诊断标准之变》，《中国青年报》2020 年 2 月 20 日。
③ 武汉市卫健委：《关于不明原因的病毒性肺炎情况通报》，2020 年 1 月 11 日，http：// wjw. wuhan. gov. cn/front/web/showDetail/2020011109035。
④ 武汉市卫健委网站，1 月 11 日到 15 日的每日通报，http：// wjw. wuhan. gov. cn/front/web/ list2nd/no/710。
⑤ 《武汉早期疫情上报为何一度中断》，《中国青年报》2020 年 3 月 5 日；财新网：《李文亮所在医院为何医护人员伤亡惨重?》，2020 年 3 月 10 日，http：// china. caixin. com/2020 - 03 - 10/ 101526309. html。

并通知区疾控采样、区、市、省级逐级检测后，最后经省卫健委同意才能进行病例信息上报。这样，通过网络直报的方式上报不明原因肺炎病例大约在1月上旬后就停止了，直到1月20日国家卫建委将新冠肺炎列入乙类传染病实行甲类管控，并于1月24日加入到网络直报系统中后，才恢复上报。

三 专家组的调查

传染病防疫事关重大，本章认为基本不用怀疑国家卫建委专家组在赴武汉调查过程中的独立性。

根据目前公开的报道，在专家组的调查过程中，接触病例不足，掌握证据不足，没有及时得出病毒"人传人"的结论。究其原因，一方面是因为新型病毒在疫情初期的完全未知性，专业判断偏保守。另一个重要原因，则与地方卫健委的信息报送工作有关。除了在疫情初期通过网络直报系统上报的病例缺失以外，专家组在武汉实地调查期间能够接触到的病例也非常少[1]。

根据国家疾控中心和武汉疾控中心等机构的学者于1月29日在《新英格兰医学杂志》（NEJM）上发表的病例回溯性论文，新冠病毒肺炎早在去年12月中旬就出现了"人传人"现象，1月1—11日之间有7名医务人员感染（Li et al. , 2020）。媒体报道也显示，1月7日就有第一例医护人员确诊感染[2]。但这一病例并未被送到第二批（1月8日到达武汉）专家组面前。即便是钟南山院士领导的国家卫健委高级别专家组（即第三批专家组），在公开确认可以"人传人"的时候，也主要是基于广东省的两个病例[3]。

---

① 财新网：《对话高级别专家组成员袁国勇：我在武汉看到了什么》，http://china. caixin. com/2020-03-08/101525508. html? cxw = Android&Sfrom = Wechat&originReferrer = Androidshare，2020年3月8日。

② 新京报网：《对话同济医院重症医生陆俊：同事听说我"去世"大哭一场》，http://www. bjnews. com. cn/feature/2020/02/04/684021. html。

③ 新京报网：《中疾控独家回应："人传人"早有推论，保守下结论有原因》，http://www. bjnews. com. cn/news/2020/01/31/682224. html；财新网：《对话高级别专家组成员袁国勇：我在武汉看到了什么》http://china. caixin. com/2020-03-08/101525508. html? cxw = Android&Sfrom = Wechat&originReferrer = Androidshare，2020年3月8日。

第七节　本章小结

越来越多的证据表明，世界各国暴发的新冠肺炎并非由中国传播，而是各自独立暴发。尽管如此，中央政府、地方政府和卫健委在这次疫情防控中的关系，可以说是我国条块管理体制的一个缩影，也为顶层设计下国家治理体系和治理能力的现代化建设提供了一次典型的研究案例。

这次的新型冠状病毒肺炎疫情是突发性的，在很多方面都有难以验证的特点，使得地方政府在向中央政府汇报以及地方卫健委向国家卫健委报告时具有很大的选择空间，对疫情初期的许多具有很大不确定性的"软情报"采取了较为消极的处理办法。

从这次疫情初期的防控情况来看，暴露出来的关键问题是地方卫健委受到了武汉市和湖北省地方政府的行政干预，疫情信息报告基本停留在了地方政府一级，对专家组入驻调查的支持力度也不够。姑且不论钟南山院士2月27日在广州市新闻发布会上建议赋予疾控中心以行政权力[1]。从本章的分析来看，如果将命题8-3的结论运用于地方卫健委，中央政府可以通过一定的转移支付来消除地方卫健委的非独立性。在实践层面，这就意味着改变卫健委的属地管理体制，转为专业化垂直管理。这将有利于疫情防控的"早发现"和"早报告"。

最后，为了简化分析，本章对环境只设定了两个可能取值，对地方政府与中央政府的偏好差异也是外生给定。对这些假定进行讨论，能够使本章的分析更贴近现实，可以作为进一步研究的方向。

附录　各命题的证明

命题8-1的证明：首先，不管中央政府如何设计契约，地方政府始终可以采用$r_{\theta=0}^A = r_{\theta=\beta}^A = 0$的汇报策略，让中央政府无法更新后验判断，只能采用先验信念$Pr(\theta=\beta \mid r^A \equiv 0) = 1-\mu$从而引致决策$d_{r^A \equiv 0}^* = (1-\mu)\beta$。由于中央

---

① 财新网：《疫情暴露疾控体系短板，钟南山建议赋予行政权》，http://china.caixin.com/2020-02-27/101521311.html。

政府没有获得任何新信息，也就不必支付转移支付，$t_{r^A=0}=0$。这样，双方的预期效用分别为：

$$u_{r^A\equiv0}^P=-\mu\,[\,(1-\mu)\beta-0\,]^2-(1-\mu)\,[\,(1-\mu)\beta-\beta\,]^2=-\mu(1-\mu)\beta^2$$

$$Eu_{r^A\equiv0}^A=-\mu\,[\,(1-\mu)\beta-0+\beta\,]^2-(1-\mu)\,[\,(1-\mu)\beta-\beta+\beta\,]^2=-(1+\mu-\mu^2)\beta^2$$

需要指出的是，$Eu_{r^A\equiv0}^A$ 也是地方政府在这种契约下所能得到的最低预期效用。

其次，考虑如下"讲真话"机制：地方政府如实汇报自己掌握的环境信息。中央政府在收到汇报 $r^A=\beta$ 时，制定决策 $d_{r^A=\beta}^{Hon}=\beta$，对地方政府支付奖励 $t_{r^A=\beta}^{Hon}=\mu(1-\mu)\beta^2$（这是中央政府为决策从 $d_{r^A=0}^{Hon}=(1-\mu)\beta$ 改善至 $d_{r^A=\beta}^{Hon}=\beta$ 而愿意付出的最大代价）；在收到汇报 $r^A=0$ 时，制定决策 $d_{r^A=0}^{Hon}=0$，不对地方政府进行奖励，$t_{r^A=0}^{Hon}=0$。在此机制下，中央政府和地方政府将分别获得预期效用：

$$Eu_{Hon,A}^P=-\mu\,[\,d_{r^A=0}^{Hon}-0\,]^2-(1-\mu)\,[\,(d_{r^A=\beta}^{Hon}-\beta)^2+t_{r^A=\beta}^{Hon}\,]=K^P-\mu(1-\mu)\beta^2$$

$$Eu_{Hon,A}^A=-\mu\,[\,d_{r^A=0}^{Hon}-0+\beta\,]^2-(1-\mu)\,[\,(d_{r^A=\beta}^{Hon}-\beta+\beta)^2-t_{r^A=\beta}^{Hon}\,]$$
$$=-[\,1-\mu(1-\mu)^2\,]\beta^2$$

由于 $0<\mu<1$，必然有 $Eu_{Hon,A}^P>Eu_{r^A\equiv0}^P$ 以及 $Eu_{Hon,A}^A>Eu_{r^A\equiv0}^A$，"讲真话"机制严格占优于地方政府始终汇报 $r_{\theta=0}^A=r_{\theta=\beta}^A=0$ 的情况。

然而，地方政府存在偏离"讲真话"均衡的动力。这是因为，如果在 $\theta=\beta$ 时汇报 $r^A=0$，地方政府虽然放弃了中央政府的奖励，这种偏离会使其获得：

$$Eu_{Lie}^A=-\mu\,[\,d_{r^A=0}^{Hon}-0+\beta\,]^2-(1-\mu)\,(d_{r^A=0}^{Hon}-\beta+\beta)^2=-\mu\,\beta^2>Eu_{Hon,A}^A$$

因此，这一"讲真话"机制不可自我执行。

命题 8-2 的证明：由于专家组始终如实汇报，若汇报 $r_{Hon}^S=\varnothing$，中央政府知道在 θ 的两种取值下都有可能做出该汇报，对环境就可以做出后验判断 $Pr(\theta=\beta\mid r_{Hon}^S=\varnothing)=1-\dfrac{\mu}{\Delta}$，其中 $\Delta\equiv\mu+(1-\mu)(1-\alpha)$。通过最大化中央政府的预期效用，可得中央政府此时的最优决策：$d_{r_{Hon}^S=\varnothing}^{**}=\left(1-\dfrac{\mu}{\Delta}\right)\beta$。最后，

$$Eu_{Hon,S}^{P} = \mu u^{P}(d_{r_{Hon}^{S}=\varnothing}^{**} \mid \theta=0) + (1-\mu)\ [\ \alpha\, u^{P}(d_{r_{Hon}^{S}=\beta}^{**} \mid \theta=\beta) + (1-\alpha)\, u^{P}(d_{r_{Hon}^{S}=\varnothing}^{**} \mid \theta=\beta)\ ]$$

$$= -\mu\left(1-\frac{\mu}{\Delta}\right)^{2}\beta^{2} - (1-\mu)\left\{\alpha\cdot 0 + (1-\alpha)\left[\left(1-\frac{\mu}{\Delta}\right)\beta-\beta\right]^{2}\right\} = -\frac{\mu(1-\mu)(1-\alpha)}{\Delta}\beta^{2}\,。$$

命题 8-3 的证明：首先，当 $\theta=\beta$ 时，如果专家组接收到信号 $\sigma=\beta$，专家组和地方政府所有不同的汇报组合会引致的中央决策分别为：（1）$d_{r^{A}=r^{S}=\beta}^{***}=\beta$，$t=s=kB'$，$w=0$；（2）$d_{r^{A}=\varnothing,r^{S}=\beta}^{***}=\beta$，$t=w=s=0$；（3）$d_{r^{A}=0,r^{S}=\beta}^{***}=\beta$，$t=w=s$ $=0$；（4）$d_{r^{A}=\beta,r^{S}=\varnothing}^{***}=\beta$，$t=w=s=0$；（5）$d_{r^{A}=r^{S}=\varnothing}^{***}=\left(1-\frac{\mu}{\Delta}\right)\beta$，$t=w=s=0$；（6）$d_{r^{A}=0,r^{S}=\varnothing}^{***}=\beta$，$t=w=s=0$。如果不考虑地方政府收买专家组的可能性，地方政府将在（1）、（2）、（3）、（4）和（6）之间无差异，但严格劣于（5）；专家组在（2）、（3）、（4）、（5）和（6）之间无差异，但严格劣于（1）。如果地方政府试图收买专家组以共同汇报 $r^{A}=r^{S}=\varnothing$，需要支付 B'。然而，B' 是中央政府依据专家组诚实汇报的后验判断制定决策 $d_{r^{S}=\varnothing}^{**}=\left(1-\frac{\mu}{\Delta}\right)\beta$ 计算出来的（6），与地方政府从情况（5）中获得的好处相同，没有严格的效用增进。于是，考虑到收买的成本，六种汇报策略组合对地方政府都是无差异的。这样，双方都说实话的（1）是弱占优策略组合。类似地，如果专家组接收到信号 $\sigma=\varnothing$，地方政府不会汇报 0 或 β，排除了（1）、（3）、（4）和（6）。专家组在策略组合（2）和（5）之间无差异，因此汇报 β 是不可置信的。于是，$r^{A}=r^{S}=\varnothing$ 是弱占优策略组合。当 $\theta=0$ 时，专家组只会收到信号 $\sigma=\varnothing$。类似前面的论证，弱占优汇报策略组合仍然是 $r^{A}=r^{S}=\varnothing$。

需要注意的是，在这个 PBE 中，中央政府的后验信念应该是按照专家组诚实汇报来进行推断的。也就是说，中央政府判断 $Pr(\theta=\beta \mid r_{Hon}^{S}=\varnothing) = 1-\frac{\mu}{\Delta}$，选择 $d_{r_{Hon}^{S}=\varnothing}^{***}=\left(1-\frac{\mu}{\Delta}\right)\beta$。于是，在这个均衡中联合汇报 $r^{A}=r^{S}=\varnothing$ 带给地方政府的收益应该是：

$$B' \equiv u^{A}(d_{r_{Hon}^{S}=\varnothing}^{**} \mid \sigma=\beta) - u^{A}(d_{r^{S}=\beta}^{**} \mid \sigma=\beta) = \left(1-\frac{\mu^{2}}{\Delta^{2}}\right)\beta^{2} \quad (8\text{-}6')$$

而非正文中式（8-6）中的 B。类似地，在汇报策略组合 $r^{A}=r^{S}=\beta$ 下，

中央政府推断 $Pr(\theta=\beta \mid r^S_{Hon}=\beta)=1$，最优决策是 $d^{***}_{r^A=r^S=\beta}=\beta$。

因此，命题中给出的机制是一个 PBE，能够保证专家组和地方政府都如实汇报自己得到的信号。中央政府此时的预期效用为：

$$Eu^P_{NonC}=\mu u^P(d^{**}_{r^A=r^S=\varnothing} \mid \theta=0)+(1-\mu)\{\alpha[u^P(d^{***}_{r^A=r^S=\beta} \mid \theta=\beta)-kB']+(1-\alpha)$$

$$u^P(d^{***}_{r^A=r^S=\varnothing} \mid \theta=\beta)\}=-\mu\left(1-\frac{\mu}{\Delta}\right)^2\beta^2-(1-\mu)\left[\alpha(0+kB')+(1-\alpha)\left(\frac{\mu}{\Delta}\beta\right)^2\right]=$$

$$-\mu\left(1-\frac{\mu}{\Delta}\right)^2\beta^2-(1-\mu)\left[\alpha k\left(1-\frac{\mu^2}{\Delta^2}\right)\beta^2+(1-\alpha)\left(\frac{\mu}{\Delta}\beta\right)^2\right]=-(1-\mu)\left[\frac{\mu(1-\alpha)}{\Delta}+\right.$$

$$\left.\alpha k\left(1-\frac{\mu^2}{\Delta^2}\right)\right]\beta^2$$

第九章　顶层设计下的地方债治理[*]

第一节　引言

征税和收费是政府为履行其职能而取得收入的两种最主要的形式。早在 1776 年，亚当·斯密就在《国富论》第五编"论君主或国家的收入"中对国家收入进行了系统论述，被熊彼特誉为"一篇自成体系的财政学论文，后来成了 19 世纪所有财政学论著的基础"。斯密认为国家收入的合法性来自国家承担公共职能所必要的开支，如国防、司法、为便利商业而设立的公共工程和公共机构等。换句话说，税收及政府收费作为国家收入的来源，实质上是居民或经济组织购买国家所提供产品或服务所支付的价格[①]。在操作上，税收一般对特定群体的每个成员实行法定统一标准，而不区分每个成员分别对政府产品或服务的使用情况。政府收费则是针对每个成员对政府提供产品或服务的使用多少而收取不同的费用。

从市场的角度看，政府在为其提供的产品或服务索取补偿的时候应该完全采用"谁使用、谁付费"的方式，进行合理的收费。然而，现实却与

---

　　[*]　本章部分内容以《征税还是收费：政府的选择》为题发表于《开放导报》2008 年第 4 期。在此基础上，中国社会科学院大学经济学院的郑曦收集了关于中国地方债的相关数据资料，并梳理了中国地方债发展的制度变迁，在此致谢。

　　[①]　这也是公共财政的古典定义，大致对应于财政支出中的经济建设费和行政管理费两项。一般认为，旨在调整收入分配的转移支付也是财政支出的重要组成部分。本章不讨论这种福利性财政支出，专注于政府为其提供的产品或服务而筹集收入。

此不同甚至相反：世界各国普遍同时采用征税和收费的方式，前者是政府收入的主要构成部分。可以推断，相对于收费方式，税收必然具有自身的某种优势，而政府在征税和收费两种方式之间进行选择的时候应该依据了某种原则。事实上，收费成本高昂可能是政府选择征税作为收入筹措主要方式的原因。尽管应该尽可能地利用收费方式，但考虑到征收税费的各种交易费用，用一定程度的价格体系扭曲为代价换取交易费用的节约，或者说用税部分地替代费，可能是更有效率的，有利于避免地方政府在获得收费授权后过度运用而导致"乱收费"。进一步，两种方式的使用程度则依赖于各自交易成本的权衡。

在约束了地方政府的财政能力后，其"财权"和"事权"的不匹配造成了目前较为严重的地方债规模迅速扩大的问题。1994 年分税制改革确立了新的中央和地方关系，提高了中央宏观调控能力，但财权上收、事权下移加重了地方政府收支矛盾。伴随经济发展和城镇化的快速进程，为了绕开《预算法》的限制，地方政府主导成立了各类融资平台，特别是 2008 年金融危机后政府强财政刺激，地方政府大量违规举债。2014 年以来中央出台一系列整治措施，对违法违规举债"终身追责"，开展债务置换规范债务形式，债务逐步显性化，增速得到控制。2019 年十三届全国人大常委会第七次会议表决通过了关于授权国务院提前下达部分新增地方政府债务限额的决定。在中国迈向新时代的道路上，地方债的治理问题在当下和未来很长一段时期内都具有很高的研究价值。

本章认为地方债治理的核心问题是：在单一制的中国，当地方政府财政赤字，需要融资的时候，中央为什么不以自己的名义借债，然后给地方政府转移支付，而是允许各地方政府自行借债？我们认为，常被提及的"软预算约束"对于这个问题并不适用，因为无论是哪种方式，都存在这个问题。若中央采用集中的方式，对地方政府进行转移支付，那么地方政府可以通过不断申报财政赤字，向中央索要补贴。若采取财政联邦主义的方式，允许地方政府借债，那么地方政府也可以盲目举债，然后在出现偿付危机的时候请求中央进行"兜底"。我们认为，中央通过放权给地方政府，能够节约中央在进行转移支付时的信息收集成本，同时让地方政府具有增加财政收入来源的动力，但是这样会削弱对地方政府的控制力。

本章余下部分安排如下：第二节讨论政府收税的成本权衡，第三节讨论将收费权授权给地方政府后可能出现的"乱收费"问题，第四节梳理我国地方债管理的制度变迁，第五节归纳我国地方债的发展现状，第六节讨论顶层设计下我国地方债问题的治理，最后是本章小结。

第二节　收税的成本权衡

一　收税的困境

税收，是政府按照法定标准，向居民和经济组织强制和无偿征收而得的资金。可分为两大类：一类是中央税，构成中央政府的固定财政收入，由中央集中管理和使用，如关税、消费税、中央企业所得税等；另一类是地方税，构成地方政府的固定财政收入，由地方政府管理和使用，如部分种类企业的营业税、个人所得税、城市维护建设税等。政府收费，则是政府公共部门中的一些行政单位和事业单位在向社会提供管理服务或事业服务时，以管理者或供给者的身份向被管理对象或服务的消费者收取的费用。规范性的政府收费从总体上来说通常也有两类：一类是规费（fees），即政府部门对公民个人提供特定服务或实施特定行政管理所收取的工本费或手续费，如行政规费（护照费、商标登记费等）和司法规费（民事诉讼费、刑事诉讼费、结婚登记费等）。另一类是使用费（user charges），即政府部门对公共设施的使用者按一定的标准收取的费用，如高速公路通行费、桥梁通行费、汽车驾驶执照费等。

在政府提供的产品和服务中，有一些是全体社会成员能够平等享受或消费的公共设施和服务，如国防、社会治安等，全体社会成员不论贫富都能共同享有。这类满足社会公众共同需要的产品和服务是所谓的纯公共物品，一般认为其非排他性和非竞争性的特征导致政府不能向其使用者直接收费，只能通过强制征税的方式弥补其供给成本[①]。中央税的征收和使用往往就是为了提供这种全国范围的纯公共物品。有一些是地方性或局部性

---

① 在这种情况下，对全体社会成员征税实际上也就是对全体成员收费。

的纯公共物品，有时也称为"俱乐部产品"。对于这类物品，地区内的居民可以共同享受①，政府一般是通过地方税的方式来筹集所需资金。除此之外，政府还提供大量的准公共物品。这类产品一方面具有纯公共物品消费上的外部性，另一方面又具有私人物品消费的局部可排他性和竞争性特征，如教育、卫生、公共文化、高速公路等。对这类物品而言，让全体居民都共同享有一个基本水平，对整个社会的发展具有重大意义，如基础教育、公共卫生、公共安全等，具有纯公共物品的性质。在此基础上，对该类产品进一步的消费就具有较强的私人性质，如高等教育、私人医疗、私人保镖等，社会成员可以凭借个人财富进行购买，其价格往往由市场竞争给定。

上述关于政府提供产品或服务分类的关键之处在于，是谁在使用或享受这些产品或服务。在实际生活中，不同地域、不同阶层、不同类型的居民对公共物品的享受程度可能差异很大。在竞争性市场上，"天下没有免费的午餐"，任何人都必须为自己享有某种产品或服务而支付价格（费用）。个人对产品的需求会反映在市场价格上，所传递的信息将带来生产效率、交换效率和产品组合效率从而达到帕累托最优状态，经济自动有效地配置资源，使消费者和生产者均实现福利最大化。政府虽然不是在竞争性的环境下提供产品或服务，但如果出现使用而不付费或少付费的情况，同样会导致对该产品的过度消费以及该产品的供给不足。

税收不区分特定群体的每个成员分别对政府产品或服务的使用情况，这一方面会改变相对价格体系，导致价格信号扭曲，扭曲资源配置，最终出现社会福利损失。另一方面更为重要的是，征税将政府产品或服务的消费与分担相分离，从而可能出现不享受产品或服务的人仍然缴税（付费），或者缴了税却享受不到公共产品和服务的情况。不仅损害效率，也有碍公平。例如，如果用税收所得修建高速公路，就会出现不使用或少使用高速公路者补贴较多使用高速公路者的情况。同理，用税收修建重点中学也存在这个问题，因为不是每个家庭的孩子都会进入重点中学，但他们却为此支付了成本（税）。

---

① 需要注意的是，严格来说，纯公共物品和地区性纯公共物品虽然为全体或地区居民共同享受，却不是平等的。例如，边境居民和内地居民在对国防服务的享受上就不同。

因此，在理论上，对政府提供的产品或服务采用"谁使用，谁付费"的原则（受益原则）将是最有效率的。同时，该原则也避免了那些没有享受产品或服务的人也支付费用的情况，在某种意义上也是公平的。对政府产品或服务应该尽可能地采用收费方式筹集资金，识别出其使用者并适当收费，没有使用的则不应该收费。

二　收税成本的权衡

税和费都是政府取得财政收入的形式。政府取得财政收入，可以采用税收形式，也可以采用收费形式。不考虑征收成本，采用收费方式既有效率，也兼顾公平。然而，就同一项政府产品或服务取得收入，两种方式的成本往往是不同的。尽管税收有损效率，也无助于公平。却往往具有成本上的优势。

对全国性纯公共物品而言，由于是对全民征收，不涉及对应税人的甄选（消费量相同），二者在征收成本上差别不大。以国防为例，政府完全可以将每年国防预算平均分摊在每个应税公民头上，以"国防费"的名义从其收入中统一扣除。地方性纯公共物品的情况类似。对以上两种情况，税和费在性质上相同，只是称谓不同而已。

然而，就准公共物品而言，选择征税还是收费方式需要进行以下几方面成本上的权衡。

第一，在有效甄别使用者的同时排除搭便车者的成本可能很高。以高速公路收费为例，经营者不仅要支付收费人员的薪水，还要支付将公路建成封闭式的额外花费，以及对逃费者的追讨费用，等等。考虑到这一点，政府将高速公路建为开放式的，同时对所有购车者征收公路建设税就成为一种可能的选择，尽管这会导致较少行驶高速公路的购车者补贴较多行驶高速公路的购车者，进而出现效率损失。劳动力成本越高，收费人员的薪水支出越大，排除搭便车逃费者的难度也就越大，政府就越会倾向于采用税收的形式。

第二，要实现有效率地收费，必须准确测量每个成员对公共产品和服务的不同的使用量，从而分别计费。准确测量每个人的使用量并相应收费往往是有成本的，在某些情况下甚至成本高昂。而税收针对所可能涉及的全体成员，有统一的标准，并不关心个体对产品的使用量，因此执行起来比较容易。对于竞争性的私人物品①，使用量就是购买量，因此不需要花费额外费用确定消费者的使用量。这类物品的收费就是由市场竞争性确定的价格。对于带有竞争性和排他性的准公共物品，居民对其的使用量只能大致确定。因此，这类物品的补偿一般采用税费结合的办法：一部分通过税收筹集，一部分则由向使用者收取一定费用来解决。对于纯公共物品，上文已述，社会全体都是使用者，因此虽然几乎不可能，却也没有必要分别确定各经济主体对其的使用量，征税或收费只是称谓的不同，在实质上没有区别。

以上两点表明征收技术能够决定相关成本的大小，从而影响政府选择。收费技术越高，亦即越容易排除搭便车者、查处逃费者或者计量使用量，就越容易采用收费的方式。例如，据报道，英国政府打算推出新的名为"开车付费"的道路收费制度，意指车子上路就付费，有意用这个新的收费办法来取代目前的燃油税和公路通行税。为了保证每个驾驶者都能如实按照行驶里程来缴纳道路通行费，英国交通部打算在国内100多万辆汽车上安装摄像镜头，通过车上的无线电信号系统来确定行驶在自己前面的汽车是否已经缴纳了该行驶路段的通行费。来自由五个专业组织组成的Green Light Group 集团出版的一项最新研究报告进一步认为，有三种道路收费技术可被运用：利用直接的短距离通信系统（DSRC）进行收费、利用卫星和移动通信系统的远距离电子定位（REP）系统进行收费和利用基于车辆号牌自动识别技术的车辆收费系统进行收费。

除去技术因素以外，制度因素也会影响征税与收费两种方式的相对成本。立法效率越高，程序越简洁，法律调整落后于实际情况变化的时滞就越短，就越容易采用税收的方式。

第三，收费容易随着条件的变化及时更改，比较灵活有效。但也正因为此，收费标准容易受到非经济（人为）因素的影响而改变，从而让个人或经济组织难以形成明确稳定的预期，不利于其制定长期经济决策②。另

---

① 需要注意的是，政府机关对居民或法人提供的特定服务会收取手续费或工本费，这类服务应该算作私人物品，但收费标准不是市场决定的，对此的进一步讨论见第三节。

② 在下一节会详细论述。

外，税率的制定需要经过完备的法律程序，在一定时期内相对稳定，便于经济主体的稳定决策。不过，税则的修改需要经过复杂的法律程序，相关费用较大。由于较长的时滞，税则变化也往往落后于实际经济情况的变化。

第四，收费往往是先使用，后付费，如果没享受到政府产品或服务就不需付费，因此不会出现政府公共产品或服务供给缺失的问题。税收则是先征收，后使用，因此会面临资金使用流向的问题。如果政府行为没有得到有效约束，就有可能将税收从征收前声称的项目挪作他用。

由上所述，在决定采用征税还是收费为政府产品或服务取得收入的时候，选择成本相对较低的方式更为符合效率原则。哪种方式成本更低，就应该更多地采用这种方式。在均衡情况，采纳两种方式的成本在边际上应该相等。

第三节　授权与"乱收费"

上一节对征税和收费成本权衡的论述有一个隐含的共同前提，即无论采用哪种形式，政府都能够制定出"合理的"① 价格。在实践中，这很难做到。由于政府是非竞争性地提供产品和服务，没有其他供给者的竞争。如果没有在行为上的有效约束，便可能对其产品或服务进行垄断定价，亦即通常所说的"乱收费"或者税负过重现象。

从效率角度出发，对各行政事业单位的收费适合采取自收自支的管理。如果政府由于财政资金供应相对紧张而放松对单位收费的管理，各行政事业单位就可能随意增加收费项目，制定垄断性的收费标准。据不完全统计，在 1985 年以前，我国的行政事业性收费项目不到 100 个，到 1995 年时已增加到 2100 多个（包括中央和自治区设立的收费项目）。与此同时，地方部门擅自设立的收费、摊派、集资项目大量出现。这加重了相关经济组织或个人的成本负担，同时制造出大量缺乏有效监督和管理的预算外资金，为贪污腐败大开方便之门。

---

① 一般认为，"合理的"价格就是恰好弥补供给成本的非盈利性价格。

针对乱摊派、乱收费的情况，税费改革被寄予了很大的期望，有人甚至认为一切政府收费都是不合理的，应该全部被取消，或全部实行费改税。2003 年广州市统计局的调查表明，69. 2%的受访市民表示支持"费改税"，认为这一改革的推行"非常必要"或"较有必要"。2008 年湖北省的省市"两会"上，收费站的存废成了焦点话题之一，主要原因就是公路收费增加企业的物流成本，阻碍了本地的招商引资。在实践上，费改税也已涉及农村、社会保障、交通车辆、环境保护和教育等经济与社会领域。

然而，一方面，一些收费项目虽然有违政策法律的规定，被认为是乱收费，却在实质上体现了准公共物品的私人特征，因而是有效率的。例如，一些教学质量较高的小学、初中、高中学校在对录取新生收取正常的学杂费外，另外加收高额的其他费用。另一方面，目前我国税收体系已形成一套比较严格的管理体制，从票证、管理、征收、入库都有严格的程序，相互监督，职能分离。尤其是建立起了一套较为完备的计算机管理系统，企业、银行、税务机关三方联网，税款从纳税人账户上直接进入国库，杜绝了贪污、挪用现象。因此，"费改税"在短期内能够对乱收费起到一定的抑制作用。但是，只要中央政府希望鼓励地方政府增加财政收入来源，赋予其增收权力，就会削弱对地方政府的控制力。在长期，政府完全有可能不断通过增设税种、提高税率等方式提高民间税收负担。

近些年来，我国税收收入在 GDP 中所占的份额不断提高，全国财政收入的增长率经常大大高于 GDP 的增长速度。美国《福布斯》杂志历年发布的"全球税负痛苦指数"中，中国税负负担名列世界前列。这一现象已经引起了一些学者的担心，人们开始讨论这一情况出现的原因及其对社会经济发展的利弊。图 9-1 给出了 1994 年以来我国中央和地方政府财政收入的相对变化情况。从中可以看出，在 2011 年以前，中央财政收入要超过地方（只有三年除外）。2011 年以后，中央财政收入又开始低于地方。这种变化，反映了中央政府在处理中央—地方关系中，关于财权和事权相匹配上所做的努力。

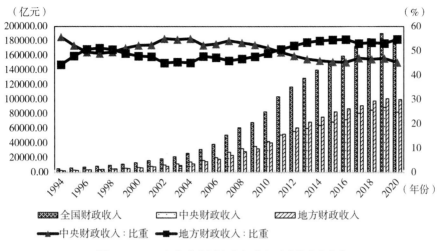

图9-1　1994年以来中国中央和地方财政收入变化①

第四节　地方债的制度变迁

改革开放前，中央政府采取统收统支的财政预算制度，行政上非常集中，采取"全国一盘棋"，此时的预算安排基本是"以收定支"。即便地方政府产生了赤字，也由中央政府安排资金偿还。在这段时间里，地方政府投资的项目好坏参半。首先，建设、投资、发展决策是武断、主观的。其次，项目的立项和核查不充分。在随意上马的过程中，地方政府产生了大量的债务和损失，债务压力很高，开发负担也很大。

1958年，中央政府颁布的《关于发行地方公债的决定》规定从第二年起停止发行经济建设公债，但地方政府可以在必要时发行"地方"经济建设公债。《中华人民共和国地方经济建设公债条例》又规定了地方公债的管理制度。为了支持地方政府发行债券，这一时期，中央政府不再发行国债，也赋予了地方政府对地方债券较大的管理自主权，地方的人民委员会对发行拥有最终决定权，而各级地方政府对债券发行所取得的收入具有所有权和支配权（刘昊，2019）。

"文化大革命"期间，地方政府债务虽然没有收到明确禁令，但在事

_____

① 数据来源：国家统计局网站。

实上停止了，中央和地方政府都没有发债行为。直到 20 世纪 80 年代开始，中央政府提出了要进行分级管理的指导性政策，开始在某些领域开展分权，因此，地方拥有了部分行政自主权，打破了"吃大锅饭"的财政分配格局。这一时期，"放权让利、分灶吃饭"的中央地方财政格局正式确立了。也正是此时，地方自主利益的激励强化地方政府开始举借债务进行发展趋势的形成。

但是，急速增加的举借债务使得地方金融机构的不良资产进一步积累和扩张。地方财政压力不断加重。随后国务院《关于暂不发行地方政府债券的通知》禁止地方政府发行债券，但却没有明确的表明、禁止地方政府用其他方式举借债务，例如隐性担保，组建地方投资平台或者借用公司作为中间手段。

1992 年邓小平发表南方谈话，中国全面进入改革开放时期，地方政府走上了地方经济建设的舞台。1994 年"分税制"改革，地方政府享有的税收份额不仅需要与中央分成，同时还要负责更多的地方开支，形成了"财权上移，事权下移"的现象。为了防止地方政府出现债务问题，1994 年《中华人民共和国预算法》规定："地方各级预算……不列赤字……地方政府不得发行地方政府债券。"①

但是，一个政策的出台总会存在新的漏洞。新出台的《预算法》虽然规定地方政府不得发行债券，但是地方政府采取绕开发行债券的方式，转而采用新建平台、利用中介公司等更加隐蔽的方式举借债务。由于财权事权不匹配，地方政府财政赤字逐步扩大，推动地方政府进行新一轮融资。地方官员晋升激励的加入，进一步扭曲了地方政府举借债务的抉择，地方债务问题开始凸显。标准的激励理论已经证明，如果（行政上的）激励只基于可以测量的指标，容易导致被评价者将工作重点放在可度量的任务上，而不愿分出精力去做难以测量但更重要的任务（周黎安，2007）。同期，财政部出台通知，再次禁止地方政府担保，但对于已经产生的地方政府举借债务，财政部也仅仅要求保证偿还，可谓"轻轻放下"。总之，在这期间中央没有采取强硬的态度来控制地方政府债务行为，事实上是处于

---

① 第二章第二十八条。

一个无约束增长的阶段。

2008 年的金融危机来临之际，政府采取了一系列宏观调控措施。如地方政府大力筹措债务来保增长，主要采取地方债券由中央政府"代发代还"的政策。下一年政府工作报告中提出安排发行地方政府债券，财政部印发《地方政府债券预算管理办法》等一系列文件，规定由财政部代理发行并代办还本付息，地方政府是发行和偿还债务的主体，即"代发代还"。2015 年新的《预算法》颁布，明确规定地方政府必须采取在中央所给定的预算约束之内，通过自发自还政府债券的方式举借债务①。新的政策出台后，地方政府举借债务的大路畅通，小路封堵，地方政府债务治理进入公开的阶段。

第五节　地方债的现状

一　总体规模大与地域不均衡并存

由于统计口径设计不完善、地方政府存在瞒报等现象，我国地方债的真实规模难以统计。就显性债务而言，据中华人民共和国财政部数据，2019 年全国地方政府债务余额 213072 亿元，其中一般债券 118694 亿元、专项债券 94378 亿元、政府债券 211183 亿元，非政府债券形式存量政府债务 1889 亿元。根据财政部预算司数据统计，我国 2013—2020 年的地方债披露数据如图 9-2 所示。自 2015 年以来地方债政府余额不断增加，短短

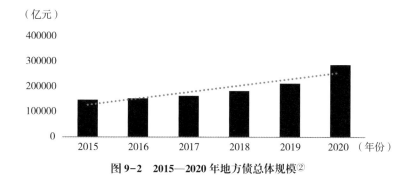

图 9-2　2015—2020 年地方债总体规模②

---

① 第四章第三十五条。

② 数据来源：中华人民共和国国家财政部官网。其中，2020 年数据为规定的限额数据。

五年内政府债余额增加了约 45%，可以见得我国的地方债总量庞大，增长速度也比较快。

同时，由于经济发展状况和地方配套政策不同，我国不同地域地方债规模也不尽相同。如图 9-3 所示，2019 年分省地方政府债余额上来看，东部经济较发达的地区地方债总量较大，而西部和中部地区举借债务额规模较小。

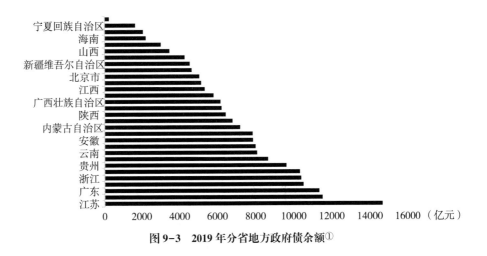

图 9-3 2019 年分省地方政府债余额①

二 发行主体范围有限

新《预算法》规定，预算编制经国务院批准的地方政府的预算中必需的建设投资的部分资金，可在国务院确定限额内，发行地方政府债券举借债务筹措。新《预算法》在对地方债监管以及偿还能力权衡后将地方债发行主体局限于省、自治区、直辖市政府，其他各级政府没有举借债务权限，只能由所属的省、自治区、直辖市代为举借债务，虽然可以有效防范地方政府债务风险，但却有时代局限性。这种举借债务方式事实上违背财税法"政权—事权—财权"层层推进、相互平行的原则。

从现实情况来看，新《预算法》的该项规定与地方政府资金的需求存

---

① 数据来源：Wind 数据库、国信证券经济研究所。

在明显的脱节。目前我国正处于城镇化、新农村建设的进程中，地方政府特别是市县村级政府，需要庞大的财政开支用于当地公共基础设施建设，大多数公共服务供应任务都由他们承担。以村级为例，无法有效筹措资金，直接导致了"资本下乡，农民上楼"的情况出现（周飞舟和王绍琛，2015）。在"资本下乡"过程中，资本占据了主要地位，从配角要素成为农村建设的主要部分。资本和资本所有者与地方政府同样成为级差地租的剩余索取者，分割了农民本来不多的农业收益，并使得"城镇空心化"加剧。

三　债务隐性化

2017 年政治局会议上，强调了要坚决遏制隐性债务增量。2019 年，市场机构测算的数据显示，隐性债务规模大约在 40 万亿元，远超显性债务。我国法律明确规定了地方政府资产负债必须试算平衡，同时对地方债的发行有严格的程序和禁止条列，如仅有二级政府是发债主体，下级政府囿于法律规定，不能直接在平台上大量发债，但是收支又不能平衡，于是巧立名目，间接发债。比如由政府担保企业筹集资金；地方政府自行组建金融平台；在平台上发行外债，最为典型的即为城投债。这些隐性债务没有纳入预算体系，没有实行限额管理，但由于"软预算约束"的存在，这些债务本质上又需要政府兜底。所以很大程度上这些隐性债务导致地方债风险增加（周亮和任静，2020）。

第六节　地方债的治理

Aldasoro & Seiferling（2014）利用面板数据进行分析回归，发现财权与事权不匹配会导致地方政府债务规模扩大。分税制改革强化了中央财政权力，导致了地方政府财力缺口扩大，刺激了地方政府举借债务行为加剧。

事实上，在我国区域发展不平衡的背景下，中央财政集中再分配，是促进地域发展走向平衡的重要方法。下放财权能使那些经济发达、财政充裕的省份减少对债务融资的依赖性（洪小东，2019）。简单认为中央不采取"代发代还",而是"自发自还"是为了让地方政府拥有更多财政自主权、培育地方政府的财政决策自主性,致使地方政府举借债务受到抑制的观点是不完善的。

事实上,中央政府与地方政府要想达到一个财政平衡的状态,最重要的就是削弱中央政府的财政干预,从而强化地方政府的财政主体地位(熊伟,2019)。通过"自发自还",中央政府跳出债务链之外,无须对债务进行隐性担保,说明即使地方政府陷入金融危机,中央政府也不会轻易伸出援手。因此,不会存在预算软约束的问题。同时,在没有中央政府背书的情况下,地方政府债券要想满足投资者的收益预期,就必须加强地方政府的信用评级和偿债能力,迫使地方政府更加负责任地控制资金的使用,抑制投资冲动,使其从财务行为独立走向财务责任独立。再者,地方政府直接面向市场,参与公开的债券评级过程等,脱离了以传统行政手段介入市场的行为,而是采取市场化的行为,把自身作为一个参与者安置在交易之中,这些市场化的操作模式,作为一种外部监督更加强化了对地方政府的市场约束。

中华人民共和国成立以后,中央政府为了在宏观层面把控资源以及导引发展方向,学习苏联的制度,采取了自上而下的高度中央集权,客观上,这种集权式的经济体制,有利于迅速地聚集起可用的经济建设力量,但是严重地缺失自主权,会极大地抑制、扼杀地方政府发展的积极性,经过一段时间,中央意识到在这种制度下,地方的发展受到掣肘。毛泽东在《论十大关系》中指出:"处理好中央和地方的关系……是一个十分重要的问题……我们建国初期实行的那种大区制度,当时有必要,但是也有缺点……以后决定取消大区,各省直属中央,也是正确的。但是由此走到取消地方的必要的独立性,结果也不那么好。"① 于是,1958 年,毛泽东在著名的《论十大关系》中提出进一步下放权力,打破中央和中央部门"管得过多"的局面。"发挥中央和地方两个积极性"的设想大大不同于中央高度集权的计划经济体制,具有极其深刻的历史意义和极其重要的现实意义。

---

① 《毛泽东选集》第 5 卷,人民出版社 1977 年版,第 267-288 页。

职责同构形成的各级"全能型政府",使得权力结构的改组十分困难。在社会转型的过程中,中央政府放松了对地方政府所处的财政领域管控,以往的超常控制和不合理规则也逐渐减少了。这种逐渐放松的管控规则,有效地促进"中央—地方"财政关系的转变。事实上,在央地关系的领域内发生改变的不仅仅是财权和事权,整体的经济、政治,乃至文化范围都产生了距离,让中央和地方处于一个相对独立的位置(王南,1998)。在职责同构体制之下,地方政府在个人偏好或者地域偏好的把控下,仍想要控制地方资源乃至国有资源分配的权限,拖延、阻碍乃至放弃所有权限向社会公开转移的进程。

2016年,国务院又发布了《国务院关于推进中央与地方财政事权和支出责任划分改革的指导意见》,明确规定了中央和地方当局划分和支出责任的固定日期。其中重点强调,到2020年,中国必须从根本上完成中央与地方当局关系关键领域的改革,并为中央和中央一级的财政权力分配和支出责任形成明确的框架。"自发自还"一定程度上缓解了在"职责同构"下的许多无谓消耗。例如,中央与地方的权力、职责和资源范围分化不明确,致使中央地方关系模糊,工作无法向前推进,大部分的时间花费在了权力不断分配、收回、下放和再收回的过程之中。这时,中央政府简政放权给地方政府,地方政府的事权与财权同时扩大,权力划分更加明确,在实际运行中不仅解决了"上级点菜、下级埋单"的财权事权不匹配的问题,也减少了协调中央与地方、各级政府关系的时间,提高管理体系的行政效率并降低成本。

第七节　本章小结

在理论上,对政府提供的产品或服务采取收费而不是税收方式进行补偿,既有效率,也体现了公平。在不考虑征收成本的情况下,应该尽可能采取收费方式。但是,在监督手段不到位的情况下,如果将收费的权力授予地方政府,地方政府会有强烈的动机创设种种收费手段以提高自身收入。"费改税"的一个重要目的就在于限制政府可能出现的乱收费行为。进而,本章讨论了顶层设计下的地方债治理问题。通过梳理历年来地方债发行办法变革总结经验，我们认为地方债的发行和管理过程中存在的问题，并结合不同的视角，试图解释地方债问题中"谁发谁还"的问题。

最后，我们针对税费改革以及地方债治理提出如下政策建议。

首先，应该进行包括税和费的财政总量预算，从法律上控制经济组织和个体的税费负担。

从财政收入的构成看，各发达国家或多或少都存在一定数量的收费，但无一例外地将其纳入预算统一管理。并且，政府收费均须通过法律程序（议会辩论并举行听证会等）才能立项，与之相关的收费机构、收费总量及收费标准的制定者，也都在相关的法律中予以明确。只有建立起这些足够大的政府外部的制衡力量，所谓"以法治费"才能成为现实。

其次，打破行政和经济的地区限制，鼓励地方政府之间的竞争，约束地方政府的行为。

除了政府内部相关机制能够对各行政事业单位的权力进行一定的制约以外，地方政府之间的竞争也能够自动约束其相关行为。随着国内地区分割的逐渐消失，资源在国内的流动越发自由。如果某地方政府不约束自身行为，出现乱收费、乱摊派的现象，就会降低外地企业在当地的投资意愿，甚至本地企业有可能不堪重负而选择离开。因此，为了发展本地区的经济，地方政府会竞相创造良好的投资环境，这必然需要约束自身的行为。

最后，努力提高征收技术，降低收费成本，适度扩大收费的范围。

在控制政府乱收费的情况下，通过技术进步降低收费成本，便可以扩大收费的范围，减少税收的种类，使得所有使用或享受政府产品或服务的人承担其必需的成本，减轻甚至消除那些少使用乃至不使用政府产品的人的负担。

第十章　顶层设计下的依法行政*

第一节　引言

如果一件产品或服务的生产需要使用某种中间产品投入，企业在什么情况下会自己生产该投入，在什么情况下选择到市场上购买？换句话说，一项交易何时应该由市场组织，何时应在企业内部组织？由 Coase（1937）首先提出的这个问题引发了关于企业本质、边界、层级等广泛而持续的讨论。

在 Arrow-Debreu 新古典完全竞争市场分析框架中，Coase（1937）首先提出的这个"制造抑或购买"（make-or-buy）的问题并不存在。由于信息是充分的，要素投入的边际贡献能够在市场上得到准确度量，厂商将其与要素市场价格相比较以决定要素投入量，并将生产规模保持在长期平均成本最低的水平。

在考虑到交易费用这一存在"摩擦"的分析框架中，Coase（1937）为理解企业与市场的相对边界提供了一个一般性框架。他指出，企业产生的缘由是相对于市场运行费用的节约，但其自身的运行也有费用。企业自身的运行费用随着规模的扩大而逐渐上升，当它在边际上与市场费用相等的时候，就达到了这两种生产组织方式的均衡边界[①]。从合约视角来看，

＊　本章部分内容得到张琦杭的研究协助，在此致谢。
①　关于为什么要建立企业，可参见李石强（2011）的综述。

Holmström & Roberts（1994）和 Holmström（1999）直接将企业看作提供各种激励的系统，在监督成本的约束下，企业相对于市场提供最优激励就决定了其自身的边界。从资产角度看，企业被视为资产尤其是实物资产的集合，强调不同资产集合的激励作用，认为应该按照鼓励最大化总盈余的事前关系专用性投资的原则来决定是否通过一体化将市场交易纳入企业内部（Hart，1995）。

随着近年来微观计量方法的迅速发展，许多学者开始运用企业级的微观数据来检验企业规模的决定因素[①]，国内的学者对此也做过不少研究。例如，方明月和聂辉华（2008）发现主营业务收入、资产专用性程度、研发费用、利润与产权保护程度都对企业规模有显著影响。邵传林和裴志强（2015）发现制度环境对企业规模存在"U"形影响效应。当地区制度环境质量大于一个门槛值时，地区制度的改善就会对企业规模产生促进作用。已有的研究中对于制度环境的度量有不同的方式，对于契约环境多采用《中国市场化指数》中的各个指数进行度量，对于地区廉洁程度则多采用地区贪污贿赂立案数进行度量。

本章尝试运用《中国法律年鉴》和中国工业企业调查数据库，就政府依法行政水平对工业企业规模的可能影响进行初步的讨论。本章在控制相关变量的基础上，用行政复议案件数来度量地方政府的依法行政水平，发现地方依法行政水平对地方企业规模存在显著的正向影响。稳健性检验则表明，行政复议案件数是地方依法行政水平的有效代理指标。

本章的研究仅仅是探索性的，尝试在顶层设计的框架下讨论政府与市场在某些方面的互动关系，并从以下两个方面丰富前人的研究：第一，考察了地方依法行政水平对企业规模的正向影响作用，为进一步的制度环境对企业影响研究提供理论线索。第二，基于中国工业企业数据库探讨地方依法行政水平对企业规模的影响，样本包含所有规模以上工业企业数据，已有研究则多基于上市公司数据展开研究。

本章余下部分安排如下：第二节是政府依法行政的理论背景介绍，第三节是研究假设和回归模型设定，第四节对回归结果进行分析，第五节对

---

① 可参考聂辉华和李文彬（2006）的综述。

模型进行稳健性检验，最后是本章小结。

第二节　理论背景

政府有很多职能，有政治的、社会的、军事的以及经济的职能，本书只关注政府的经济职能。每个国家的政府，都有责任维护市场的公平交易、公平竞争，经济正常、有序运行。为此，政府一方面可以作为经济主体直接从事和参与经济活动；另一方面则要制定一系列法律法规，界定并保护相关经济主体权利，在此基础上构造相应的经济游戏规则（rule），并通过相关政府机构和各级官员的行为，保证这些规则得到有效执行。政府的这类职能相当于亚当·斯密所说的"守夜人"职能，作为经济活动的裁判，规则的执行者，维护经济秩序。

政府建立这些规则，是要建立和维护正常的交易秩序。所以，这些规则都要事前公开，并具稳定性、一般性或普适性，从而形成交易主体的合理预期，构造理性行为。规则的执行并不针对特定个人或特定企业的特殊情况或者特殊的市场环境，也不会随对象、条件、环境的变化而改变，否则就不成其为规则。

相应地，政府对于行政人员（公务员）的需求，就取决于政府自身的职能定位。执行"守夜人"职能的政府官员无须根据自己的判断积极主动地选择相关行为，而仅仅需要依据明确规定的法律和行政法规来对相关事项做程序化的审查、批准、验收、监督、控制等工作。例如，审查某项交易是否存在欺诈，投资生产是否符合安全、环保标准，企业是否具有所要求的资质，产品质量是否达到某种标准，业务是否合规等。这些事项只要符合要求，政府都应该批准，不符合要求都应否决和加以禁止，对违反规定的则进行处罚。这样，政府就能保证国家制定的法律法规得到执行，维持正常的经济秩序。

但是，几乎所有现代国家都并不满足于作为"守夜人"，而在不同程度直接从事和参与经济活动，从而具有经济主体的职能。第一，以政府自身拥有的经济资源，如财政资金、国有企业、矿藏、森林、土地等，通过国有企业直接投资、雇用员工组织产品生产，从事基础设施建设，或是向特定人群提供福利设施，向特定领域的特定企业进行政府补贴等。第二，政府可以运用行政权力直接制定产品价格，授予某些企业以特许经营权，在某行业或领域设立准入门槛，直接减免企业税赋，制定行业环境排放标准，乃至直接要求企业关闭等。第三，政府还可以综合运用行政权力和经济资源，综合运用财政政策或货币政策等手段以扩大总需求，对宏观经济进行调控。

无论是在微观经济领域还是宏观经济领域，无论是运用政府自身拥有的经济资源还是直接运用行政权力，政府在作为经济主体行事的时候都不会仅仅限于"照章办事"。不论是补贴资金用于什么地方，矿藏资源是由国有企业开发还是交由私人企业开发，国有企业生产产品的种类、方式以及价格，制定产品的管制价格的水平，将特许经营权授予谁，如何确定接受补贴或扶持的企业以及如何扶持，如何确定行业标准乃至关闭企业的条件，应该运用财政政策还是货币政策，应该实施扩张性政策还是紧缩性政策以及相应的力度大小，都要随着社会经济环境的变化而变化。所有的决策都要依存于很多不同的变量，这些变量随时都会发生变化，具有很强的不确定性。

因此，当政府需要作为一个经济主体参与经济活动时，将不存在一个既有的程序化的事前规则供行政人员遵循和照章办事。这时，行政人员需要根据经济和社会环境的变化做出合理科学的判断，主动地做出灵活的选择或决策。进一步，由于政府的这类决策是事后的，难以在事前形成明确预期，所以对经济运行所造成的影响也会具有较大的不确定性。政府决策对经济活动影响的大小，取决于政府所拥有的经济资源和行政权力的大小。另外，此时行政人员有关经济事务的决策没有公开确定的规则作为依据，而是对市场环境变化做出的灵活反应，其合理性也很难得到一致公认的评价，很难对其进行客观的监督和考核。这样，政府及其下的行政人员就有可能会运用手中的资源和权力谋取私利。

中国各级行政部门拥有巨大权力这一现象从 1949 年中华人民共和国成立以来就已开始并且始终存在，而非新近出现。但是，进入到 20 世纪 90 年代以后，随着市场经济的不断发展，政府部门也很容易积极主动进入不应进入的领域，例如在经济领域主动干预市场运行，干预企业经营。2011

年 10 月 10 日，财新《中国改革》在北京举办了"财新圆桌·公权力与民营企业家财产权利保护"研讨会。与会学者对几个典型案例进行了详细讨论和分析，认为中国行政部门权力之巨大，已经达到能够对民营企业家的财产权利实施侵害的程度。结论也是显而易见，应该从制度上遏制行政部门对公权力的滥用行为，维护司法公正，保障民营企业家的人身权利和经营自由。这次会议为我们了解行政部门巨大权力被误用的可能性及其危害提供了鲜活的案例，令人深思。

公共部门对私人部门的利益实施侵害，根基于其手中拥有的巨大的行政权力。依法行政毫无疑问很重要，但更重要的是通过明确的行动规则对行政部门所掌握裁量权进行限制，以及对行政作为的有效性进行事后司法审查，防止出现如解释法律法规不当，行政执法标准不统一，执法程序和方式不当甚至滥用行政裁量权的行为，从根本上制止公权力对私人部门利益的侵害。

在这样的背景下，国务院于 1999 年颁布了《关于全面推进依法行政的决定》。2001 年，国务院全面开始行政审批制度的改革，并于 2003 年颁布《行政许可法》。2004 年，国务院颁布了《全面推进依法行政实施纲要》，明确了建设法治政府的目标，强调加强政府立法和制度建设；坚持依法决策，对重大决策必须进行合法性审查；严格依法办事，政府所有行政行为都要于法有据、程序正当；全面推进政务公开。2005 年，国务院办公厅印发《关于推行行政执法责任制的若干意见》。2008 年，国务院颁布《国务院关于加强市县政府依法行政的决定》，强调重视和发挥社会监督的作用。2010 年 8 月 27 日，温家宝在国务院召开的全国依法行政工作会议中敦促各级政府和所有工作人员贯彻实施《全面推进依法行政实施纲要》。2014 年 10 月，党的第十八届四中全会通过了《中共中央关于全面推进依法治国若干重大问题的决定》，提出依法治国是坚持和发展中国特色社会主义的本质要求和重要保障，是实现国家治理体系和治理能力现代化的必然要求，是党领导人民治理国家的基本方略，而依法执政则被确定为党治国理政的基本方式。

依法行政对政府的权力实施了约束，有助于市场主体在事前形成明确预期，对于企业生产经营中的各种决策就会产生相应的影响。

第三节　研究假设、数据与模型设定

一　研究假设

2013 年新一届政府成立后，发布了《国务院机构改革和职能转变方案》，开启了新一轮的政府职能改革。本轮改革将简政放权作为突破口，强调要处理好政府与市场、政府与社会、中央和地方、政府部门内部的关系。李克强总理提出，国务院部门在本届政府任期内要将实施的行政审批事项减少 1/3 以上，把"放管服"作为宏观调控的关键工具。2019 年，党的十九届四中全会继续强调深入推进简政放权改革，比如深化行政审批制度改革，实行政府权责清单制度，厘清政府与市场、政府与社会的关系。同时，要赋予地方更多的自主权，构建中央到地方权责清晰、运行流畅、充满活力的工作体系；要优化政府组织机构。

对于政府的依法行政水平，行政复议案件数是一个可行的代理变量。从直觉上看，一个地区政府有较高的依法行政水平，往往能为企业的发展创造一个稳定良好的市场环境，有利于企业所有者形成一个稳定预期从而愿意进行长期投资和技术创新，不论是创新企业的组织形式，引入新的产品与服务，拓宽新的营销渠道，或者重新组织原有的生产要素，都可能为企业规模的扩大提供坚实基础。

从理论上看，中央对地方政府灵活变通做法的态度变化往往会表现在行政诉讼案件的立法和执法层面。首先，即便地方政府长期以来已经因为在许多问题上经常偏离既定规章制度而饱受诟病，《行政诉讼法》直到 1989 年才得以通过，并且对诉讼主体资格和诉讼范围也有较多限制，导致原告在很多行政纠纷中面临"起诉难"的问题。相对于民事诉讼和刑事诉讼，行政诉讼的一审结案数比例极低，上诉率最高，申请再审率也最高，改判率却很低（包万超，2013；何海波，2012）。更能表明中央态度的是未经诉讼程序的非诉行政案件中由法院裁定予以执行——非诉执行案件——的数量。这一方式是从 1993 年开始采用的，旨在维护行政机关行使行政职权，因而更能代表政府单方面的行为意志。由图 10-1 可以看到，

1990 年以来，每年非诉行政案件的数量都远超行政诉讼案件，并且绝大多数都被裁定予以执行。这意味着政府对行政执法实际上普遍采取着默许、保护和容忍的态度。非诉执行案件的数量在 1999 年前始终处于上升状态。

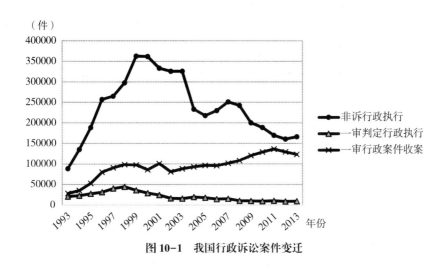

（件）

图 10-1 我国行政诉讼案件变迁

从 1999 年开始，中央对地方政府行政违法的态度发生了逆转，非诉执行案件的数量开始逐渐下降。国务院于该年颁布了《关于全面推进依法行政的决定》，《行政复议法》也开始实施。几乎同时地，通过诉讼一审判决执行的行政案件数量在 1998 年达到顶峰，然后在总体上开始下降。2000年，最高法院公布行政诉讼法的司法解释，原告标准从行政相对人放松为所有"与具体行政行为有法律上利害关系的公民、法人或者其他组织"，受案范围扩大到除国防、外交、抽象行政行为、刑事诉讼、内部行政行为、仲裁行为等以外的所有范围。2001 年，国务院全面开始了行政审批制度的改革。

到 2008 年，国务院颁布《关于加强市县政府依法行政的决定》之后，政府开始花大力气推进依法行政。2010 年 8 月 27 日，温家宝在国务院召开的全国依法行政工作会议中敦促各级政府和所有工作人员贯彻实施《全面推进依法行政实施纲要》。最高法院也在这段时期就行政诉讼"起诉难"问题密集表态，要求地方法院"不得随意限缩受案范围，不得额外增加受理条件"①，坚决清除限制行政诉讼受理的各种"土政策"②。从图10-1来看，非诉执行案件数量在 2005—2007 年是增加的，之后才又开始逐渐下降。基于以上讨论，我们首先做出如下假设。

假设 1：依法行政水平与企业规模正相关。

在当前中国社会经济转型的社会制度环境中，企业既可通过自主创新谋取发展，也能够通过政治关联获得发展。

假设 2：与国有企业相比，依法行政水平对非国有企业规模的影响更大。

政府补贴可以作为检验企业与政府特殊政治联系的代理变量。在中国 1978 年启动改革开放以后，地方政府日益拥有越来越大的可自主支配的自主权和财政权，逐渐成为地方经济发展的重要影响因素。地方政府为维护地区经济形象和提升自身政绩，往往会积极对企业尤其是本地有较大影响力的企业进行补贴，这是政府扮演"扶持之手"的时候经常直接运用的手段。因此，我们做出如下假设。

假设 3：其他条件不变的情况下，政府补贴对企业规模有正向作用。

二　数据来源

我们使用的行政复议案件数来自《中国法律年鉴》（2004—2008年），企业微观数据来自中国工业企业数据库。中国工业企业数据库的统计是基于国家统计局进行的"规模以上工业统计报表统计"取得的资料整理而成，对象为规模以上工业法人企业，包括全部国有和年主营业务收入在 500 万元及以上的非国有工业法人企业，覆盖了中国工业 40 多个大类、90 多个中类、600 多个小类。为消除极端值的影响，我们对主要变量进行 1% 的 Winsorize 处理。为了得到在五年间一直存续的企业数据，我们将未能在 2004—2008 年一直存续的企业剔除。这样，原样本共534377 个企业，数据观测值为 1596734 个，经过处理后剩余 172688 个企业，共 863340 个观测值（经过截尾处理，后文中结果报出的观测数会

---

① 最高人民法院：《关于当前形势下做好行政审判工作的若干意见》（2009 年 7 月 5 日）。

② 新华网：《最高法院要求坚决抵制和清除行政诉讼受案"土政策"》，http://news.xinhuanet.com/legal/2010-05/22/c_ 12130201.htm。

有所不同）。在这样处理后，我们将数据设定为平衡面板数据，个体变量为 panelid，时间变量为 year。

三　模型与变量

基于前面的理论讨论，我们建立如下计量模型：

$$lnsize_{it} = \alpha_0 + \beta_1 lneff1_{it} + \beta_2 n_{it} + \beta_3 lnbtsr_{it} + \sum Con_{it} + \sum prov_{it} + qzgy_{it} + \varepsilon_{it}$$

在以上回归方程中，因变量 $lnsize$ 为企业规模。企业规模的大小可以按照企业投入规模参数（职工人数、固定资产原值、投资额等）或企业产出规模参数（产品产量、产值、销售额、利润总额、附加价值等）来进行度量。同时，由于划分企业规模的标准是相对的，企业规模大小也是一个相对的概念。按照国家统计局 2011 年发布的企业规模划分标准，我们以从业人数、销售额和资产总额三项指标作为共同划分依据[①]。

具体地，我们在已有文献的基础上，结合实际数据的情况，选择用资产总量和工业销售产值作为企业规模的度量指标。资产总量表示一个企业拥有总资产的规模，包括固定资产、存货、货币资金等流动资产，可以有效反映企业规模的大小。工业销售产值则是以货币表现的工业企业在报告期内销售的本企业生产的工业产品总量。包括已销售的成品、半成品价值、对外提供的工业性作业价值、对本企业基建部门和生产福利部门等提供的产品和工业性作业及自制设备的价值（均按照现行价格计算）。这样，我们在解释企业规模时加入了生产、经营、销售产品的价值因素，能够对企业的规模大小进行更全面的度量。

解释变量 $lneff1$ 是地方政府的依法行政水平，用各地区的行政复议案件数来度量。行政复议是一种尝试解决民众或企业与政府之间的行政争议的制度，主要指公民、法人或其他组织认为行政机关的行政行为侵犯其合法权益，依法向有复议权的行政机关申请复议或复审的法律制度。随着我国社会主义市场经济的不断发展，社会经济生活中的各种矛盾逐渐增多，同时这些矛盾所涉及的专业性、技术性也不断增强，使得传统上处理各类矛盾纠纷的法院面临着巨大的压力。在这种情况下，我国开

---

① 工业和信息化部、国家统计局、国家发展和改革委员会、财政部《关于印发中小企业划型标准规定的通知》（工信部联企业〔2011〕300 号）。

始让行使公权力的行政机关同时也担负起解决因其自身行为所产生争议的任务，并且将一些与社会政策相关的民事纠纷也一并解决，达到维护社会稳定的目的。如今，解决行政争议和与行政相关的民事纠纷，已成为我国各级行政机关职能的一部分。因此，本章使用行政复议案件数作为地方政府依法行政水平的度量。行政复议案件数越多的地区，行政争议越多，代表地方政府依法行政水平越低。这样，解释变量 $lneff1$ 的回归系数应该显著为负。

变量 n 是代表企业性质的虚拟变量，若为国有企业取 1，非国有企业则取 0。根据前面的假设，非国有企业受地方政府依法行政水平的影响更大。也就是说，政府依法行政水平越低，国有企业相对于民营企业的规模可能会越大，亦即自变量 n 的回归系数应该显著为正。

最后，$lnbtsr$ 为政府补贴总额的对数。根据前面的假设，其回归系数应该显著为正。

借鉴已有的相关文献，本模型中引入的控制变量包括经营绩效（ROA）、企业年龄（Age）、资本密集度（$zbmjd$）和资产专用性（$zczyx$）。同时，用 $\Sigma prov_{it}$ 表示省份固定效应，由 30 个省份虚拟变量衡量。为了控制不可观测的行业固定效应，我们还引入了行业虚拟变量 $qzgy$。具体变量解释与定义见表 10-1。

表 10-1   **变量的定义**

变量名称	变量解释	变量定义
$Lnsize1$	企业规模	ln（总资产）
$Lnsize2$	企业规模	ln（工业销售产值）
$Lneff1$	行政能力	ln（行政复议案件数）
n	国有企业虚拟变量	国企＝1，非国企＝0
$Lnbtsr$	补贴收入	ln（企业获得的政府补贴）
$lnyjkff$	研发费用	ln（$R\&D$ 成本）
Age	企业年限	研究年份–开工年份
ROA	总资产收益能力	利润总额/资产总额
$zbmjd$	资本密度	ln（人均固定资产）
$zczyx$	资产专用性	固定资产/总资产

变量名称	变量解释	变量定义
prov	省份	由省份代码生成虚拟变量
qzgy	轻重工业虚拟变量	轻工业 = 1，重工业 = 0
α_0	常数项	
ε_{it}	误差项	

具体的操作如下：首先，以行政复议案件数作为依法行政水平的度量，研究其对不同地区工业企业规模的影响，验证两者间确实存在显著正相关关系，说明地方政府依法行政水平确实对企业规模存在正向影响。进一步，引入政府补贴变量进行回归，发现依法行政水平的相关系数绝对值变大，说明政府补贴与我们选取的行政复议案件数之间有一定的相关关系，这提示我们在进一步研究时引入政府补贴以分离其自身对依法行政水平的影响。最后，我们使用行政应诉案件数相对于行政复议案件数的比例作为对依法行政水平的度量进行稳健性检验，说明行政应诉案件数与行政复议案件数都可作为行政能力的有效度量。

第四节　回归分析

一　描述性统计与相关性分析

表 10-2 列示了样本企业规模两个度量变量与所在地区政府依法行政水平的情况。可以看出，经对数化处理后的企业规模变量比较平滑，但标准差较大，说明企业规模在不同地区有很大差异。另外，变量 $lneff1$ 的标准差为 0.561，也有较大差异。

表 10-2　　　　　　　　　**主要变量的描述性统计**

Variable	Mean	Sd	Min	Max
$lnsize1$	10.031	1.146	8.434	12.001
$lnsize2$	10.758	1.079	9.200	12.551

Variable	Mean	Sd	Min	Max
*lneff*1	8.275	0.561	3.434	9.145
lnbtsr	5.482	1.79	2.639	8.133

主要变量的相关性分析如表 10-3 所示。可以看出，两类企业的规模衡量指标之间在 5% 水平上显著正相关，说明本章选择的两类规模测度指标具有较强的一致性，用它们来衡量企业规模有可能得出类似的结论。同时，解释变量 *lneff*1 与 *lnsize*1 和 *lnsize*2 之间均为显著负相关（相关系数分别为 -0.0831，-0.0053）。这初步表明，随着地区依法行政水平的提高，企业的规模也将显著增加。企业产权性质与企业规模呈显著正相关，说明国有企业普遍规模更大；与国有企业相比，非国有企业更容易受到地区依法行政水平的影响。政府补贴与企业规模正相关，说明政府的扶持对企业规模有扩大作用。同时，值得注意的是，依法行政水平越低的地区，政府补贴更多（相关系数显著为正），国有企业更多获得政府补贴（相关系数为负），国有企业数量越多（相关系数为正）。

表 10-3 主要变量的相关性分析

	*lnsize*1	*lnsize*2	*lneff*1	*n*	*lnbtsr*
*lnsize*1	1				
*lnsize*2	0.7084**	1			
*lneff*1	-0.0831**	-0.0053**	1		
n	0.2368**	0.0993**	0.1760**	1	
lnbtsr	0.3992**	0.3716**	0.1381**	0.2250**	1

注：**表示在 5% 水平上显著。

二 回归分析

首先，以企业总资产规模为因变量展开回归，将数据进行时间自相关性检验后发现 F 值为 0.47，不显著，因此可以接受无时间效应的原假设。另外，根据 F 检验和 Hausman 检验，应该选择固定效应回归方法。我们逐步加入行政能力度量变量（*lneff*1）、产权性质（*n*）、政府补贴（*lnbtsr*）进行回归，得到模型1—3。然后，以同样的方法对企业工业总产值（*lnsize*2）进行回归，得到模型4—6。回归结果如表10-4所示。

从回归结果可以看出，以行政复议案件数为度量的依法行政水平测度确实对地区企业规模有显著的正向影响，无论是以企业总资产还是企业工业总产值为因变量，系数均显著为负，在其他条件不变的情况下，行政复议案件数每上升1%，企业总资产平均下降0.123%，企业工业总产值下降0.257%，这验证了我们的假设1，依法行政水平越高的地区，企业规模通常越大。

对解释变量企业产权性质来说，在以工业总产值为规模度量的模型5和模型6中有显著的负向作用，而在以企业总资产为规模度量的模型2和模型3中不显著，且对依法行政水平的回归系数几乎无影响，说明在后续研究中无须再加入产权性质进行回归。

政府补贴确实对企业的发展有正向作用，在模型3和模型6中得到验证，政府的补贴与企业发展显著正相关。更重要的是，引入政府补贴后依法行政水平的相关系数绝对值变大，说明政府补贴与我们选取的行政复议案件数之间有一定相关关系，原有模型可能存在遗漏变量误差，即依法行政水平的系数中包含了政府补贴的正向影响。这提示我们，若要采取以行政复议案件数为依法行政水平的度量，应该把行政补贴引入进来加以控制。

表10-4　　　　　　　地区依法行政水平对企业规模的影响

Dependent Variable	*lnsize*1			*lnsize*2		
Model	m1	m2	m3	m4	m5	m6
*lneff*1	-0.080***	-0.080***	-0.106***	-0.116***	-0.116***	-0.110***
lnyjkff	0.027***	0.027***	0.020***	0.037***	0.037***	0.030***
age	0.005***	0.005***	0.005***	0.006***	0.006***	0.005***
ROA	-0.029	-0.029	-0.011	0.731***	0.731***	0.816***
zbmjd	0.166***	0.166***	0.123***	0.125***	0.125***	0.108***
zczyx	0.000	0.000	0.000	-0.626***	-0.625***	-0.700***

Dependent Variable	lnsize1			lnsize2		
Model	m1	m2	m3	m4	m5	m6
qzgy1	0.006	0.006	0.028	-0.061^{**}	-0.060^{**}	0.015
n		0.017^{**}	0.018		0.035^{***}	0.039^{**}
lnbtsr			0.016^{***}			0.012^{***}
_ cons	10.813^{***}	10.823^{***}	11.387^{***}	11.333^{***}	11.329^{***}	11.530^{***}
地区效应	YES	YES	YES	YES	YES	YES
时间效应	NO	NO	NO	NO	NO	NO
r2	0.137	0.137	0.138	0.125	0.125	0.122
r2_ a	0.136	0.137	0.137	0.124	0.125	0.121
N	64551	64551	20100	64522	64522	20091
F	694.796	608.256	143.603	858.732	754.402	143.603

注：＊表示在10%水平上显著，＊＊表示在5%水平上显著，＊＊＊表示在1%水平上显著。

第五节　稳健性检验

在这一部分，我们用行政应诉案件数替换行政复议案件数作为对依法行政水平的度量，重新进行回归。与行政复议案件数更多表示社会公众对政府处理行政事务的不满所不同的是，行政应诉作为政府对诉讼案件的回应，代表着政府有信心认为自己在处理行政事务时是遵循了行政规章制度的。最高人民法院2016年7月下发通知要求，人民法院要支持当地党委政府建立和完善依法行政考核体系，人民法院可以通过司法建议、白皮书等适当形式，就本地区行政机关出庭应诉工作和依法行政考核指标的实施情况、运行成效等问题，及时向行政机关做出反馈和评价，并可以适当方式将本地区行政机关出庭应诉情况向社会公布，以促进和发挥考核指标的倒逼作用，提高行政机关依法应诉能力和依法行政水平①。因此，应诉案件相对于复议案件数的比例越高，代表当地政府的依法行政水平越高，我们预期它将与企业规模应有正相关关系。表 10-5 展示了以应诉案件数/复议案件数 *eff*2 为解释变量对企业规模进行的回归结果。回归结果证明了我们的猜想，以应诉案件数相对于复议案件数的比例作为依法行政水平的度量，对企业规模有显著正效应（系数分别为 0.213 和 0.208），说明依法行政水平越高，企业规模越大。

表 10-5　　　　　　　　　　稳健性检验

Variable	b1	b2	m3	m6
*eff*2	0.213***	0.208***		
n	0.019	0.039***	0.018	0.039**
lnbtsr	0.016***	0.011***	0.016***	0.012***
lnyjkff	0.019***	0.029***	0.020***	0.030***
age	0.004***	0.005***	0.005***	0.005***
ROA	0.000	0.827***	−0.011	0.816***
zbmjd	0.123***	0.107***	0.123***	0.108***
zczyx	−0.000	−0.682***	0.000	−0.700***
*qzgy*1	0.021	0.009	0.028	0.015
*lneff*1			−0.106***	−0.110***
_ cons	10.252***	10.501***	11.246***	11.530***
地区效应	YES	YES	YES	YES
时间效应	NO	NO	NO	NO
r2	0.151	0.129	0.138	0.122
r2_ a	0.150	0.128	0.137	0.121
N	20100	20091	20100	20091
F	138.721	190.296	143.603	205.632

① 《最高人民法院关于行政诉讼应诉若干问题的通知》，2016 年 7 月 28 日。

第六节　本章小结

1949 年中华人民共和国成立以后，中央政府通过赋予各级行政部门较大的裁量权，使得自己不断变化的目标能够为下级所领会，并在很大程度上得以实现。中国各级政府因此表现出来的相对于西方国家而言的高度灵活性，也得到了深陷经济危机之苦的许多西方国家的赞赏。

随着中国市场经济体系建设的日益成熟，中央政府的目标逐渐稳定，行政部门运用公权力谋取私利的动机大为增强，对其行政作为的监督审查难度增加的情况下，应该通过立法填补法律空白，修改过时条款，制定详细而明确的行政部门行事规则，逐渐收回乃至取消行政部门的裁量权，是中国政府向以经济建设为中心转变的必然趋势。

党的十八大以来，中国开始进入开放发展的新阶段。在中央政府日益强调依法行政和依法治国的背景下，进一步研究依法行政水平对企业规模的影响因素，为理解政府与市场的互动关系，为中国政府职能转变提供理论依据和政策建议。

大量的事实告诉我们，国家在工业化中所扮演的角色是各国工业化道路上产生显著差异的最重要因素。政府通过制定经济发展战略和产业政策以及建立一系列相关制度，直接干预或间接影响资源配置，从而改变经济发展的方向，或重新塑造经济发展的过程。由于中国的工业化从一开始就是由国家规划和推动的，政府干预在其中起到了重要作用。政府如果能够不断提高自身的依法行政水平，可以为企业发展消除制度障碍，帮助其形成合理预期，从而愿意进行长期投资，敢于花大力气做好基础研究工作，力争突破技术瓶颈，在价值链上不断往上攀登。

本章利用 2004—2008 年全国规模以上工业企业构成的平衡面板数据，以政府依法行政水平为解释变量，检验了决定中国企业规模的因素。我们发现，依法行政水平、政府补贴对企业规模有显著积极影响。在依法行政水平越高，政府补贴越多的地区，企业规模越大。另外，采取应诉案件数相对于复议案件数的比例进行稳健型检验，也得出了一致的结论。这说明，依法行政水平确实是企业规模的重要影响因素，我们所采取的指标也是对依法行政水平的可靠度量。这说明，即便对于非国有企业而言，政府也应该继续坚持职能转变、治理模式深化改革，完善法制和市场制度，为企业做大做强创造适宜的营商环境，最大限度地减少企业成长中的行政障碍。

最后，本章的研究仅仅是探索性的。受可得的数据所限，我们搜集的行政复议和应诉案件数据只是对地方政府依法行政水平的初步代理指标，还有改进的空间。对企业规模的控制变量也可以进一步扩大。在计量方法上还存在许多不足，模式设定和识别策略上还存在许多可改进之处。这些都是未来可以进一步改进的方向。

第十一章　顶层设计下的国家治理体系

第一节　引言

纵观本书，我们始终坚持权力从上而下层层授予的基本逻辑框架。在这个一以贯之的思路下，我们对顶层设计下国家治理体系的若干方面问题进行了探讨。本章对此进行一个简短的归纳，并对相关领域未来的可能发展进行展望。

大致来说，自上而下的授权现象为研究者提出了三个理论问题：（1）是否应该授权？如果授权，其范围和大小程度如何决定？（2）给定授权后，获得授权的代理人的行为模式；（3）政府组织结构与中央向地方授权决策的相互影响。

在理论上，"决策中心注意力"（headquarters attention）这一组织稀缺资源对于组织内部的授权决策中发挥着重要作用。首先，给定下属的能力水平，当委托人面对大量待处理事务时，委托人由于精力有限，无暇一一顾及，只能将一些相对次要的事务授权给下属。当委托人考虑向多个下属授权时，应该在财务约束下，尽量将替代性较强的事务分派给不同的下属，而将互补性较强的事务分派给同一个下属。进一步，财务约束可以限制组织因向下层层授权而自我扩张的倾向，从而得出一个组织的最优规模。其次，在委托人不了解代理人能力水平的时候，授权就可能成为一种对代理人的甄别手段。由于不同能力的代理人在分辨不同任务重要性的过程中所需付出的成本不同，通过适当选择授权范围和相应的薪酬水平，就能够让不同能力代理人在不同授权合同之间进行自选择（self-selecting）。

顶层设计视角下的国家治理会遇到信息收集和决策中心注意力的双重困难，从而会发展出规模较大的行政体系。自 20 世纪 70 年代末开始，全球出现了以中央向地方分权为表现的趋势。从历史来看，中国始于 1978 年的改革开放实际上是这一浪潮的一部分。但是，中国的分权式改革主要是在经济领域进行的，逐渐形成了"经济上分权，政治上集中"的中国模式。也就是说，可以将中国的政府治理结构看作一个两层授权体系：上级政府对下级政府的授权（人事任命制），以及各级政府对职能部门行政官员的授权。在改革前期以经济增长为主要目标的情况下，这一模式促进了地方政府之间为促进本地经济增长而展开激烈的竞争，加强了地方政府发展经济的激励，被公认为中国增长奇迹的重要原因。但是，随着中国政府目标由纯粹的经济增长逐步转向促进民生的和谐发展，这一模式缺乏对地区政府的综合评价机制的缺陷就日益显露。

然而，多元化的政府目标与政府治理结构的两层授权体系存在冲突之处。这是因为，一些政府目标虽然是可以为上级政府所观察的（如经济增长率），但也有许多目标是上级政府难以观察的（如居民幸福度），从而难以对政府首脑的工作业绩进行综合评价，也就难以对地方政府首脑形成有效激励。解决的办法，一是部分收回地方政府的权力，重新回到集中管理的体系；二是下放部分人事任免权，让财权、事权和官员责任更好地匹配起来。

本书在理论上研究了最优授权理论的基本框架及其发展线索，在此基础上讨论了中国政府层级结构的调整，在按规则治理和授予行政裁量权这两种行政官员治理方式之间的选择，以及地方政府在给定授权和不同组织结构下的行为模式，包括对行政人员能力的需求、在规则（法律）制定中的立法委托、对突发公共事件的治理、组织机构的设计、简政放权改革、依法行政及其与市场的互动关系等。

本章旨在对全书的基本思路和观点进行总结和回顾，余下内容安排如下：首先，我们梳理了"择天下英才而用之"这一人才政策的国家治理逻辑。其次，我们讨论了简政放权改革在何种意义上能够促进社会创新。再次，我们对如何在制度设计上保障内部监督的有效性进行讨论。最后，我们简要展望了未来可能的研究方向。

第二节　"择天下英才而用之"*

党的第十九届四中全会强调，我国的国家制度和国家治理体系具有坚持德才兼备、选贤任能，聚天下英才而用之，培养造就更多更优秀人才的显著优势。在这次大会通过的《关于坚持和完善中国特色社会主义制度推进国家治理体系和治理能力现代化若干重大问题的决定》中，中共中央提出要把提高治理能力作为新时代干部队伍建设的重大任务，坚持党管干部原则，把制度执行力和治理能力作为干部选拔任用、考核评价的重要依据。要尊重知识、尊重人才，加快人才制度和政策创新，支持各类人才为推进国家治理体系和治理能力现代化贡献智慧和力量。从历史来看，这一论述与党对干部素质的要求从抗日战争时期的"才德兼备"，1949 年后执政初期的"人尽其才"，到计划经济时期的"又红又专"和改革开放以来的"德才兼备"一脉相承。

"专"和"才"指业务素养乃至治理能力，既包括对于相关信息的收集和处理能力，也包括相关政策的制定、执行和评估能力。既能准确理解上级可能尚未明确的方向性目标，又能结合所在地区、部门的特殊条件，市场的变化，选择能够最有效达到目标的手段或途径，做出合理、正确的决策。"红"和"德"则指优良的政治品质，要求干部能够领会中央的政治意图，在缺乏明确法规、条例和正式文件的规范时，在自己拥有决策权的情况下依靠自己的灵活行动，在各种可能的行为中做出选择或决策。即便较为缺乏外部监督和考核，也能不折不扣地贯彻落实党的大政方针，不以自己的"私欲"影响党和政府目标的实现。用经济学的术语来讲，就是在中国的国家治理体系下，党和政府对高素质人才始终保持着较高的需求。

对于"德"，可能缺乏确定的、可量化的指标。但是，对于"才"，拥

---

* 本节的部分内容以《"择天下英才而用之"的国家治理逻辑》为题发表于《审计观察》2020 年第 3 期。

有各种专业技能的高学历人才，被认为具有潜在的高行政能力而受到政府部门青睐，大量进入政府机关。

一　政府职能与人才需求

从 1949 年到 1978 年改革开放之间，经济上实行计划经济，行政部门在各项社会事务上拥有较大权力。1978 年以后，中国开始向市场经济转型。然而，在经济改革的同时，政府改革却相对滞后，这导致行政部门的权力进一步向经济事务领域迅速扩张。以上事实为我们提出了一个问题，为什么中国政府愿意让行政部门长期拥有巨大的权力？

根据本书第二章提出的理论，自 1949 年中华人民共和国成立以后，政治领导人的目标在社会政治与经济环境中不断变化，结合其对具体实际工作的信息劣势，促使中国政府给予各级行政部门较大的裁量权。各级行政部门负责人的政治忠诚，以及计划经济体系下的社会单一报酬结构，则大致保证了行政部门按照政治领导人所期望的方式行使其权力，灵活实现政治领导人变动不拘的目标。

如果政治领导人的目标是稳定的，政府只须预先制定明确的法规和政策并要求各级行政部门严格执行，即便外部环境不断变化，也能在预期的意义上完全实现政治领导人目标。然而，如果政治领导人的目标不断变化，僵化地执行既定法规和政策就必然出现合法的事项不合时宜，或者合时宜的事项却不合法的情况。于是，为了绕开既成法律体系对行政部门行动的约束，顺利实现当下目标，政治领导人就倾向于事先授予行政部门一定的行政裁量权，允许其根据实际情况自主选择行动，灵活实现领导人的目标。

中华人民共和国成立初期，出于巩固政权和控制社会经济的需要，中国政府鼓励各级行政部门避开成文法规的束缚，从而能够积极响应领导人的决策，灵活采用各种方式让普通民众从分散经营进入计划体制。土改、镇压反革命、三反五反、工商业的社会主义改造、农业合作化、反右派、"大跃进"、反党内右倾乃至"文化大革命"等一系列政治运动的大规模展开，都需要以各级行政部门较大的裁量权为依托。1978 年改革开放以后，政权逐渐稳定，政治领导人的目标逐渐以经济建设为中心，中国社会开始由中央高度集权的计划经济体制向有中国特色的社会主义市场经济体制转变。但是，对如何从计划经济向市场经济转变缺乏可参考的经验。于是，政府只好采取"摸着石头过河"的方法，鼓励地方试验，继续让各级行政部门拥有较大的裁量权。

2014年1月1日，习近平总书记在《人民日报》发表题为《切实把思想统一到党的十八届三中全会精神上来》的文章，提出"国家治理体系是在党领导下管理国家的制度体系，包括经济、政治、文化、社会、生态文明和党的建设等各领域体制机制、法律法规安排，也就是一整套紧密相连、相互协调的国家制度；国家治理能力则是运用国家制度管理社会各方面事务的能力，包括改革发展稳定、内政外交国防、治党治国治军等各个方面"。制度的生命力在于执行。笔者认为，为了实现国家治理体系和治理能力现代化的总体目标，最核心的一点就是完善党和政府在自身事权范围下的决策制定和执行机制。

党和政府在管理社会事务时，总是力图让出台的政策适应当时的社会环境以实现效果最优。社会环境越是变动不居，政策制定就越困难。另外，在由党和政府管理的各项社会事务中，对于那些相对简单明确的事务，政策目标、完成结果乃至质量等都可以得到较为详细的描述、规定和评估，政策制定也相对容易。但是，许多复杂的社会事务往往在某些方面难以进行精确描述和明确规定，相应的政策制定和评价就较为困难。

为了制定出最优政策，党和政府需要搜集相关的社会环境信息。但是，这些信息往往只有那些平日在第一线工作的公务员才可能知晓，党和政府必须对此善加利用。具体而言，党和政府可以要求公务员就相关信息进行汇报，在此基础上制定政策。党和政府也可以直接将该事务的决定权授予公务员，允许其根据自身拥有的信息自主决策。当然，党和政府也可以忽略公务员的私人信息，直接根据自己对社会环境的原有先验知识事先制定好相应政策，交由公务员执行，以不变应万变。

如果党和政府决定尝试利用公务员的私人信息以帮助决策，会遇到两方面的困难。第一，在现实中，负责具体事务的公务员虽然与社会距离较近，但知晓相关社会环境信息的程度往往因人而异，这导致党和政府会面临公务员掌握的私人信息有偏的风险。第二，公务员对不同政策也有自己的偏好，并且往往与政府偏好存在一定差异。如果赋予其一定的决策权，所采用的政策可能会与党和政府原本希望的有所偏差。对党政机关公务员素质的需求就是由这两方面的困难所引发的：收集处理信息的能力是专业能力的表现，与党和政府在政策偏好上的接近程度则是政治忠诚和担当的表现。公务员素质还表现在对政策的执行力上，不过鉴于高执行力是中国共产党及其领导下的政府的一贯特点，此处不再赘述。

当官员拥有决策权时，选择"德才兼备"的干部，对于保证目标的实现，有极其重要的意义。社会事务越复杂，社会环境变化越剧烈，党和政府就越希望充分利用一线公务员的私人信息来帮助制定政策。为此，党和政府就需要从"德"和"才"两个方面同时入手。一方面，通过政治学习、会议和宣传，提高干部队伍的政治素养，让各级公务员的政策偏好与自己尽量保持一致。另一方面，根据不同的政策制定模式，对各级公务员的能力水平相应提出不同要求。若授权下级自主决策，对其能力的要求最高，对私人信息的利用也最充分。若先听取下级汇报后再做决定，对其能力要求可以略低，但对私人信息的利用程度也较低。给定一种政策制定方式，若相关事务是难以描述和规定的，对公务员的能力要求要高于容易描述和规定的简单事务。当然，如果党和政府选择忽略各级公务员可能拥有的私人信息，仅仅根据自身对社会环境的先验知识制定政策，就几乎不需要公务员具备搜集处理信息的能力，也不用考虑公务员自身的政策偏好，然而代价就是放弃对下级私人信息的利用所带来的政策质量的提高。

二 "择天下英才而用之"的历史溯源

对于政治领导人而言，这种通过允许行政部门拥有较大权力来实现自身目标的做法要想取得成功，必须满足两个条件：第一，行政部门理解政治领导人意图的能力足够高，从而能够对处于不断变化中的领导人目标做出正确判断；第二，在正确判断领导人目标后，行政部门负责人是否有动力选择为领导人所希望的行动。如果这两个条件不满足，将裁量权授予行政部门，就可能出现高能力行政官僚故意违背政治领导人意愿，或者低能力官僚"好心办坏事"的情况。这两个条件，就中国的政治经济体制而言，在相当长的时期内都是大致满足的。

一方面，在 1949—1978 年这段历史时期，政府一般强调干部选拔中的"才德兼备"和"又红又专"，旨在选择那些既有专业知识，又具备政治敏锐性和政治忠诚的干部，但在具体实施中更为看重政治品质。这样，绝大多数在土地革命时期、抗日战争时期和解放战争时期参加革命的老干部都在政府部门担任各种职位，保证了政治领导人的各项意图能够为干部所正确领会并加以实施。另一方面，中华人民共和国成立初期，社会各界普遍处于较高的革命和建设热情之中。作为国家干部，各级政府行政工作人员获得了较高的非货币收益。对各项政治运动的积极响应所表现出来的政治忠诚则可能会给行政官僚带来巨大的政治收益。同时，直到 20 世纪 90 年代中期城市社会经济改革以前，社会各领域采用统一的工资序列，个人无论在政府还是企业都能获得与其资历和级别相对应的货币工资。而在对政治过错进行严厉惩罚的同时，政府对违背计划经济体系的经济活动的制裁力度也较大（如投机倒把罪等）。这样，行政部门虽然在诸多事务上拥有行政裁量权，却并不会轻易违背政治领导人的意愿。

在 1938 年召开的党的六届六中全会上，毛泽东首次将对干部素质的要求概括为"才德兼备"。1949 年之后的三年国民经济恢复时期，中央政府通过"人尽其才"的方针，将大量具有一技之长者组织起来并分配以适当工作。根据人事部《中国干部统计五十年：1949—1998》的数据，1953 年国家干部中具有大专以上文化程度的比例已经达到 6.9%。同时，中央政府高度重视对干部"德"的培养，发布《关于在职干部学习问题的通知》（1950）和《关于加强理论教育的决定（草案）》（1951）等文件，正式建立起干部理论学习制度和干部轮训制度，培养了大批懂业务并且政治可靠的干部。

1953 年，为了实现以重工业化为途径的赶超战略，中国开始进行社会主义改造，将大量社会经济事务纳入国家统一计划管理。在当时的情况下，党和政府的事权范围非常广泛，自身却缺乏与各事项相关的具体社会环境信息。如果党政工作人员不具备任何收集处理信息的能力，中央和政府就应该采取事先制定好的政策，要求各地方严格执行。但是，在三年国民经济恢复时期之后，中国已经拥有了相当比例的高素质干部。对于想要集中全国资源建设社会主义以实现赶超战略的中央政府而言，向地方授权就成为极富吸引力的选择。于是，中国政府并没有一味模仿苏联模式，而是不断尝试给予地方政府一定的自主权，最终形成了"条块结合"的体制。

一旦开始放权，党和政府就会发现政策效果会随着各级公务员能力水平的上升以及政策偏好差异的缩小而不断提高。于是，各级政府必然对干部的工作能力和政治品质产生持续较高的需求。毕竟，具备较高信息收集处理能力的干部越多，相关的调查、设计和论证就越准确充分，社会经济政策的制定往往也越好。干部的执行能力越强，政府政策越能落到实处。同时，干部的政治品质越好，与政府的政策偏好差异越小，政府就越能够放心将事务的决策权下放。

在 1957 年党的八届三中全会上，毛泽东针对干部们较为缺乏领导社会主义建设事业的知识和能力的情况，提出干部队伍应该"又红又专"。1958 年，毛泽东在《工作方法六十条（草案）》中，正式提出干部选拔的"又红又专"标准，旨在选拔那些既有专业知识又具备政治觉悟和政治忠诚的干部。在此思路下，具有大专以上文化程度的国家干部数量于 1964 年已经占到干部总数的 14.17%。相比之下，同年全国具有大学（包括相当于大学）文化程度的人口比例也仅为 0.4%。此后，即便经过了十年"文化大革命"期间大学停招，截至 1982 年，尽管存在体制僵化、人员老化和机构臃肿等问题，具有大专以上文化程度的党政人才数量也占到总数的 20%，而同年全国具有大专以上文化程度的人口数仅占全国人口总数的 0.6%。

1978 年改革开放以后，中国开始由计划经济体制向有中国特色社会主义市场经济体制转变，政府鼓励行政部门积极探索改革路径，同时也尽力避免在转型过程中行政官僚由于缺乏专业素养而误用行政裁量权，对其专业知识的要求就日益提高，延续至今。1981 年，党和政府决定实行领导干部队伍的革命化、年轻化、知识化和专业化的"四化"方针，对干部考察的标准由以前的"又红又专"逐步转变为"德才兼备"。这一用词的变化反映了时代的变迁，但在内涵上并没有实质性变化。一方面，党和政府继续面向全社会广纳贤才。1993 年，中国初步建立了公务员制度，开始对政府工作人员的入职资格和能力水平进行明确要求。2006 年，《公务员法》

正式实行。据新华网报道，2003—2008 年，中央国家机关新录用的公务员中，大学本科以上学历的比例一直保持 99% 以上，其中硕士毕业生占 53%，博士毕业生占 43%。另一方面，中共中央继续强调对各级党政干部工作能力的培训。2004 年，中国共产党通过了《中共中央关于加强党的执政能力建设的决定》，要求各级党委和政府提高"科学判断形势、驾驭市场经济、应对复杂局面、依法行政、总揽全局"这五方面的能力。这样，大量优秀人才源源不断地进入了党政系统。如今，政府部门的精英化趋势已经成为一个不可忽视的现象。

三　行政裁量权的可能危害

从 20 世纪 90 年代中后期开始，随着市场化改革的不断深入，市场经济体制逐渐建立，经济发展逐渐趋于稳定，政治领导人的目标也逐渐稳定下来。这样，通过授予行政裁量权来鼓励行政部门灵活实现政治领导人目标的必要性就大为降低。一个重要的表现是，从 1949 年到 1978 年的 30 年间，中国就颁布过三部宪法（1954 年宪法、1975 年宪法和 1978 年宪法）。而在第四部宪法于 1982 年颁布后，虽然经过四次修正（1988 年、1993 年、1999 年和 2004 年），但主体上没有大的变化。这样，从政府的角度出发，从 20 世纪 90 年代末开始，继续让行政部门拥有较大的行政裁量权的好处就开始逐渐下降，弊端则不断突出。

第一，依靠个人（或团队）主观判断力理解上级或政府目标或意图，并基于这种判断做出决策的体系，能否获得正确的判断和决策，在很大程度依存于所筛选出来的官员的动机和能力。但是，建立一套始终行之有效的官员筛选机制是非常困难的。德不配位或才不配位的情况屡见不鲜。由于缺乏相关知识和判断能力而做出错误决策，会带来巨大的经济及社会损失。同时，精英主导的政府部门也很容易积极主动进入不应进入的领域，例如在经济领域主动干预市场运行，干预企业经营。

第二，政府对高能力人才的持续需求与市场经济下的社会激励体系的矛盾不断显现。随着社会上大量优秀人才不断进入党政系统，"考公务员热"已经成为社会近年来的普遍现象。在市场经济体系下，高专业能力者在外部劳动力市场上能够获得较高的收入。要将他们吸引到政府部门工作并且按照政府所期望的方式行使裁量权，就需要让他们在能够获得较高满足感的同时，对误用行政裁量权的行为保持较高的查处概率和惩罚力度。

然而，一方面，作为公共部门的政府无法向高专业能力者提供与其能力水平相称的收入，也缺乏足够多的晋升机会予以工作成就感上的补偿。另一方面，尽管中国近年来不断加强党和政府自我监督体系的建设，党的纪委系统和政府的检察系统无论在规模和权力上都大为扩张，随着对政府行为的考核由原来单一的经济增长率指标逐渐向包含教育、环境、民生等的综合性指标转变，对行政部门行使裁量权的评价和监督上的难度日益加大。于是，当受到较少约束的公权力遇到规模不小的经济利益，行政腐败和部门利益化的问题就日益突出。此外，拥有的决策权为官员将政府授予的权力转化为自己的私利提供了便利。如果没有强大的道德定力，就很可能运用所掌握的权力及其他资源，通过部门立法、制定行政规章、实施细则等政策层面，在建设立项、新药上市、股票上市等行政审批、特许经营权的发放方面，以及工程发包、土地审批、政府采购等运用政府资源方面以权谋私。政府拥有的资源越多，行政管制越广泛，高能力官员拥有的决策权越大，从不同行动中获得的私人收益差异越大，越是易于腐败。

值得注意的是，第十章中提到的财新《中国改革》研讨会上的几个典型案例具有一个共同的重要特征，就是行政部门的很多行为都是合乎法律的。从打击黑社会到数罪并罚重判，到对民营企业家名下财产的剥夺没收，都是在既有法律框架下"依法"进行的。也就是说，行政部门可以在合法的框架下行使其拥有的巨大裁量权，从而可能在事实上拥有历史学者吴思所称作的"合法侵害权"。这一事实更为严峻，因为它意味着目前出现的公权力侵害私人财产权的现象不是"依法行政"所能够解决的。

巨大行政裁量权与依法行政并行不悖有两个原因。第一，上级政府依照法律在某些领域正式赋予行政部门以一定的裁量权。第二，在一些领域存在法律空白，行政部门以"条例""意见""通知"以及"办法"等具有法律效力的形式对已有法律进行解释乃至修正，从而获得较大的裁量空间。这样，只要对裁量权的行使没有超出法律法规所允许的范围，行政部门具体的行动选择就都是合法的，亦即依法行政。即便某项具体行动在事实上造成了不利的后果，只要该行动是合法的，就不能追究行政部门的法律责任。

因此，依法行政毫无疑问很重要，却并不能彻底解决行政部门侵害私人部门利益的实质性办法。除了依法行政以外，我们还需要进一步完善立法，确立清晰明确的规则体系，有效限制乃至取消行政部门的裁量权。

四　未来的发展方向

改革开放至今已逾四十年。在这个转型过程中，党和政府在国家治理上逐渐退出了传统的计划领域。面对市场经济管理中的复杂状况，党和政府采取"摸着石头过河"的办法，继续对地方政府放权，鼓励其关于改革的探索和创新精神，鼓励地方试验。我国已经进行了七次行政管理体制改革。在此过程中，各级地方政府获得了大量权力，通过行政审批、正面清单等方式，对广泛的社会经济事务继续拥有很大的决定权。

在传统的计划经济下，政府的经济活动，直接决定了从微观到宏观，从生产、交换、分配到消费的各个环节。因此，理论上讲，计划经济时代下的各级政府只须"照章办事"即可。但是，随着改革的推进，政府逐渐从经济活动中退出。但是，受限原有计划经济格局，长期以来，政府还是拥有相当大的经济资源和行政权力，并在相当程度作为经济主体，从事经济活动。随着市场化推进，作为市场主体之一的政府行为很难契约化、程序化。上至省、部长，下至乡、镇长这些被选举的"行政长官"，到厅、局长、科长甚至主办科员这些"事务官"，在大原则限定范围内，都拥有或大或小、或多或少的自主决策权。可以决定一件事该不该办，如何办，甚至可以积极主动地创造事务来办。

因此，尽管经济发展模式发生了根本性的转变，但中国政府的社会治理方式并没有实质性的变化，仍然是尝试让各级政府运用较为灵活的方式管理广泛的社会经济事务。这就意味着，为了保证获得授权的工作人员能够较好地履行职责，各级政府会继续保持对高素质干部的强烈需求。经过数十年的党政干部队伍建设，根据人事部《中国人才资源统计报告（2011）》的统计，截至 2011 年 12 月 31 日，党政人才中具有大专以上文化程度的比例已达到 92.3%，其中具备大学本科以上学历的占到 58.4%，具备研究生以上学历的占到 4.9%。在中央和国家机关各部委中，相应比例则更高，分别约为 94.16%、60.86% 和 6.67%。与之相比，中共党员中的这一比例为 38.6%，中国主要劳动年龄人口中这一比例仅为 13.2%。

2013 年新一届政府成立后，中央特别重视政策的执行环节。早在 2011 年春，习近平在中央党校开学典礼上发表的《关键在于落实》讲话中指出，确保中央政令畅通关乎"十二五"经济社会发展目标任务的实现，更关乎党的执政地位的巩固和国家的长治久安。2013 年 7 月，习近平总书记在西柏坡视察，面对当年毛泽东同志提议的"六条规矩"时指出，"治理一个国家、一个社会，关键是要立规矩、讲规矩、守规矩"。2013 年，党的十八届三中全会通过《关于全面深化改革若干重大问题的决定》，将"推进国家治理体系和治理能力现代化"作为全面深化改革的总目标。为此，要紧紧围绕提高科学执政、民主执政、依法执政水平深化党的建设制度改革，为全面深化改革提供有力的组织保证和人才支撑，择天下英才而用之。同时，为了释放改革活力，打造中国经济升级版，新一届政府于 2013 年发布《国务院机构改革和职能转变方案》，拉开了新一轮政府职能转变的大幕，并将简政放权作为其突破口，强调处理好政府与市场、政府与社会、中央和地方、政府部门内部的关系。李克强总理提出，在本届政府任期内国务院部门实施的行政审批事项要减少 1/3 以上，把"放管服"作为宏观调控的关键性工具。2019 年党的十九届四中全会继续强调，要深入推进简政放权，比如深化行政审批制度改革，实行政府权责清单制度，厘清政府与市场、政府与社会的关系；赋予地方更多自主权，构建中央到地方权责清晰、运行流畅、充满活力的工作体系；要优化政府组织机构，严格机构编制管理，实行扁平化管理，提高政策执行效率。同时，还要构建基层治理新格局，健全党组织领导的基层群众自治机制。这次会议通过了《中共中央关于坚持和完善中国特色社会主义制度，推进国家治理体系和治理能力现代化若干重大问题的决定》，进一步强调"健全权威高效的制度执行机制，加强对制度执行的监督，坚决杜绝做选择、搞变通、打折扣的现象"。

我国开展的现代国家治理体系建设是在党和政府的领导组织下进行的。因此，从未来趋势来讲，提高执政水平和简政放权这两方面措施会对中国党政机构的人才需求结构产生重要影响。毫无疑问，在那些需要在公务员对社会环境形势进行细致调查研究的基础上制定相关政策的党政部门，会继续保持对包括学历、道德品质、政治忠诚以及工作资历等为表现的精英人才的强烈需求。为了更好地利用各级公务员的私人信息，必定会继续要求干部队伍提高政策执行力、联系群众、汇集民意和搜集社会信息的综合治理能力。另外，随着简政放权改革的深入进行和政府组织机构的扁平化管理，许多原本由政府管理的复杂事项会被交还给市场解决，对高素质公务员的需求在数量上就必定会逐渐下降。最终，在政府和市场之间将形成一个合理的边界，党政机构内部也将形成合理的人员任用结构。由于高素质公务员尤其是高专业能力公务员在职务待遇上往往要求也较高，如果政府对其需求开始逐渐下降，也能够有效降低政府的行政成本，遏制行政腐败以及政令不达的现象。

按照市场在资源配置中起决定性作用的改革目标，政府除了宏观调控，继续从事少数外部性很强的经济活动外，以减少审批为契机，不再作为经济主体直接进入市场，从事和参与经济事务。当政府不再是经济活动的选择者、决策者，而仅是法律法规的执行者、监督者，市场秩序的维护者，就能很容易为政府官员的行为制定可以执行、可以监督、可以考核的明确、清晰、完整、可操作的规章制度，操作程序。

我们没法规定一个地区应该有什么样的投资，应该建什么样的工厂，国家矿藏的采矿权应该以什么价格转让给什么样的企业，价格应该定在什么水平，一个城市应该设立多少银行，哪家银行应该拥有发行债券的权利。但是，我们很容易规定，投资或建立一个工厂应该具有哪些资质；有什么资质的企业可以获得采矿权，以及获取采矿权的公开招标规则及程序；建立一个企业的安全、环保标准；产品的质量标准等。

当资源配置型、决策型职能从政府职能中退出，政府在经济领域的职能，主要被限定于宏观调控和维护市场秩序，就可以建立韦伯式官僚体系，以法律、行政规章、条例、工作守则、工作程序规范官员行为，让官员照章办事。这时，精英型官员就是不必要的。只要具有普通大学毕业水平，能够读懂法律、规章，就足以胜任相关工作。规章是透明的，是否照章办事也极易监督和考核。对于某些技术性要求高的工作，可以通过公开招标，交由市场完成。官员仅作为发包者，选择、监督、验收相关企业的工作。保密事项，可以达成相关保密协议，像要求官员一样要求相关企业执行。

目前，中国特色社会主义法律体系已经形成，法治政府建设稳步推进，司法体制不断完善，全社会法治观念明显增强。各项规则越是完善，对于每种可能发生的经济事项都通过相关法律、行政法规、实施细则越能得到明确的规定。规章制度越是清晰，行政裁量权就越小。这样，各级政府官员都会被法律法规、条例和正式文件所规范，只需照章办事，不能根据不同条件选择自己的行为，各级官员不需要具有很强的判断力和决策能力就能实现党和政府的目标，行为也是易于监督和考核的。

第三节　社会创新体系*

一个社会或国家的创新活动都是以企业、个人、非营利机构以及政府为主体来实现，涵盖自然科学、工程技术、社会科学、文学、艺术、商业等各个方面。从 1949 年以来，中国社会的创新体系基本上在政府主导之下运行。在取得许多不凡成就的同时，中国也存在创新成果的产品转化率不高、基础学科投入不足等问题。党的十八届三中全会以后，简政放权改革顺利深入开展，市场机制逐渐在社会创新资源的配置中发挥决定性作用，辅以政府的相关制度保障，中国逐渐建立起运转良好的社会创新体系，加快建设全面的创新型国家。

一　创新的驱动力

判断一个社会的创新体系是否运转良好，要看其能否持续不断并且有效地产生能够促进社会发展的创新成果。"社会发展"既包括可以用统计数据描述的经济增长，也包括科学、人文、环境、艺术等难以直接从数据中反映出来的社会进步。"有效"则指这些促进社会发展的创新是以最节约的方式被提供出来的。

在社会的动态发展过程中，人们的收入、兴趣爱好、知识储备等各个

---

* 本节的主要内容以《简政放权与社会创新》为题发表于《审计观察》2019 年第 5 期。

方面都会不断发生变化，从而不断产生对各种创新的需求。一个好的社会创新体系，应该能够及时发现和了解这个社会需要什么样的创新，并将其按照社会需求的迫切程度进行清楚的排序。这些为社会所需的创新可能是具有直接经济效益的技术发明、商业创意或管理方法，也可能是价值具有高度不确定性的艺术作品或高科技研发成果，还可能是当前看似无用却能对社会产生深远影响的基础理论发展。

在发现了对创新的社会需求以后，好的社会创新体系还能够以成本最低的方式有效地产出这些成果。第一，要准确识别对不同类型创新的需求应该分别由社会上的哪一类创新主体来满足，政府、企业、个人和非营利机构之间分工明确。第二，具体从事某项创新的主体自身应该在所属群体中最为擅长该项工作，在该项目上具有比较优势。第三，创新主体获得的报酬应该与其创新成果的社会价值尽可能地正相关，从而激励其持续努力地专注于创新工作。第四，从长期来看，好的社会创新体系还应该鼓励身处其中的创新主体自由地选择自己喜欢的创新领域和内容。

以上所述的过程，实际上就是有关社会创新的需求和供给这两个方面的高效率匹配和协调。要实现这一点，无疑需要一个能够收集、传递和处理海量并且高度分散化信息的机制。通过这个机制的运行，无数家庭、个人和企业对各种类型创新的需求能够及时清晰地表达出来，被准确传递到适宜的创新者那里，引导创新资源的相应流动。最终，为社会所需的各项创新以花费最少的方式出现，最大限度地促进社会发展。

20 世纪上半叶，哈耶克在有关计划经济与市场经济的世纪大论战中已经论证，只有市场机制才能克服资源调配所须面对的重重困难，通过市场价格这一明确简单的指标灵敏而综合地反映各项相关信息，以最节约的方式实现社会资源的最优配置。由于信息的高度分散化，如果一个社会采用计划机制来构建自己的创新体系，将难以承受处理海量信息所带来的高昂成本，更不用说几乎无法准确处理的默会知识（tacit knowledge），这将使得创新资源的配置往往离社会最优状态相去甚远。

但是，市场机制也不是万能的。对于那些非商业性的创新，往往没有明确的市场价格，也就很难通过价格这个指挥棒来引导创新资源的流动和优化配置。这是市场机制失灵的情况，只能依靠政府和非营利机构来加以弥补。

因此，要构建起一个运转良好的社会创新体系，既不能单纯依靠由价格进行自由调节的市场机制，也不能完全采用由政府全面主导资源配置的计划机制，而是应该让市场机制在社会创新资源的配置中发挥决定性作用，辅以政府的积极作为和制度保障。

就中国而言，计划经济时期的科研创新体制在取得许多成就的同时，也存在大量创新成果闲置、产品转化率不高、研究经费分配不公、使用效率不高、基础学科投入不足等问题。党的十八届三中全会通过的《中共中央关于全面深化改革若干重大问题的决定》明确提出，要让市场在资源配置中起决定性作用。之后，国务院开始了新一轮的简政放权改革，旨在厘清政府与市场的关系，为政府建立权力清单，下放不必要的审批权力，在构建社会创新体系中与市场主次明确，相辅相成。

二　通过简政放权发挥市场机制

市场机制以价格为信号和激励手段，是实现社会资源的优化配置的最节约的方式。通过简政放权改革，要让市场机制在创新资源的配置中发挥决定性作用。

相对于由政府全面掌握创新资源分配的计划经济制度，市场机制能够帮助政府极大地简化发现和了解社会的创新需求这项工作。在竞争性市场中，家庭和个人永远希望新产品不断产生，优秀的文学艺术作品不断涌现，现有产品的性能不断提升，并愿意为之付费。企业则竞相向市场提供好的产品，努力降低成本，追逐盈利以谋求自身的生存和发展。如果一项创新能够创造新产品、提高产品质量或降低生产成本，就能带来利润，时刻面临生存压力的企业必定能够迅速发现该项创新的价值所在，并对其产生需求。只要满足成本约束，企业就会通过投入研发资源将其实现，或是直接向其他创新主体购买。

创新主体自身也面临来自竞争者的压力，这会让他们致力于提高创新能力，刻苦钻研，努力获得比较优势，凭借最有竞争力的报价来获得创新订单，而不必将宝贵的资源投入到跟政府跑关系拉项目上面，也不会守成懈怠。在竞争性的市场中，创新主体手里的资源都有明确的市场价格，资源使用的成本也都由自己承担,自负盈亏。因此,不同于由于政府分配创新资源的情况,企业或个人不会盲目上马风险与回报相比高得不成比例的创新项目,在获得订单后也一定会从利润最大化和成本最小化的角度出发,全身心投入到创新工作中去,而不会出现类似于偷懒这样的道德风险行为。这样,市场机制会有利于创新的优胜劣汰,避免低效率者反倒将高效率者排挤走的逆向淘汰现象。

市场机制也允许和鼓励所有创新主体根据自身的兴趣爱好,运用自有资源自主选择研究项目。这既能使创新成果的供给主体与社会需求实现更好的匹配,也为那些单纯由内心兴趣使然而与经济利益并不直接关联的创新成果提供了可能。

因此,对于那些商业价值明确的创新项目,其外部性较小,市场价值与社会价值较为吻合,可以放心地由市场来配置相应的创新资源。市场上的企业和个人既能及时准确地发现对创新的需求,也能及时地满足它。对于这类创新项目,政府不必事无巨细地制定规划,不必担心公共研究经费被滥用误用,也不必担心由于规划失误导致实验室技术被束之高阁而无法向产品转化的问题,"产学研"天然就是一体化的。

三 政府在简政放权后的角色

通过简政放权改革,还要让政府在向市场放权的同时,自身能够更好地发挥作用。

首先,在将那些外部性很小的商业性创新交由市场来完成以后,政府就能够将有限的公共创新资源集中到能对社会产生长期深远影响的基础学科创新上面,例如理论数学、理论物理或"文史哲"等。之所以需要政府将精力集中在基础学科上面,是因为这些领域里的创新往往能对社会产生深远影响,却又因其公益性而难以要求广大受益者付费,具有非常强的正外部性。因此,市场为其定出的价格将远低于其社会价值。

由于在市场上追求利润以求生存的企业不会愿意投入资源从事这类无法在短期内盈利的创新活动,如果由市场机制来配置创新资源,基础学科所获得的投入将远远小于社会最优水平。这样,这类学科只能由非营利性的政府或者基金会等予以支持,所需资金则来自公共税收或私人捐款,例如公立或私立大学、公共科研机构、国家实验室等。

政府资助非营利的学术研究机构，为其研究人员提供相对宽松的研究环境，鼓励其潜心于基础学科研究，也鼓励研究人员个体的自由创新，将有助于取得那些能对社会产生深远影响的重大理论或技术创新。当然，非营利研究机构也可以接受来自市场的委托，从事一些商业性的应用类研究。同时，政府也可以通过多种方式将创新主体和资源向国家战略性领域引导。例如，可以将某个研究课题直接委托给某家已经在该领域耕耘多年并且成果丰富的研究机构进行。或者，采用公开招标的方式，从不同的研究设计中评选出成功可能性最大的一个加以资助。由于那些商业性的创新项目已经交给了市场，这种针对基础学科领域创新的引导方式不会对市场机制的运行产生干扰。

第二，对那些商业性的创新活动，政府应该帮助市场建立适应和鼓励高风险创新活动的金融制度，帮助那些风险承担能力强的资本快速便捷地找到目标项目和企业，并得到合理退出机制的保障。例如，美国的纳斯达克股票交易市场，就充分考虑到了创新型企业在产出不确定性和财务回报高风险的特点，对上市企业的财务要求低于以传统行业企业为主的纽约股票交易所，同时又为投资者提供了严格而充分的规则保护。咱们国内新推出的科创板，也有望在这方面进行新的探索。此外，从天使投资、风险投资、私募股权投资基金等完整的创新创业资本市场的建立和完善，也十分有利于创新成果的市场孵育和转化。

近两年备受关注的国家集成电路产业投资基金就是典型的政府引导结合市场化运作和专业化管理的例子。在中美贸易战中，芯片的自主化成为全国上下的共识。但是，这个行业又具有高投入、高风险、慢回报的特点，在先发优势已被欧美韩和台湾地区占据的情况下，私人资本投入意愿不强，导致我国在该领域的发展长期滞后。2014年6月，国务院发布了《国家集成电路产业发展推进纲要》，同年9月成立国家集成电路产业投资基金。第一期募集资金约1000亿元，带动了新增社会融资（含股权融资、企业债券、银行、信托及其他金融机构贷款等）约5000亿元。投资则采用市场化的方式，包括公开股权投资、非公开股权投资、协助并购、夹层投资以及基金公司投资等，不包括天使投资和风险投资。退出方式也是市场化的，包括回购、兼并收购和公开上市。近日，基金第二期 2000 亿元左右也已募集完毕。

第三，政府还应该坚定地维护市场竞争，加强对创新的知识产权保护。不管是商业类技术、文艺作品还是基础学科研究，对工业产权和著作权的保护都能使得这些辛苦取得的创新成果不会被竞争对手恶意模仿和窃取。这一方面使得创新的使用者不必担心该项创新被竞争者盗用，从而维持对创新的需求。另一方面这能保证创新主体在市场上得到自己努力工作的收益，从而保护绝大多数创新主体的工作激励。但是，由于具有垄断地位的企业或个人如果脱离了市场竞争，会迅速丧失继续创新的动力，知识产权保护的期限要有一个合理的界定。

在近现代世界历史中，英国是受益于良好创新体系的一个典型例子。在市场经济的发展中，英国早在中世纪就建立了自己的大学，在 13 世纪就建立了所谓的特许令状制度，英王可以颁布诏书授予某项新近发明或新引进的技术在一定期限内的垄断权。1624 年，英国颁布了《垄断法案》，这是世界上第一部现代意义上的专利法。这种对创新的知识产权保护被普遍认为是工业革命首先发生在英国而非别国的重要原因。随着英国的崛起，美国、法国、西班牙、德国和日本等国家陆续在 18—19 世纪制定了本国的专利法，也都在这二百年间逐渐成为世界工业化强国。

经过百余年的努力，中国已经具备了自己的高校科研体系。在 1980 年加入世界知识产权组织以后，中国也形成了较为完整的有关知识产权的法律保护体系。随着经济实力的逐渐增强，中国每年的科研经费投入总量和占 GDP 的比例都在逐年提高。然而，大量创新资源仍然掌握在政府手中，没有按照市场机制进行配置，导致创新成果的供给和社会需求之间存在较为严重的不匹配，以及商业性项目与基础类项目争夺公共资源等问题。另外，各项知识产权法律在监督和执行方面也远不完善，抑制了市场创新的活力。只有依赖简政放权改革深入进行，"简政放权，放管结合"，处理好政府与市场的关系，由市场来主导一个社会的创新体系，发挥其自发选择和淘汰机制，同时结合政府有效地发挥职能，与市场各司其职。只有这样，中国才能真正加快建设创新型国家，充分激励各创新主体"大众创业、万众创新"，持续不断地产生出满足社会发展所需的创新成果。

第四节 国家监督体系

我国实行的是以内部监督为主、外部监督为辅的党和国家监督体系。习近平 2020 年 1 月 13 日在中央纪律委员会第四次全体会议上强调，要以党内监督为主导，推动人大监督、民主监督、行政监督、司法监督、审计监督、财会监督、统计监督、群众监督、舆论监督有机贯通、相互协调。

党内监督在党和国家监督体系中处于主导地位，与党的执政地位是一致的。重要的是，为了保证党的活力，党内监督必须持续有效。若以纪检监察为主干的内部监督体系是充分有效的，能够充分实现公职人员"不敢腐""不能腐"和"不想腐"，自然没有必要去刻意寻求外部监督。相反，若缺乏制度建设的保障，即便采用外部监督，也可能偏离正确的方向。

笔者认为，如果能够从明确调查者定位、提高调查能力、提高抗干扰能力以及有效的思想政治工作这四个方面进行制度保障，就可以将《中国共产党党内监督条例》《纪检监察机关处理检举控告工作规则》和《中国共产党纪律检查机关监督执纪工作规则》落在实处，保证内部监督体系的有效性。

一 明确调查者定位

要保障党内监督的有效性，首先要明确负责监督任务的纪检监察等部门作为调查者的角色定位。监督者应该只负责调查取证。至于调查结果如何使用以及何时使用，则应该由党委决定。否则，如果由监督者自行决定查什么不查什么，报什么不报什么，就可能难以坚持正确的政治方向，削弱党的领导。

调查者角色意味着，不论是党的中央组织监督、党委（党组）监督、纪委监督、基层组织和普通党员监督，还是中央巡视组监督，第一要务应该是对线索的获取和核实，在调查过程中只求真务实，有一说一。在发现线索后，必须按规定进行正确处置。对线索处置不当，或者发现问题不报告、不处置，都要严肃问责。严禁隐匿、损毁、篡改、伪造证据。

在核实线索后，对符合立案条件的，则要严格执行请示报告制度，不能自主决定。对做出立案审查决定、给予党纪处分等的重要事项，纪检机关应当向同级党委（党组）请示汇报并向上级纪委报告。在审查过程中遇有重要事项也应当及时报告，既要报告结果也要报告过程。审查工作结束后，对如何处理也只有建议权而无决定权，并要提供党纪依据。

监督者只有坚持调查者这一角色定位，才是真正的对党忠诚和忠于职守，才能实现在纪检监督中党的集中统一领导。

二 提高调查能力

党内监督有效性还高度依赖于监督者发现违纪行为的能力。如果对存在的问题发现不了，就根本谈不上监督和震慑。尤其是对于纪检监察机关这样的党内监督和国家监察专责机关，要不断提升履职尽责水平。

一方面，调查人员要具备专业能力和素养。

在现代化信息社会，腐败窝案等，违规方式隐蔽，反监察能力强。因此，纪检监察机关需要在各方面都配备精通专业知识的办案人员，提高调查能力，严格依规收集、鉴别证据，做到全面、客观，形成相互印证、完整稳定的证据链，避免能发现的问题没有发现的失职情况。

另一方面，光有专业能力还不够，还要建立合理的工作机制，树立尽职尽责的工作态度。

要认真处理信访举报，做好问题线索分类处置，早发现早报告。要综合运用平时观察、谈心谈话、检查抽查、列席民主生活会、受理信访举报、督促巡视巡察整改、提出纪检监察建议等形式，做好日常监督，抓早抓小、防微杜渐。要完善督察落实情况报告制度，完善对高级干部、各级主要领导干部监督制度，完善领导班子内部监督制度，加强纪委对同级党委特别是常委会委员履行职责、行使权力情况的监督。

要重视巡视工作，巡视监督重在收集线索、发现问题。纪委监委对巡视机构移送的问题线索，应及时通过谈话函询、初步核实等方式优先处置、重点查办。对纪委监委正在核查的问题线索，涉及被巡视单位的，巡视机构应积极运用延伸巡察、专项巡察等方式进村入户、现场核查，推动问题核查的准确性、快速性、高效性，提高问题线索的质量和移送效率。

三　提高抗干扰能力

除了发现问题的能力，监督者在请示汇报中的真实可靠性也决定着党内监督的有效性。纪检监察部门以及巡视组的调查工作，不能受到任何干扰，要在监督者与被监督者之间构筑坚实的防火墙，否则就会出现瞒报、漏报、谎报、虚报等现象，致使上级无法掌握准确信息。

为了提高纪检部门在工作中的抗干扰能力，要制定严格的工作纪律和流程，不断改进内部监督机制，健全内控机制，对纪检监察干部违纪违法行为"零容忍"，坚持审查与审理分离，复议复查与审查审理分离，坚持"一案双查"，确保执纪执法权受监督、有约束，防止"灯下黑"，做到打铁还需自身硬。

对调查部门实行垂直化管理也是较为有效的增强其独立性的方法。要加强上级纪委监委对下级纪委监委的领导，坚持查办腐败案件以上级纪委监委领导为主、各级纪委书记副书记提名考察以上级纪委会同组织部门为主，避免同级部门对纪检监察工作施加影响，干预监督工作。加强对派驻机构的直接领导和统一管理，实行派驻机构履职考核以上级纪委为主。

同时，还要通过严格的具体办事流程来规范监督者的行为。例如，审查谈话、执行审查措施、调查取证等审查事项，必须由两名以上执纪人员共同进行。外查工作必须严格按照外查方案执行，不得随意扩大调查范围、变更调查对象和事项，重要事项应当及时请示报告。对纪检干部越权接触相关地区、部门、单位党委（党组）负责人、私存线索、跑风漏气、违反安全保密规定，接受请托、干预审查、以案谋私、办人情案，要坚决查处。在外查工作期间，调查人员不得个人单独接触任何涉案人员及其特定关系人，不得从事与外查事项无关的活动。禁止审查组成员未经批准接触被审查人、涉案人员及其特定关系人，或者存在交往情形。

四　有效的思想政治工作

最后，有效的思想政治工作能够同时帮助以上三个方面条件的成立，也是党内监督有效性的重要保障。这是因为，政党和政府不同于企业这样的营利性组织，难以运用类似货币激励这样的高能激励方式，只能有限地运用激励手段，例如声誉机制、社会地位、晋升激励等。在这种情况下，思想政治教育就成为帮助监督者在面对诱惑时能够坚持自身定位、如实调查、坚定立场的重要保证。

重视思想政治工作是我们党的光荣传统。即便是具体案件的审查组，《中国共产党纪律检查机关监督执纪工作规则》也要求设立临时党支部，加强对审查组成员的教育监督，开展政策理论学习，做好思想政治工作，及时发现问题、进行批评纠正，发挥战斗堡垒作用，培养敢于担当、严守纪律的纪检干部。习近平总书记在十九届中央纪委四中全会上也进一步强调，要推进学习教育制度化常态化，不断坚定同心共筑中国梦的理想信念。

第五节　对未来研究的展望

在"顶层设计"的视角下，应该对政府和市场进行更加准确的定位。政府不能替代市场，市场也不能替代政府，二者可以互相补充。在市场失灵的领域要引入政府的干预，但又要警惕政府失灵，减少政府的过度干预。在政府内部，哪些权力可以向下授予，哪些权力应该保留在中央手中？获得授权的地方政府是否应该将权力继续向下授予基层政府？本书对此仅仅进行了初步的探索，未来不论在理论层面还是实践层面都可以继续深入研究。

除此之外，沿着最优授权理论的视角，对我国国家治理体系中的顶层设计还有许多别的问题值得探讨。例如，对于垂直管理与属地管理两种体制的比较研究。这两种管理体制的并存及其变化是我国以"条块结合、以块为主、分级管理"为基本特征的行政管理体制中的重要现象。在"块块"下，地方各级政府全面负责地方治理，各行政部门实行属地管理，接受地方政府和上级部门的双重领导，上级主管部门负责管理业务或者业务指导，地方政府负责管理"人、财、物"，且纳入同级纪检部门和人大监督。垂直管理则对应于"条条"，意味着脱离地方政府管理序列，直接由主管部门统筹管理"人、财、物、事"，不受地方政府监督约束。

早在我国的汉代，就有直属中央的"盐官""铁官""工官"和"水官"。在 1949 年中华人民共和国成立以后，有的部门从成立之日起就实行全国垂直管理，例如烟草、交通、海关和盐业；有的部门由原来的属地管理改为垂直管理，如央行（1998 年）、银监、证监、保监、国税（1994 年）、统计（2004 年）、煤监（2005 年）；有的部门在全国范围内是属地管理，但实行省以下垂直管理，如 1994 年后的地税，1998 年后的工商，2000 年后的质监和药监，2004 年后的国土部门。近年来，又有一些部门从垂直管理回到属地管理。例如，2008 年药监系统取消了垂直管理，改为属地管理。2011 年，工商、食品监管体系也开始了属地化管理的改革。

毫无疑问，实行垂直管理的一个重要目的是强化中央政府政策的执行，一竿子插到底，提高中央政府对社会和经济的调控能力。已有不少的研究侧重于"监管者"设定，从激励的角度来讨论垂直管理或属地管理模式对应不同决策权力下对被监管者的激励。

从顶层设计的角度，实行垂直管理的一个较少为经济学界注意的目的是，在地方之间存在差异的情况下，地方政府能够在对外部环境的适应（adaptation）与地方政府之间的政策协调（coordination）这两个方面实现较好的平衡。在属地管理下，地方政府能够制定适应当地环境的政策，也能实现在地区内部的政策协调。由于政策由自己制定，随时调整，便不用花费多少监督成本。但是，地方政府之间的政策差距可能会比较大。在垂直管理下，该部门的政策由中央部位制定，这能够提高地方政府之间的政策协调性。但是，中央制定的政策与地方实际情况往往会有一定偏差。这时，地方政府会设法偏离中央政策，政策的执行程度（反过来，地方政策的偏离程度）受到中央部委监督成本的约束。

参考文献

习近平：《切实把思想统一到党的十八届三中全会精神上来》，《求是》
2014 年第 1 期。

包万超：《行政诉讼法的实施状况与改革思考——基于〈中国法律年鉴〉
(1991—2012) 的分析》，《中国行政管理》2013 年第 4 期。

博尔顿和德瓦特里庞：《合同理论》，上海三联出版社 2008 年版。

蔡定剑：《中国人民代表大会制度》，法律出版社 1998 年版。

陈端洪：《立法的民主合法性与立法至上——中国立法批评》，《中外法学》
1998 年第 6 期。

陈凤楼：《中国共产党干部工作史纲：1991—2002》，党建读物出版社 2003
年版。

陈嘉晟、毕天云：《传统社会基层治理模式的研究述评》，《学理论》2018
年第 12 期。

蔡洪滨、刘青：《多代理人情形下的授权结构与激励》，《经济学》（季
刊），2008 年第 3 期。

戴治勇、杨晓维：《间接执法成本、间接损害与选择性执法》，《经济研究》
2006 年第 9 期。

戴均良：《省直接领导县：地方行政体制的重大改革创新》，《中国改革》
2004 年第 6 期。

范晓春：《新中国成立初期设立大行政区的历史原因》，《当代中国史研究》
2009 年第 4 期。

范子英、李欣：《部长的政治关联效应与财政转移支付分配》，《经济研究》2014 年第 6 期。

方明月、聂辉华：《企业规模决定因素的经验考察——来自中国企业面板的证据》，《南开经济研究》2008 年第 6 期。

甘行琼：《"省管县"代替"市管县"的政治经济学》，《财政研究》2005 年第 6 期。

高凛：《论"部门利益法制化"的遏制》，《政法论丛》2013 年第 2 期。

郭道晖：《中国立法制度》，人民出版社 1988 年版。

郭欣阳、张李丽：《"公检法联合办案"机制探讨》，《中国检察官》2009 年第 11 期。

姜明安：《论行政自由裁量权及其法律控制》，《法学研究》1993 年第 1 期。

韩丽：《中国立法过程中的非正式规则》，《战略与管理》2001 年第 5 期。

何海波：《困顿的行政诉讼》，《华东政法大学学报》2012 年第 2 期。

洪小东：《"财""政""法"：地方政府债务治理的三维架构——基于新中国成立七十年地方债务史的考察》，《当代经济管理》2019 年第 9 期。

胡恒：《皇权不下县？清代县辖政区与基层社会治理》，北京师范大学出版社 2015 年版。

华伟：《大区体制的历史沿革与中国政治》，《战略与管理》2000 年第 6 期。

黄文艺：《信息不充分条件下的立法策略》，《中国法学》2009 年第 3 期。

黄曙海、朱维究：《试论授权立法》，《法学研究》1986 年第 1 期。

贾俊雪、张永杰、郭婧：《省直管县财政体制改革、县域经济增长与财政解困》，《中国软科学》2013 年第 6 期。

李格：《略论建国初期大行政区的建立》，《党的文献》1998 年第 5 期。

李林：《关于立法权限划分的理论与实践》，《法学研究》1998 年第 5 期。

李平：《论国家权力机关应切实加强经济立法工作——兼论授权立法之利弊得失》，《中国法学》1992 年第 6 期。

拉丰：《激励与政治经济学》，中国人民大学出版社 2013 年版。

拉丰、梯若尔：《政府采购与规制中的激励理论》，上海三联书店 2004

年版。

李石强：《为什么建立企业：一个文献评述》，《首都经济贸易大学学报》
2011 年第 5 期。

林毅夫：《中国经济专题》（第 2 版），北京大学出版社 2012 年版。

林毅夫、蔡昉、李周：《中国的奇迹：发展战略与经济改革》（增订版），
格致出版社、上海三联书店 2014 年版。

刘昊：《新中国 70 年地方政府债务发展历程与治理经验》，《经济体制改
革》2019 年第 4 期。

刘佳、马亮、吴建南：《省直管县改革与县级政府财政解困——基于 6 省
面板数据的实证研究》，《公共管理学报》2011 年第 3 期。

刘尚希：《当前省直管县改革存在的误区》，《中国党政干部论坛》2014 年
第 7 期。

毛捷、赵静：《"省直管县"财政改革促进县域经济发展的实证分析》，
《财政研究》2012 年第 1 期。

毛寿龙：《化解部门立法问题的制度结构》，《理论视野》2012 年第 5 期。

诺顿：《中国经济：转型与增长》，上海人民出版社 2010 年版。

聂辉华、蒋敏杰：《政企合谋与矿难：来自中国省级面板数据的证据》，
《经济研究》2011 年第 6 期。

聂辉华、李金波：《政企合谋与经济发展》，《经济学》（季刊）2006 年第
1 期。

聂辉华、李文彬：《什么决定了企业的最佳规模？——关于企业规模的研
究述评》，《河南社会科学》2006 年第 4 期。

潘小娟：《关于推行"省直管县"改革的调查和思考》，《政治学研究》
2012 第 1 期。

庞明礼：《"省管县"：我国地方行政体制改革的趋势？》，《中国行政管理》
2007 年第 6 期。

彭真：《论新时期的社会主义民主与法制建设》，中央文献出版社 1989
年版。

彭真怀：《"省管县"宜稳步试点、慎重推行》，《领导科学》2009 年第
9 期。

皮建才：《省管县与市管县的比较制度分析》，《中国经济问题》2015 年第
　　6 期。

皮斯托、许成钢：《不完备法律（上）——一种概念性分析框架及其在金
　　融市场监管发展中的作用》，载吴敬琏主编：《比较》（第 3 辑），中信
　　出版社 2002 年版。

皮斯托、许成钢：《不完备法律（下）——一种概念性分析框架及其在金
　　融市场监管发展中的作用》，载吴敬琏主编：《比较》（第 4 辑），中信
　　出版社，2002 年。

盛洪：《禁止部门立法》，爱思想网，2012 年 3 月 15 日，http：//
　　www. aisixiang. com/data/51272. html。

孙学玉、伍开昌：《当代中国行政结构扁平化的战略构想——以市管县体
　　制为例》，《中国行政管理》2004 年第 3 期。

邵传林、裴志强：《制度环境对企业规模非线性影响效应的测度——来自
　　中国工业企业的证据》，《产经评论》2015 年第 1 期。

汤耀国：《超越部门立法》，《瞭望》2007 年第 4 期。

王利明：《立法应去部门化》，爱思想网，2014 年 7 月 29 日，http：//
　　www. aisixiang. com/data/76662. html。

王南：《从领域合一到领域分离》，山西教育出版社 1998 年版。

王永钦、丁菊红：《公共部门内部的激励机制：一个文献述评》，《世界经
　　济文汇》2007 年第 2 期。

吴金群：《统筹城乡发展中的省管县体制改革》，《经济社会体制比较》
　　2010 年第 5 期。

吴金群、廖超超：《尺度重组与地域重构——中国城市行政区划调整 40
　　年》，上海交通大学出版社 2018 年版。

吴敬琏：《当代中国经济改革教程》，上海远东出版社 2016 年版。

熊伟：《分税制模式下地方财政自主权研究》，《政法论丛》2019 年第
　　1 期。

许成钢：《法律、执法与金融监管——介绍"法律的不完备性理论"》，
　　《经济社会体制比较》2001 年第 5 期。

姚洋：《作为制度创新过程的经济改革》，格致出版社、上海人民出版社

2008 年版。

姚中杰：《省管县：历史流变与理性思考》，《东岳论坛》2011 年第 1 期。

叶兵、黄少卿、何振宇：《省直管县改革促进了地方经济增长吗?》，《中国经济问题》2014 年第 6 期。

叶敏：《增长驱动、城市化战略与市管县体制变迁》，《公共管理学报》2012 年第 2 期。

余吉祥、沈坤荣：《"地改市"推进了城市化进程吗?》，《经济科学》2015年第 6 期。

于建嵘、蔡永飞：《县政改革是中国改革新的突破口》，《东南学术》2008年第 1 期。

俞可平：《推进国家治理体系和治理能力现代化》，《前线》2014 年第 1 期。

杨建顺：《行政裁量的运作及其监督》，《法学研究》2004 年第 1 期。

杨其静、聂辉华：《保护市场的联邦主义及其批判》，《经济研究》2008 年第 3 期。

杨万钟：《上海经济区区域经济研究》，华东师范大学出版社 1992 年版。

杨晓维：《渎职的经济分析》，《经济研究》1994 年第 1 期。

尹振东：《垂直管理与属地管理：行政管理体制的选择》，《经济研究》2011 年第 4 期。

袁丽丽：《论行政自由裁量权及其控制》，2014 年 8 月 25 日，www.zjsjlawyer.com/newshow.asp? id=7。

张明杰：《行政自由裁量权及其法律控制》，《法学研究》1995 年第 4 期。

赵聚军：《中国行政区划改革研究：政府发展模式转型与研究范式转换》，天津人民出版社 2012 年版。

郑风田：《不宜神化"省直管县"》，《人民论坛》2009 年第 18 期。

郑永年：《中国的"行为联邦制"：中央—地方关系的变革与动力》，东方出版社 2013 年版。

郑新业、王晗、赵益卓：《"省直管县"能促进经济增长吗? ——双重差分方法》，《管理世界》2011 年第 8 期。

周飞舟、王绍琛：《农民上楼与资本下乡：城镇化的社会学研究》，《中国社会科学》2015 年第 1 期。

周黎安：《中国地方官员的晋升锦标赛模式研究》，《经济研究》2007 年第
7 期。

周黎安：《转型中的地方政府：官员激励与治理》，上海人民出版社 2008
年版。

周亮、任静：《我国地方债问题的成因及对策分析》，《湖南财政经济学院
学报》2020 年第 5 期。

周旺生：《关于授权立法的几个基本问题》，《立法研究》第 5 卷，北京大
学出版社 2005 年版。

周天勇：《从市管县到省管县的体制变迁》，《中国党政干部论坛》2014 年
第 7 期。

周天勇等：《中国行政体制改革 30 年》，上海人民出版社 2008 年版。

周佑勇：《行政裁量的治理》，《法学研究》2007 年第 2 期。

Aghion, P. & Tirole, J., 1995, "Some Implications of Growth for Organizational form and Ownership Structure", *European Economic Review*, Vol. 39, pp. 440−455.

Aghion, P. & Tirole, J., 1997, "Formal and Real Authority in Organizations", *Journal of Political Economy*, Vol. 105, No. 1, pp. 1−29.

Aldasoro, I. and Seiferling, M., 2014, "Vertical Fiscal Imbalances and the Accumulation of Government Debt", *IMF Working Papers*.

Alesina, A. & Tabellini, G., 2007, "Bureaucrats or Politicians? Part Ⅰ: A Single Policy Task", *American Economic Review* (*Paper and Proceedings*), Vol. 97, No. 1, pp. 169−179.

Alesina, A. & Tabellini, G., 2008, "Bureaucrats or Politicians? Part Ⅱ: Multiple Policy Tasks", *Journal of Public Economics*, Vol. 92, pp. 426−447.

Alonso, R. & Matouschek, N., 2007, "Relational Delegation", *Rand Journal of Economics*, Vol. 38, pp. 70−89.

Alonso, R. & Matouschek, N., 2008, "Optimal Delegation", *Review of Economic Studies*, Vol. 75, pp. 259−293.

Alonso, R., Dessein, W. & Matouschek, N., 2008, "When does Coordination

Require Centralization?" *American Economic Review*, Vol. 98, No. 1, pp. 145−179.

Armstrong, M. & Vickers, J., 2010, "A Model of Delegated Project Choice", *Econometrica*, Vol. 78, pp. 213−244.

Athey, S., Gans, J., Schaefer, S. and Stern, S., 1994, "The Allocation of Decisions in Organizations", *Mimeo, Stanford University*, No. 1322.

Baliga, S., 1999, "Monitoring and Collusion with 'Soft' Information", *Journal of Law, Economics, & Organization*, Vol. 15, No. 2, pp. 434−440.

Baker G. P., Gibbons, R. S. & Murphy, K. J., 1999, "Informal Authority in Organizations", *Journal of Law, Economics & Organization*, Vol. 15, No. 1, pp. 56−73.

Bendor, J. and Meirowitz, A., 2004, "Spatial Models of Delegation", *American Political Science Review*, Vol. 98, pp: 293−310.

Bester, H. & Krähmer, D., 2008, "Delegation and Incentives", *RAND Journal of Economics*, Vol. 39, No. 3, pp. 664−682.

Bolton, P., and Dewatripont, M., 2013, "Authority in Organizations: A Survey", in *Handbook of Organizational Economics*, ed. by Gibbons, Robert and Roberts, John, Princeton University Press, pp. 342−372.

Bozeman, B., & Rainey, H. G., 1998, "Organizational Rules and the 'Bureaucratic Personality'", *American Journal of Political Science*, Vol. 42, No. 1, pp. 163−189.

Burlando, A. & Motta, A., 2015, "Collusion and the Organization of the Firm", *American Economic Journal: Microeconomics*, Vol. 7, No. 3, pp. 54−84.

Coase, R. H., 1937, "The Nature of the Firm", *Economica*, Vol. 4, No. 3, pp. 386−405.

Crawford, V. & Sobel, J., 1982, "Strategic Information Transmission", *Econometrica*, Vol. 50, No. 6, pp. 1431−1452.

Dessein, W., 2002, "Authority and Communication in Organizations", *Review of Economic Studies*, Vol. 69, No. 4, pp. 811−838.

Dessein, W., 2005, "Information and Control in Ventures and Alliances", *Journal of Finance*, Vol. 60, pp. 2513−2550.

Dessein, W., 2014, "Incomplete Contracts and Firm Boundaries: New Directions", *Journal of Law, Economics and Organization*, Vol. 30, pp. i13−i36.

Dewatripont, M., 2006, "Costly Communication and Incentives", *Journal of the European Economic Association*, Vol. 4, No. 2−3, pp. 253−268.

Dewatripont, M. & Tirole, J., 2005, "Modes of Communication", *Journal of Political Economy*, Vol. 113, No. 6, pp. 1217−1238.

Dixit, A., 1996, *The Making of Economic Policy: A Transaction−Cost Politics Perspective*, MIT Press.

Dixit, A., 1997, "Power of Incentives in Public versus Private Organizations", *American Economic Review (Paper and Proceedings)*, Vol. 87, No. 2, pp. 378−382.

Epstein, D. and O' Halloran, S., 1994, "Administrative Procedures, Information, and Agency Discretion", *American Journal of Political Science*, Vol. 38, pp: 697−722.

Fama, E. F. & Jensen, M., 1983, "Separation of Ownership and Control", *Journal of Law and Economics*, Vol. 26, pp. 301−325.

Faure−Grimaud, A., Laffont, J−J. and Martimort, D., 2003, "Collusion, Delegation and Supervision with Soft Information", *Review of Economic Studies*, Vol. 70, No. 2, pp. 253−279.

Geanakoplos, J. & Milgrom, P., 1991, "A Theory of Hierarchies Based on Limited Managerial Attention", *Journal of the Japanese and International Economies*, Vol. 5, pp. 205−225.

Gehlbach, S., *Formal Models of Domestic Politics*, Cambridge University Press, 2013.

Gibbons, R., Matouschek, N. & Roberts, J., 2013, "Decisions in Organizations", in *Handbook of Organizational Economics*, ed. by R. Gibbons, and J. Roberts, Princeton University Press, pp. 373−431.

Hart, O., *Firms, Contracts, and Financial Structure*, Oxford University Press, 1995.

Holmström, B., 1984, "On the Theory of Delegation", in *Bayesian Models in Economic Theory*, ed. by M. Boyer and R. Kihlstrom, Elsevier Science Publishers, B. V.

Holmström, B., 1999, "The Firm as a Subeconomy", *Journal of Law, Economics, and Organization*, Vol. 15, No. 1, pp. 74–102.

Holmström, B. & Roberts, J., 1994, "The Firm as an Incentive System", *American Economic Review*, Vol. 84, No. 4, pp. 972–991.

Huang, Y., 2002, "Managing Chinese Bureaucrats: An Institutional Economics Perspective", *Political Studies*, Vol. 50, pp. 61–79.

Huber, J. & McCarty, N., 2004, "Bureaucratic Capacity, Delegation and Political Reform", *American Political Science Review*, Vol. 98, pp: 481–494.

Huber, J. D. & McCarty, N., 2006, "Politics, Delegation, and Bureaucracy", in *The Oxford Handbooks for Political Economy*, ed. by B. Weingast, and D. Wittman, Oxford University Press, Oxford.

Koessler, F. & Martimort, D., 2012, "Optimal Delegation with Multi-Dimensional Decisions", *Journal of Economic Theory*, Vol. 147, No. 5, pp. 1850–1881.

Krishna, V., 2001, "Asymmetric Information and Legislative Rules: Some Amendments", *American Political Science Review*, Vol. 95, pp. 435–452.

Laffont, J–J. & J. Tirole, 1991, "The Politics of Government Decision-Making: A Theory of Regulatory Capture", *Quarterly Journal of Economics*, Vol. 106, No. 4, pp. 1089–1127.

Laffont, J. –J. and Tirole, J., 1993, *A Theory of Incentives in Regulation and Procurement*, MIT Press, Cambridge, MA.

Laffont, J. –J. & Martimort, D., 1997, "Collusion Under Asymmetric Information", *Econometrica*, Vol. 65, pp. 875–911.

Laffont, J. J. & Martimort, D., 1998, "Collusion and Delegation", *Rand Journal of Economics*, Vol. 29, pp. 280–305.

Laffont, J. J. & Martimort, D. , 2000, "Mechanism Design Under Collusion and Correlation", *Econometrica*, Vol. 68, pp. 309–342.

Li, H. & Suen, W. , 2004, "Delegating Decisions to Experts", *Journal of Political Economy*, Vol. 112, No. 1, pp. 311–335.

Li, Q. , *et al.* , 2020, "Early Transmission Dynamics in Wuhan, China, of Novel Coronavirus – Infected Pneumonia", *New England Journal of Medicine*, doi: 10. 1056/NEJMoa2001316.

Liang, P. , 2017, "Transfer of Authority within Hierarchies", *Review of Economic Design*, Vol. 21, pp. 273–290.

Marino, A. M. , 2006, "Delegation Versus an Approval Process and the Demand for talent", *International Journal of Industrial Organization*, Vol. 24, pp. 487–503.

Marino, A. M. and Matsusaka, J. G. , 2005, "Decision Processes, Agency Problems, and Information: An Economic Analysis of Capital Budgeting Procedures", *Review of Financial Studies*, Vol. 18, No. 1, pp. 301–325.

Martimort, D. & Semenov, A. , 2006, "Continuity in Mechanism Design without Transfers", *Economics Letters*, Vol. 93, No. 2, pp. 182 – 189.

Martin, E. M. , 1997, "An Informational Theory of the Legislative Veto", *Journal of Law and Economics*, Vol. 13, No. 2, pp. 319–343.

Maskin, E. & Tirole, J. , 2004, "The Politician and the Judge: Accountability in Government", *American Economic Review*, Vol. 94, No. 4, pp. 1034–1054.

Melumad, N. D. , Mookherjee, D. and Reichelstein, S. , 1995, "Hierarchical Decentralization of Incentive Contracts", *RAND Journal of Economics*, Vol. 26, No. 4, pp. 654–672.

Melumad, N. D. & Shibano, T. , 1991, "Communication in Settings with No Transfers", *RAND Journal of Economics*, Vol. 22, No. 2, pp. 173–198.

Merton, R. K. , 1940, "Bureaucratic Structure and Personality", *Social Forces*, Vol. 17, pp. 560–568.

Milgrom, P. A. & Roberts, J. , 1988, "An Economic Approach to Influence Activities and Organizational Responses", *American Journal of Sociology*, Vol. 94, pp. 154-179.

Milgrom, P. A. & Roberts, J., 1990, "Bargaining Costs, Influence Costs, and the Organization of Economic Activity", in James E. Alt and Kenneth A. Shepsle, eds., *Perspectives on Positive Political Economy*, Cambridge: Cambridge University Press.

Minzberg, H., 1979, *The Structuring of Organizations: A Synthesis of the Research*, Englewood Cliffs, NJ: Pentice-Hall.

Mookherjee, D., 2006: "Decentralization, Hierarchies and Incentives: A Mechanism Design Perspective", *Journal of Economic Literature*, Vol. 44, pp. 367-390.

Mookherjee, D., 2013, "Incentives in Hierarchies", in *Handbook of Organizational Economics*, ed. by R. Gibbons, and J. Roberts, Princeton University Press, pp. 764-798.

Mylovanov, T., 2008, "Veto-Based Delegation", *Journal of Economic Theory*, Vol. 138, No. 1, pp. 297 - 307.

Persson, T., Tabellini, G., 1994, *Monetary and Fiscal Policy: Credibility*, Vol. 1, MIT Press, Cambridge, MA.

Prendergast, C., 2002, "The Tenuous Trade - Off between Risk and Incentives", *Journal of Political Economy*, Vol. 110, pp. 1071-1102.

Powell, M., 2015, "An Influence-Cost Model of Organizational Practicesand Firm Boundaries", *Journal of Law, Economics, and Organization*, Vol. 31, Supplement 1, pp. i104-i142.

Schmitz, P. W., 2006, "Information Gathering, Transaction Costs, and the Property Rights Approach", *American Economic Review*, Vol. 96, No. 1, pp. 422-434.

Rantakari, H., 2008, "Governing Adaptation", *Review of Economic Studies*, Vol. 75, No. 4, pp. 1257-1285.

Roider, A., 2006, "Delegation of Authority as an Optimal (In) Complete Contract", *Journal of Institutional and Theoretical Economics*, Vol. 126, pp. 391-411.

Rogoff, K. , 1985, "The Optimal Degree of Commitment to an Intermediate Monetary Target", *Quarterly Journal of Economics*, Vol. 100, pp. 1169-1189.

Szalay, D. , 2005, "The Economics of Clear Advice and Extreme Options", *Review of Economic Studies*, Vol. 72, pp. 1173-1198.

Tirole, J. , 1986, "Hierarchies and Bureaucracies: On the Role of Collusion in Organizations", *Journal of Law, Economics, & Organization*, Vol. 2, No. 2, pp. 181-214.

Tirole, J. , 1992, "Collusion and the Theory of Organizations", in J. -J. Laffont, ed. , *Advances in Economic Theory*, Vol. 1, Cambridge: Cambridge University Press.

Tirole, Jean, 1994, "The Internal Organization of Government", *Oxford Economic Papers, New Series*, Vol. 46, No. 1, pp. 1-29.

Qian, Y. , Roland, G. and C. Xu, 2006, "Coordination and Experimentation in M - Form and U - Form Organizations", *Journal of Political Economy*, Vol. 114, No. 2, pp. 366-402.

Vickers, John, 1985, "Delegation and the theory of the firm", *Economic Journal*, Vol. 95, pp. 138-147.

Weber, M. , *Economy and Society: An Outline of Interpretive Sociology*, New York: Bedminster Press, 1968.

Wilson, J. Q. , *Bureaucracy: Wheat Government Agencies Do and Why They Do It*, New York: Basic Books, 2000.

Xu, C. , 2010, "The Fundamental Institutions of China's Reforms and Development", *Journal of Economic Literature*, forthcoming.

Zábojnik, J. , 2002, "Centralized and Decentralized Decision Making in Organizations", *Journal of Labor Economics*, Vol. 20, No. 1, pp. 1-22.

Zhao, Z. , *Prisoner of the State—the Secret Journal of Zhao Ziyang*, New York: Simon & Shuster, 2009.

后 记

2012 年，我有幸获批国家社会科学基金青年项目"最优授权理论及其在中国政府治理中的应用研究"（12CJL029）。经过三年的研究，我在发表几篇论文的基础上，于 2015 年底整理好结项报告，向全国哲学社会科学工作办公室提出了结项申请。经过几位外审专家评审后，该课题于 2017 年顺利结项，等级为"良好"。

虽然课题研究告一段落，但我对最优授权理论的兴趣并未消退，继续阅读和追踪着文献，并撰写了几篇关于我国国家治理体系的工作论文和时评。最终，到 2021 年的暑假，我将所有的成果按照一定逻辑和主题设计成十一个章节，构成一个完整的书稿向中国社会科学院科研局申请 2021 年第四批出版资助重点项目的经费支持，并成功获批。本书的出版，连同 2021 年将要见刊的两篇论文，最终标志着我对于顶层设计、最优授权理论以及国家治理体系问题思考的一个小结。未来，我的研究兴趣转为在理论上继续探讨授权与组织结构的关系。

感谢国家社会科学基金的资助，督促我在这个领域里不断学习和思考。感谢中国社会科学院的创新工程出版资助，让我有机会将这些初步的研究成果以一个较为体系化的形式呈现在学界同人面前。